臺灣歷史與文化 研究輯刊

十八編

第 1 冊

日治時期臺灣總督府新竹地區的客家社會統治：以《警友》雜誌為例

陳俊安 著

花木蘭文化事業有限公司

國家圖書館出版品預行編目資料

日治時期臺灣總督府新竹地區的客家社會統治：以《警友》雜
誌為例／陳俊安 著 -- 初版 -- 新北市：花木蘭文化事業有限
公司，2020〔民 109〕
目 6+214 面；19×26 公分
（臺灣歷史與文化研究輯刊十八編；第 1 冊）
ISBN 978-986-518-181-9（精裝）
1. 客家 2. 民族文化 3. 警察教育 4. 日據時期 5. 新竹縣
733.08   109010597

ISBN-978-986-518-181-9

臺灣歷史與文化研究輯刊
十八編 第 一 冊
                              ISBN：978-986-518-181-9

日治時期臺灣總督府新竹地區的客家社會統治：
以《警友》雜誌為例

作　　者　陳俊安
總 編 輯　杜潔祥
副總編輯　楊嘉樂
編　　輯　許郁翎、張雅淋　美術編輯　陳逸婷
出　　版　花木蘭文化事業有限公司
發 行 人　高小娟
聯絡地址　235　新北市中和區中安街七二號十三樓
　　　　　電話：02-2923-1455／傳真：02-2923-1452
網　　址　http://www.huamulan.tw 信箱 hml810518@gmail.com
印　　刷　普羅文化出版廣告事業
初　　版　2020 年 9 月
全書字數　171065 字
定　　價　十八編 16 冊（精裝）台幣 40,000 元　　　版權所有 · 請勿翻印

日治時期臺灣總督府新竹地區的客家社會統治： 以《警友》雜誌為例

陳俊安 著

作者簡介

陳俊安，五年級生，臺灣警察專科學、中央大學客家社會研究所碩士。高雄美濃客家子弟，曾任職警察職務 15 年，父親及家族兄長亦多人任警職。1970 年代初曾在家父任職的達邦派出所（阿里山鄉）日本宿舍渡過一段快樂時光，期間筆者與語言不通的原住民小孩吱吱喳喳比手畫腳的玩在一起，有時偶遇家父與原住長者用筆者聽不懂的語言交談著，而立之年後再次和家父聊起在達邦孩提時光，才知父親當時偶爾會與原住民長者用日文溝通，這些年幼模糊的印記引發筆者反思與探索日警與客家社會的起點。

提　要

日治初期官方對於客家的認知主要沿襲清代臺灣方志及西方文獻的看法，對於客家印象的來源概分史料文獻、實際接觸的經驗，而日警亦成了最直接觸客家的第一線官吏。

持地六三郎對於警察在臺灣的殖民角色作了以下描述：「臺灣的警察官，右手執刀劍，左手持典經，捕盜斷訟之外，兼致力教育慈善事業，為其分內之事。」道出了日警在臺灣的功能寫照，警察的刀劍可謂「法律」與「暴力」所組成的統治力量

在殖民政府精心設計的知識體系之架構，政策、行政機關、官吏三者環環相扣，形成一個完整的知識體的運作，從警察官吏學習客語會話教材　約的透露了殖民管理者細緻的操作痕跡，經由各項業務推動樹造了警察「文明」與「權威」的形象，這些形象來源基礎是來自於「知識」的掌握，透過對人的掌握與法規的運用，由上往下地對臺人進行規訓與改造。

日治後期客家義民精神的收編，殖民者對臺灣客家從「匪」到「忠義」印象的轉變，端視時代背景改變，日人對臺灣舊慣的取捨，是端視何者對日本統治較有利，非純粹出於尊重臺人。

目

次

圖次

第一章　緒　論

　　日治初期臺灣各地抗爭不斷，日人對於抗日者以「土匪」稱之，而源自於清代臺灣民變事件之客家「義民」性格，以及因民變事件犧牲而產生的客家義民信仰，進而形成一股趨向團體性、組織性之社會型態，並為清代官方倚重之地方勢力，此種「義民」保鄉衛國的精神被移做抗日，在鼎革之際看在日人眼裡，反而是與土匪無異。日治初期部分客家族群的抗日行為，在日人觀感上似乎負面多於正面，初期日人的客家社會印象，主要來自於西方文獻與清代臺灣方志，而清代方志中對於客家之負面書寫部分，似乎也影響日本官民對客家之印象，然而隨統治時間的增長，對客家亦隨時間之增長而有正負不一的觀感。

　　臺灣在有歷史書寫的三百多年中，曾經面臨荷、清、日與中的統治，其中荷蘭與日本可謂異文化之統治，其在臺灣土語的政策上，荷日都曾投入人力研究臺灣土語。荷蘭人不僅學習臺灣土語，亦將原住民語言文字化、編輯字典、翻譯聖經並進行教育工作，[註1] 其投入臺灣土語之程度遠超過我們的想像。日治時期日人研究臺灣語、編輯臺灣語字典、同意漢文報紙的設立、廣播用臺語、補助書房教育等，在日治初中期這些政策仍然相當尊重語言人權。[註2] 而國府之臺灣統治才滿一年即禁止日語的使用，使臺灣知識分子形同文盲，對語言人權的摧殘不亞於對一般人權的傷害。[註3] 對照日本對臺人

[註1] Campbell, W., *Formosa under the Dutch, Described from Contemporary Records*: Cornell University Library, 2009, p305-306.

[註2] 吳文星，《日據時期臺灣師範教育之研究》，臺北：國立臺灣師範大學歷史研究所碩士論文 1983 年，頁 135〜138。

[註3] 李西勤，〈臺灣光復初期推行國語運動情形〉，《臺灣文獻》，46 卷 3 期（1995.9），頁 177。

語言權之同化，有不少值得我們探討的空間。

臺灣總督府在統治臺人的歷程中，在各項因素影響下，亦修正其治臺政策，並在此同時建立知識體系之架構，做為殖民統治的基礎，在此架構下，警察成了總督府重要的統治工具，尤其在新竹州地區警察以臺灣知識體系為主，輔以「客家經驗」互為表裡。換言之，要了解警察的客家經驗，必須明晰「知識體系之建構」最為核心，從警察之制度、教育訓練、勤務規範等有利於了解。此外，日人警察在任何客家研究與探索皆無法脫離客家語言及客家文化的範疇，故以最具有客家族群辨別代表性之客語及客家文化作為「客家知識體系」之核心。對此，新竹州警務部於「客家知識體系」的建構與積累扮演了功不可沒的角色。隨總督府統治時間的增長，知識體系亦有廣泛與深入的呈現，而警察亦有更細緻的勤務操作。

官方在語言政策上，採取「臺灣人學日語，日本人學臺語」的設計。〔註4〕然而從總督府公文類纂之史料中發現，在明治三十年（1897）全臺各縣廳、海關、學校與各事業機關等，每個機關都具備一些略懂臺灣土語之日人官吏。此外，總督府制定「通譯兼掌者津貼」政策更吸引日人官吏投入臺灣土語學習行列，從官方的統計書看，日人官吏的臺灣土語學習，有穩定的成長。隨著統治時期之增長以及地區之深入，沿山地區豐富資源亦為殖民者開發之所，各項調查也陸續展開，日人也面臨臺灣土語的另一語言「客語」，不同於「閩語」之普遍以及學習之便利性。此外，語彙與階級亦呈現出其社會性，中高階警官的臺灣土語檢定率不高，似乎說明社會階級的差異性與階級性。

在日人學習客語之對象上，警察可謂是學習的多數群體，新竹州警務部為此特別在機關雜誌《警友》中，開闢有關客家文化之研究與客語學習講義資料，供地方警察學習。此外《警友》雜誌隸屬於新竹州警務部所轄事務之一，中高階警察亦掛名社長或委員以為領導，雜誌內容反應出殖民者之思維以及對客家社會之管理方向，提供我們檢視新竹州警察政治態度、警察精神之培養以及營造文明開化之引領者角色，除了語學教材外，雜誌亦刊載之新竹州警察的在職訓練情形，警務部將警察法規、普通學與語學等排入警察之訓練中，從課程之規劃與安排看，臺灣土語成為每週固定不變之課程，亦看出警務部對臺灣土語之重視。從客語講習資料亦可看出，新竹州警務部將法

〔註 4〕大園市藏，《臺灣始政四十年史》（臺北：成文，1935 年），頁 482～485。

規結合客語講習資料配合實事背景，形成實用之三角連結方式，將所學之客語落實在勤務之運作，藉此推展業務，改變或影響臺人之生活。

第一節　研究動機與目的

一、研究動機

本文探討日警統治客家地區之動機有三：一對日人的客家社會印象感到興趣、再者探討警察語學及知識建構體系之歷程、最後補充目前日治時期警察在客家地區統治研究之不足。

（一）對日人的客家社會印象感到興趣

在清代時期臺灣的漢、原住民族群被清政府清楚劃分，而漢人也被分為閩粵，清廷對於閩粵族群有不同的治理方式，在臺灣民變事件中，粵（客家）族群性格經常被清晰的張顯，清政府藉由閩粵族群的矛盾與衝突做為統治臺灣族群的手段。甚至在現今民主的社會，臺灣客家議題在選舉時刻也成為政客操作的項目之一，客家似乎成了臺灣少數的關鍵。在此前提下，日治時期日人的客家社會印象是如何，成了本研究重視的議題。

（二）探討警察語學及知識建構體系之歷程

松井茂指出日本警察教育之宗旨為警察官，即為貫徹命令之執法者，在本質上為以中央規劃為主軸，除法學、知識教育、武學、體能外，紀律、團體榮譽與精神培育更為重視。〔註5〕在這種教育制度下所養成的警察可謂以服從上級為己任，從警察教育與外在通譯兼掌政策的推動下，提供了我們觀察後續警察機關與警察學習臺灣土語之視角。然而客語並非臺灣當時主要之語言，在中央以閩南語為主體之語學訓練下，客語的學習並沒有多大的空間。此外，從警務制度以及新竹地區首長來觀察，在一致性的警務制度下，客家地區的警察與警察機關是如何以地區的特性而有不同的應因作為，如何轉變不利學習客語之主觀條件，並如何運用原有之教育訓練制度，重新發展客語訓練之空間，亦為筆者所觀察之處。這些都是筆者想進一步想探討之動機。

〔註5〕松井茂著，《警察的根本問題》（東京：警察講習所學友會發行，1924年），頁75。

（三）補充目前日治時期警察在客家地區統治研究之不足

日治時期有關臺灣警察之研究十分豐富，然而整體而言，以警察之制度、訓練、保甲、執勤等做探討面向。對於警察與客家社會統治探討鮮少論述，本文並就警察在客家地區統治的客語學習、業務推展、勤務運作等面向做討論。在總督府以國語（日語）為主之政策導向下，臺灣土語其重要性與普遍性，理應日漸勢微，行政官吏與警察學習臺灣語之應該也會下滑，在分析日治初期日警的客語教材時發現，警察所學習的客語會話以單字片語、日常問候語為主，主因為整體師資與日人學習程度的不足。然而後期，警察甚致可以利用其客語能力，進行思想監控。日警客語學習不僅是個人學習，而上從總督府下至地方派出所，皆有一系列詳細之規劃與執行，其語學之嬗變亦令筆者深感興趣。

此外，在蒐集史料的過程中，發現了新竹州警察機關所出版的《警友》雜誌，內容詳細又豐富，以目前所蒐集到的資料，所能掌握的最早史料是大正 14 年（1935）第 3 年第 10 號零星資料，較完整的資料是從昭和 9 年至 16 年（1934～1941）計 66 冊之多，且長期記錄了警察統治「客家」地區的歷程，以及新竹地區相關之警察統計書，有助於進一步了解警察在新竹地區的統治作為。因此，以《警友》雜誌作為個案之探討。

二、研究目的

本研究以歷史學為研究主體，藉由日治時期之檔案與史料，探討警察統治新竹地區之分析與影響，預期達成之研究目的有二：

1. 分析日治時期日人的客家社印象之形成。

2. 藉由警察之客語學習與地方統治，來進行分析警察制度、勤務規範以及對新竹地區客家族群之影響。

本文主要透過新竹州警察機關報《警友》雜誌，做為深入分析新竹州地區警察機關與警察如何因應地區之特性，在總督府所制定統一規定中，如何因應客家族群而將調整行政、訓練、考試等方向，籍以提升官吏對客家的研究與了解，而警察如何將客語落實在相關業務、勤務規劃等方面。以及日警的管理對客家族群的影響為何。

第二節　研究問題

日治時期臺灣警察之功能遠超過其體制，其組織嚴密結構完整，輔以臺人保甲制度，具法西斯性質之警察體制。〔註6〕但就警察知識體系之建構看，知識的蒐集與再產生之知識體之利用，是較警察體制更有彈性，進而有更細緻的行政操作。本文從三個面向來進行討論，一為日人的客家社會印象，其次為殖民警察臺灣語知識體系之建立，最後是警察客家地區之統治與影響。

一、日人的客家社會印象

客家在中國或臺灣的社會描述隨時空的改變，有不同程度的論述與解讀。李文良在〈清初臺灣方志的「客家」書寫與社會相〉〔註7〕與另一篇有關客家與義民的研究中指出，清朝藉由客家族群民心的收編，穩固客家族群對清政府的效忠，減少行政管理資源的挹注。〔註8〕日治末期似乎也可看到殖民政府以這種工具性的方式來收編客家族群。惟日本領臺初期日人並未強調閩客的族群性，甚至在客家地區所發生的抗日事件，例如，乙未之役新竹地方的戰事、北埔事件、羅福星事件等，日人並未公佈事件主謀之族群別，僅以地名做為報導。〔註9〕顯然日人有意將漢人建立在「臺灣人」之基礎上，做為治理的單位，淡化族群的個別性。

Benedict Anderson（班納迪克·安德森）指出殖民政府進行人口調查之舉，即為一種權力制度（institution of power），意欲呈現被殖民者之現況，以利統治。〔註10〕臺灣總督府的各項調查，說明了殖民政府的意圖，其目的在於清

〔註6〕李理，《日據臺灣時期警察制度研究》（臺北：海峽，2007年），頁334。

〔註7〕臺灣方志書寫權並非掌握在客籍之手，而是出自於另外漳泉人之手，旨在於界定族群的邊界，也反應書寫者內心的想法與觀感。參閱李文良，〈清初臺灣方志的「客家」書寫與社會相〉，《臺大歷史學報》，期31（2003.6），頁150～153。

〔註8〕臺灣客家族群為求自保，在頻頻動亂的民變中選擇站在代表文化正統的王朝一邊，在民變中藉由效忠的行動獲得官方的肯定。參閱李文良，〈從「客仔」到「義民」：清初南臺灣的移民開發和社會動亂（1680～1740）〉，《歷史人類學學刊》，期5：2（2007.8），頁17～20。

〔註9〕臺灣總督府在記錄領臺後各地反抗事中，一般而言，並未將臺灣族群別做為標示的個體，而是以地區別代替族群別。參閱臺灣總督府法務部編纂，《臺灣匪亂小史》（臺北：臺灣總督府法務部，1934年）；菅野秀雄，《新竹州沿革史（下）》（新竹：新竹州沿革史刊行會，1938年）。

〔註10〕Benedict Anderson 著，吳叡人譯，《想像的共同體》（上海：人民，2003年），頁187。

楚掌握臺灣的人、事、物，以便有效控制臺灣現有資源。早期日人對臺灣各族群的了解，以清代臺灣方志及西方臺灣文獻為基礎，方志成為日人認識臺灣客家的途徑。臺灣總督府臺灣客家的研究，初期目的是為恢復社會秩序，後續調查則為進一步管理與建設地方，經其調查與地方管理後，日人開始有實際的臺灣客家經驗，此種經驗不僅涉及產業、經濟、社會等，更對客家的文化內涵有了進一步的瞭解。

在日治初期官方有關客家的論述，並無具體著作，多數散見於各項臺灣研究之中。臺灣總督府警務局所編的《警察沿革誌》在描寫有關客家事務時亦非以「客家」做為論述主體，多數依據各地政府所呈報之治安現況記錄。〔註11〕臺灣在日人統治的五十年中，官方客家社會印象並非固定的，以時間的脈絡縱向來分析日人臺灣書寫，從明治、大正與昭和時期所發行的臺灣研究可觀察其嬗變，隨日人統治時間的增長，客家書寫也有更細緻的了解，然而這些了解，多數是建立在趨向於實用性、表面性、統計性，計劃性等，將臺灣的人、事、物進行分類化與條理化，讓日人可井然有序地瞭解臺灣，著重於經濟與建設等開發所需。這種理性科學調查，並無法客觀的掌握日人的客家社會印象，但這些不摻雜個人因素的官方統計數字中，反而較忠實的呈現客家社會的面貌。

二、知識體系之建立

警察殖民知識之訓練與養成，是臺灣總督府管理臺人的手段，藉由教育訓練使日人官吏擁有知識優位。〔註12〕也是總督府殖民知識建構體系的一環，從警政制度、警校教育、在職訓練到實際勤務運作，皆隨時代演變而有不同演進的訓練體制。彼得・柏克（Peter Burke）以社會知識來分析近代歐洲的社會史，認為國家或統治機構將知識變成統治工具，這些知識的形成來自主動及被動的社會因素。例如叛亂、戰爭和瘟疫等，經由各種知識來解決問題或預防問題的發生。〔註13〕借用柏克的觀點來看日治時期的臺灣總督府，

〔註11〕總督府在記錄臺人乙未反抗事件中，鮮少直拉接指出臺灣族群別，但桃竹苗地區頻繁的抗日事件記錄，也影響後續日人對該地區的印象。參閱徐國章譯注，《臺灣總督府警察沿革誌》（南投：臺灣文獻，2005年）。

〔註12〕姚人多，〈認識臺灣：知識權力與日本之殖民治理性〉，《臺灣社會研究季刊》，期42（2001.6），頁124。

〔註13〕Burke, Peter著，賈士蘅譯，《知識社會史：從古騰堡到狄德羅》（臺北：麥田，2003年），頁198〜200。

警察以優位的知識做為管理臺人之媒介，將臺人納入殖民政府所期許的利益中，在各項事業的推展下警察成為不可獲缺的媒介。

對傅科（Foucault Michel）而言，其所關注的是「權力」之論述，並重新賦予權力新的意義，認為「權力」具滲透力，國家機器不見得都是以強行力行之，而是以監視、語言等更細緻的操作，〔註14〕進而藉由權力與知識掌握臺人之肉體，權力—知識—肉體三者交互影響，〔註15〕而臺灣總督府所制定的警察制度，即為最佳寫照，以散在制配置，分佈臺灣的地理空間與社會空間，形成殖民者與被殖者接觸最大的媒介，對殖民者而言，知識的利用是資訊的蒐集與再產生的結果，也是總督府資訊蒐集的第一線，總督府即利用這些從各末稍傳回的資訊做為決策的參考之一，遍佈全臺的警察機關以及綿密的警察治安網，成為落實政務成敗的要件，透過監控而取得的支配力量甚至勝於地方官吏。〔註16〕殖民者藉此不斷的檢查與紀錄，建構完備知識體系，進一步分析這些資訊，進行政策、法規與行政施政之修正，並同時檢視臺人外在肉體服從與內在之柔順。

臺灣總督府的語言政策雖然以國語（日語）為導向，最終目的為同化臺灣人於日本文化之下，但其作法並不燥進，而是雙管齊下。明治二十八年（1895）總督府於府內設立「土語講習所」，從這項種子訓練到普遍官吏與警察學習臺灣土語的過程中，總督府並非一開始即制定明確方針，而是在中央領導人的倡導下，以及地方官吏考量實際需求，所形成的臺灣土語學習。而臺灣土語則是殖民政府知識體系之建構之一環，觀察日治初期總督府所轄之中央機關的關稅部門、事業機構、教育、郵政、法院、檢察官署、測量所、各廳政府之役所與警察單位等，所彙報之各機關土語通曉能力之等級、數量、土語種別等名冊，即有總計 1,224 名日人官吏，可以觀察當時整體日人官吏投入臺灣土語的學習。〔註17〕隨著統治時間的增加，警察臺灣土語能力的統計分類上，甚至有更細緻的分類，「客語」、「閩語」、「蕃語」、「外語」與「朝鮮

〔註14〕傅科（Foucault Michel），《規訓與懲罰——監獄的誕生》（臺北：桂冠，1993），頁 172。

〔註15〕黃敏原〈論教育與規訓——以日治時期臺灣的皇民化現象為列〉，國立臺灣大學社會學研究所碩士論文，1998 年，頁 116。

〔註16〕李崇僖，〈日本時代臺灣警察制度之研究〉，臺北：國立臺灣大學法律學研究所，1999 年，頁 189。

〔註17〕「現在職員ニシテ臺灣土語履修者調查」，《臺灣總督府公文類纂》，15 年保存，17 卷，1898-04-01。

語」等，可以推論總督府藉由日人官吏的臺灣土語學習，將其納入殖民知識體系建構手段，藉以作為統治的下一步。

三、警察客家地區之統治與影響

新竹州所出版的《警友》雜誌，更是綜合了法律、政治、民情風俗、教育、行政、時事、語學等等，做為知識再生產傳播之功能。此外，其中「廣東語講義資料」持地六三郎對於警察在臺灣的殖民角色作了以下描述：「臺灣的警察官，右手執刀劍，左手持典經，捕盜斷訟之外，兼致力教育慈善事業，為其分內之事。」〔註 18〕持地道出了日警在臺灣的功能寫照，警察的刀劍可謂「法律」與「暴力」所組成的統治力量；而經典則是「知識」，經由警察的養成教育與持續在職教育，警察成為中央政策執行者與領引臺人的文明教育者。

總督府官僚體系最基層之巡查與方地方菁英，形成官方與地方社會的中介組成要素，有別於黃宗智所提之「第三領域」，此中介領域被總督府所設計的各項法規以及制度所替代，使之能更有效的滲透至社會底層。〔註 19〕換言之，以警察為主的統治方式，很快地代替了多數原為地方菁英主導之事務。然而即便是警察掌控了地方大小事務，但在文化認同上仍有地方菁英所具備之優勢。克利夫‧格爾茨（Clifford Geertz）曾透過深描法（Thick Description）對文化下了如此詮釋：他認為文化乃多層次性，當兩種文化接觸時，各層的反應是不一樣的，與文化價值有關的部分最不容易撼動，與生活利益相關者則較易改變。〔註 20〕由此觀點，客家在因應殖民統治時，選擇對自己最有利的方式去配合行政命令，並保留傳統文化做為核心根本。臺灣總督府執行各項政策勢必影響庶民生活，而庶民生活亦往往反映當時的時代背景。從殖民政府各項行政統計，分析新竹地區在治安、教育、經濟及衛生方面的推展成果，觀察臺人在依循殖民者所設計之生活模式，是否也連帶影響其文化認同。同時亦分析國家意識形態在公共領域，如何默化臺人的文化本質，此外亦觀

〔註 18〕持地六三郎，《臺灣殖民政策》（臺北：南天，1998 年），頁 74。

〔註 19〕黃宗智，文一智譯，〈國家和社會之間的第三領域〉，《社會主義：後冷戰時代的思索》（香港：牛津，1995 年），頁 71～12。

〔註 20〕克利夫主張對於許多文化現象採「厚式敘述」（Thick Description）他將文化視為文本，應從在地的觀點，全面性的觀照。參閱克利夫‧格爾茨（Clifford Geertz）著，韓莉譯，《文化的解釋》（南京：譚林出版社，1999 年），頁 2。

察警察如何地在學校、報紙、文化事業等，推行國家意識形態。

　　從日人所留下的客家相關文獻可看出殖民政府的本位主義。換言之，即是以殖民者觀點所形成的殖民知識，在此觀點下，日人在臺所做的各種引領臺灣人現代化、文明化的作為，反成了困阻、壓迫臺人的要件，於此過程中，被殖民者在學習現代化與文明化的標題下，沉默無力地承受殖民者的政治意識。在單方面殖民意識籠罩下，日治時期的臺灣文學似乎成為臺灣人薄弱沙啞的抗議，也是被殖民者與殖民者的對話。文學作品住住取材現實、紀錄狀況、也反映相應的意識型態。〔註 21〕本文亦將試圖藉助日治時期的臺人文學作品，做為被殖民者的發聲，藉此補助其時代的歷史性。

　　綜觀上述，殖民政府對於警察所推行各項業務的同時，也是壯大殖民知識體系之行為，隨統治時間之增加，而有更細緻之行政操作，然而客家族群在面臨與生活利益有關的事務較能配合，反之不利推行者，多與文化價值有關，但面對警察所推行之業務時，遇有抵觸自身文化價值時，在迫於形式的壓力下，會選擇消極妥協或規避。

第三節　相關研究之回顧探討

　　日治時期臺灣總督府對臺灣管理的研究成果十分豐富，主要為政治、經濟、警察、教育、文化等方面，惟著重於客家地區管理卻缺乏具體詳細的研究。本文試圖爬梳日治時期從總督府到地方管理者，對於客家管理的方式，並藉此探究日人對於臺灣客家的社會印象。因此，本文從三個面向來回顧探討，一為日人的臺灣客家的研究。二為管理制度方式的形成及影響。三為警察的實際地方管理方式之探討。

一、日人的客家研究

　　大正六年（1917）日本東亞同文書院編纂的《支那省別全志》，為該院學生在中國進行實地考察，亦包括中國客家聚落的調查後而成書。〔註 22〕昭和四年（1929）日本外務省刊行《華僑研究》，該文雖以中國及南洋的華僑為主，

〔註 21〕洪鵬程，〈戰前臺灣小說所反映的農村社會〉，臺北：文化大學中文研究所碩士論文，1997 年，頁 1。

〔註 22〕第十四卷福建省三卷，該三卷特別詳述客家聚落、地域歷史、地理、人口、交通、產業與風俗參閱東亞同文會，《支那省別全誌》（東京市：東亞同文會，1918 年）。

其中也花大量的篇幅來介紹客家南洋遷徙、開墾、人口分佈及經濟發展等。〔註
23〕在中國研究中有關客家的部分，山口縣造、服部宇之吉、森清太郎等學者
以及戰後的高木桂藏，對中國的客家社會發展也有概略的說明。

　　服部宇之吉介紹客家族群性受環境地理的影響，以及與其他族群的關
係，並將客與蛋民混為一談，對客家的印象顯然不太了解。〔註 24〕森清太郎
自明治三十八年（1905）移居廣東，經常在日本報章雜誌發表華南的文章，
但著作將客家與廣州蛋民混為一談，充分說明其對客家並無進一步的了解。〔註
25〕1930 年代中國內部的權力爭鬥中，客家族群活躍動亦引起日人注目，山口
縣造分析客家在中國參與國共革命運動之原委。〔註 26〕昭和五年（1930）臺
灣客籍學者彭阿木受任職之東亞同文書院所託進行客家調查研究，範圍以梅
縣為中心，說明客家意義的由來、語言、生活、信仰、習俗、族譜、人數及
分佈。〔註 27〕高木桂藏以世界各地的客家菁英為分析樣本，試圖歸納出客家
人在各地成功的模式，其歸納的因素為團結、忍耐、刻苦的社會性格。〔註 28〕
上述之客家研究多為中國客家社會調查報導及一般性研究，提供了日人對客
家的一般看法，但不足看出日人對臺灣客家的看法。

　　有關日人臺灣客家的研究，除語言方面外，針對社會文化方面的研究並
不多，日治時期除了松崎仁三郎與《警友》雜誌外，其他著作多為概括性報
導。例如，小川琢治的《臺灣諸嶋誌》、吉國藤吉的《臺灣島史》、廣松良臣

〔註 23〕飯島典子，〈日本人看客家——第二次世界大戰之前〉，《2007 新竹義民節慶、
　　　　文化與觀光國際研討會大會》（新竹：明新科技大學，2007 年），頁 6～12。
〔註 24〕參閱服部宇之吉，《支那的國民性與思想》（東京：京文社，1926 年），頁 26
　　　　～30。
〔註 25〕森清太郎長居華南地區數十年，書中對於該地區重要的人文、地理、經濟、
　　　　政治等都有詳細的記錄，但文中作者仍舊蛋民誤認為客家，顯然的對於日人
　　　　而言，要明確的界定客家仍有一些實際的距離。參閱森清太郎，《嶺南紀勝》
　　　　（廣東：岳陽堂藥行，1928 年），頁 63～64。
〔註 26〕參閱山口縣造，〈客家と支那革命〉，《東洋》（東京：東洋協會，1930 年），10
　　　　月 33 期。轉載自飯島典子《近代客家社會的形成：「他稱」と「自稱」のは
　　　　ざまで》（東京：風響社，2007 年），頁 16～18。
〔註 27〕彭阿木在《支那研究》雜誌發表〈就客家的研究〉，轉載飯島典子，《近代客
　　　　家社會の形成：「他稱」と「自稱」のはざまで》（東京：風響社，2007 年），
　　　　頁 36～37。
〔註 28〕高木桂藏，《客家の鉄則：人生の成功を約束する「仲」「業」「血」「財」「生」
　　　　奧義》（東京：ごま書房，1995 年）；高木桂藏著，沙子芳譯《硬頸客家人——
　　　　中國猶太人的生活智慧》（臺北：世茂出版社，1995 年）。

的《帝國最初的殖民地》、山根勇藏的《臺灣民族性百談》、村上玉吉的《臺灣紀要》、石阪莊作的《臺嶋踏查實記》等。上述日人有關臺灣客家的研究中除伊能加矩的《臺灣文化志》外，多數學者對臺灣的客家經驗並不多，大部分的著作皆為參考中西文獻而來。

　　戰後日人有關臺灣客家的研究，則有戰前的事務性報導，分析客家在歷經日人殖民統治及國府政權統治，對客家自身省思及認同變化。篠原正巳在《日本人和臺灣人》中，即藉由總督府的臺灣語政策、警察機關、師範學校的臺灣語（閩南語）教育等，綜合當時時空背景做一分析，並認為伊澤修二以「國語（日語）」做為未來方針之舉措，對日後臺灣產生很大的影響，也對「客家」的人文地理與日人的客語學習態度做了說明。〔註 29〕

　　田上智宜探討臺灣客家認同的形成，認為臺灣客家族群的認同論述深受文化政策以及民族主義的影響，尤其當處於動盪的社會狀態，客家族群愈加凝聚其族群意識，在承平時期客家族群會隨著國家政策、社會氣氛、經濟發展等，來調整自身的社會適應性。〔註 30〕田上智宜指出了客家族群的變與不變的原則，這種認同的改變來自外部需求而產生的社會適應行為，而內在的生活文化並不因國家政策而改變。這種概念提供本研究一個思考方向，藉此觀察日治時期客家族群在面臨國家政策及因應地方官吏的實際管理時所做的外部改變。

　　飯島典子在《近代客家社會の形成：「他稱」と「自稱」のはざまで》第一章即以歷史的經緯探討他者對中國客家社會描述，其中提到日人對客家調查，以語言研究做為出發，接著調查客家的社會文化，作者以西方傳教士在華南的報導、清代華南地區方志、日本官方對華南的調查以及日本學者對客家的研究做為基礎，分析不同時期客家社會經濟文化，對客家向外發展的影響，並介紹客家參與中國的革命、海內外的移民及客家文化擴張等影響。〔註 31〕飯島另一篇〈日本人看客家——第二次世界大戰之前〉主要是出自其論文，介紹日人對客家研究的原由，以及在華南及南洋的運用，其認為日人的客家研究是出自經濟、戰略及治安的需要，無非是為帝國主義預先鋪路。從上述

〔註 29〕篠原正巳，《日本人と臺灣人》（臺北：致良，1999 年）。
〔註 30〕田上智宜，〈從「客人」到客家——臺灣客家族群認同論述之形成〉，《跨域青年學者臺灣史研究論文集》（臺北：稻鄉，2008 年），頁 64。
〔註 31〕飯島典子，《近代客家社會の形成：「他稱」と「自稱」のはざまで》（東京：風響社，2007 年），頁 16～18。

的研究中看出，日人對中國有較具體的客家研究，但仍無法看到日人對於臺灣客家的社會印象，目前尚無探討日人的臺灣客家研究。

二、臺灣客語的研究

臺灣客家的研究中，客語的研究成果最為豐富，計有早期的日人橋本萬太郎、篠原正巳與臺灣的吳守禮、鍾榮富、羅肇錦、古國順、羅濟立等許多學者。〔註32〕吳守禮在 1997 年的《福客方言綜誌》即開始臺灣語的研究，其中客語部分，亦針對日治時期日人的客語學習研究做一介紹，以《臺灣土語叢誌》為基礎，初步探討閩客語初期學習環境及日人對其了解的程度，主要的內容仍著重在音韻及假名表記等，對於日人客語學習做出簡單概要的說明。〔註33〕

羅濟立分析日治初期警察的廣東語（客語）學習背景及成效，其認為客語學習是出於過渡性、實用性的工具選擇，其主要以《臺灣土語叢誌》的「廣東語會話篇」為史料，及相關的「日臺語言著作」，除了分析客家音韻與日語學習不同之處，並解析日人如何以日本假名方式輔助日人學習客語，提供後人就客家音韻在不同對象的經驗，〔註 34〕其研究的第二章篇即指出，有關警察客語學習，在以閩南語為主的臺灣語學習環境中，客語如何被地方機關首長營造成迫切需求的語言工具。從羅濟立的研究可以看到總督府對客語的學習態度，從被動到積極主動，除因應土地調查之工具性需求外，後續總督府對中國華南的經營，臺灣的客語學習及客語地區的管理，提供了日本一個良好對岸開發的經驗。

羅濟立另一篇則探討警察學習客語的方法，除了探討客語和日本「漢音」的對應關係，對於警察如何學習客語及運用並無進一步討論，但作者鋪陳了日警學習客語的脈絡，根據羅濟立指出，警察學習客語是以單純詞為基本結構，此種語彙佔 17.53%，在表示動作心理、性狀形容的語彙高達 40.57%。

〔註32〕上述學者多為致力客家語言學的學者其重要著作有，橋本萬太郎《客家語基礎彙進》（東京都：東京外國語大學アジア.アフリカ言語文化研究所，1972年）；鍾榮富，《臺灣客語概論》（臺北：五南，2005 年）；羅肇錦《客語語法》（臺北：臺灣學生書局，1988 年）；古國順，《臺灣客語概論》（臺北：五南，2005 年）。

〔註33〕吳守禮，《福客方言綜誌》（臺北：吳守禮，1997 年），頁 187。

〔註34〕羅濟立，《統治初期の日本人による臺灣客家語音韻、語の學習：「廣東語」『臺灣土語誌』、『廣東語會話篇』手がかりに》（臺北：致良，2008 年）。

〔註 35〕意味著警察在學習客語是由需求的單純詞到表達詞，是根據殖民政府所精心設計的課程快速學成客語，以便進行更有效率的資源攫奪。

　　林晉輝〈臺灣語語教育發展之研究──以日治時期為中心〉認為日治之初，日本透過「語言同化主義」實施語言教育政策，在教育體系中同時進行「國語」教育與臺語教育，確立了「日人學臺語，臺人學日語」的語言教育分工模式。殖民政府採務實的「漸進主義」策略，先以忍漢文教育與臺語「漢文臺語模式」安撫臺人，再逐步導入日語臺語模式，同時針對不同的族群設立不同的學校制度。〔註 36〕林晉輝的研究勾勒出日治初期臺日相互學習語言的狀況，亦提供官方一學習背景，可籍由臺語的學習來推展日語。

三、日治時期的警察研究

（一）警察制度

　　日治時期臺灣警察的論述十分豐富，李理的《日治臺灣時期警察制度研究》爬梳日治時期警察制度的脈絡，藉由研究警察制度，具體分析日治時期警察對臺人之影響，作者以大陸學者立場的角度來觀察臺灣警察的研究，並以區域比較方式來討論臺日警察之差異，以及臺灣、朝鮮、滿州殖民地警察對各地治理的不同，做初步的研究說明。〔註 37〕作者對於總督府藉由「萬能警察」所營造的臺灣社會現象，持批判的角度，認為在殖民政府特殊政體下，警察所有的預防功能被殖民政府過度放大，在中央政策與地方警察的法律與勤務運作下，臺灣人民成了被剝削的階級，所有治理臺民的政策包裹着科學、文明的糖衣，目的是使臺灣及臺人成為日本經濟、政治的一環。其論述提供筆者對於日警的各項業務運作下的另一個思考方向。

　　劉惠璇指出臺灣總督府所設立的警察官及司獄官練習所，其制度除沿襲日本內地外，臺灣警察訓練所特著重精神涵養，是培育臺灣現代警察的搖籃，此外，學習臺灣土語、法令與武學等，也被列為基礎訓練，更是警察能夠有效執行治安的要素，從其研究可見，臺灣總督府一條鞭的掌握警政，更能有效落實中央政策的旨意。另外，警察訓練所分甲、乙科，在制度的設計上，

〔註 35〕羅濟立，〈由《警友》雜誌初探日治後期警察之臺灣客語詞彙學習〉，《人文社會學報》，3：1（2008），頁 69～73。
〔註 36〕林晉輝，〈臺灣語言教育發展之研究──以日治時期為中心〉，彰化：國立彰化教育大學教育研究所研論，2004 年。
〔註 37〕參閱李理，《日治臺灣時期警察制度研究》（臺北：海峽，2007 年）。

臺人很難越過總督府所設計之甲科警察門檻，臺人從警多數任職基層的警務
職位。〔註38〕從劉惠璇研究可見，臺灣土語在警察訓練所佔有很高的比率，「通
譯兼掌者津貼」更是吸引諸多日警投入，並帶動更嚴格的臺灣土語檢定制度，
其研究有助於釐清警察的臺灣土語基本能力。

李幸真在其研究成果則提出了較詳實的日警臺灣語學習脈絡，其認為日
本警察做為「指導教化」角色，呼應了殖民政府強調日警必須學習臺灣語的
期待，不僅期待日警能有效取締臺人的不法，更期待日警能以臺灣語展開宣
傳與指導，日治末期日警以較熟練的臺灣語，有效地執行查察民意和防犯防
諜等要務。〔註39〕李幸真研究提供了日警學習臺灣語（閩南語）的良好基礎，
從作者廣泛收集而來有關「日臺會話書籍」之觀察報告可清楚發現，警察的
臺灣語教材簡言之即是另一版本的警察執勤守則，會話內容是針對勤務要求
而設計的。上述研究對提供了筆者了解警察學習臺灣土語及勤務運作的基礎。

（二）警察的地方管理

1. 保甲

在保甲制度研究上蔡易達與蔡慧玉等人之研究，都重建了保甲社會控制
面與結構面之探討。〔註40〕而後進學者陳嘉齡以小說中的警察、保甲、御用
仕紳描寫作為研究主題，作者收集了三十多篇日治期有關警察、保甲及御用
紳士等小說，深入剖析殖民者對殖民地的掌控與佔有，日本政府如何透過綿
密的警察網，以及保甲制度的全力配合，執行各項殖民政策，以達成殖民者
掠取物資之目的。陳嘉齡認為日本對臺灣所進行的現代化建設，不是一項德
政或恩賜，而僅是為了進行有計劃的經濟掠奪。然而，文學作為反映現實之
媒體，亦受到現實政治、經濟、文化的影響與限制，仍貼切地補充史料與文

〔註38〕劉惠璇，〈日治時期之「臺灣總督府警察官及司獄官練習所」（1898～1937）
——臺灣警察專科學校校史探源（上）〉，《警專學報》，4：8（2011.3），頁63
～94。

〔註39〕林幸真，〈日治初期臺灣警政的創建與警察的召訓〉，臺北：臺灣大學歷史研
究所研碩士論文，2008年。

〔註40〕蔡易達，〈臺灣總督府基層統治組織之研究——保甲制度與警察〉，臺北：文
化大學日本研究所碩士論文，1988年；蔡慧玉更進一步探討保甲動員與理論
的整合並以大量田野訪談進行研究，參閱蔡慧玉〈保正、保甲書記、街庄役
場——口述歷史（1）〉，《中興大學歷史學報》，3（1993.4）；蔡慧玉〈日治時
代臺灣保正書記初探1911～1945〉，《中央研究院臺灣史研究》1：2（1994.12），
頁5～24。

獻所無法呈現的庶民日常所面臨之困境，並有助於體會當時臺灣人的心境與想法。〔註41〕

2. 衛生

董惠文在談論到日治初期傳染病的防治，借用了傅柯（Foucault Michel）「知識與權力」的概念，認為總督府將「權力關係」以各種不同的形式、技術、場域，以多元且靈活的策略進行著，是一種具有長期滲透力、生產性的權力，一種更細緻的過程，國家機器將有利民眾的政策以行政力落實地方。籍此鞏固「權力」合理性並以嚴格的監視來實行。董惠文認為督府以地方廳警察課為中心，藉著保甲組織，國家權力得以深入臺灣基層社會，指揮保甲強制管理管區內各家戶的衛生事務，建立起一個嚴密監控的防疫體制。殖民政府運用了這些權力的裝置，並加以擴散、分佈設置，再利用這些權力裝置，進行嚴密的戶政建制，從此之後，殖民政府組織與監控了臺灣人民的空間位置。每一個被定位在固定位置上的個人，清清楚楚地讓自己的健康、情緒反應呈現在監視者的眼光之下，無所遁逃。〔註42〕以傅柯的理論來分析總督府的衛生改正，反應出殖民者的心態與臺民面對監視的生活反應，以「知識與權力」論述日治時期的傳染病防制，提供了總督府對於監控臺人的架構，然而，對於當時日警與臺人的實際互動情形，似乎仍有進一步發展的空間。

范燕秋在《疫病、醫學與殖民現代性：日治臺灣醫學史》有關保甲協助衛生疫情防制業務，以保正張麗俊的日記作為分析藍本，認為以傳統士紳、保甲組織，在執行新式防疫工作時，扮演了一個重要催生衛生業務的助力，在官吏與警察無法達成面上，士紳與保甲補足了這個缺口。〔註43〕以總督府公文類纂衛生史料對照保正張麗俊的日記，可以發現完全不同的立場，前者為殖民者的政策與執行的過程記錄，後者是私人、地方社會的個人寫照，可以觀察到最真實的庶民心理及官吏實際公務運作過程，顯示臺灣社會在面臨疫情時，地方士紳如何轉化為公眾衛生的思維歷程，並協助官方推展衛生業務。為本研究提供一個良好的研究方向。

〔註41〕陳嘉齡，〈日治時期臺灣短篇小說中的警察描寫──含保正、御用紳士〉，臺北：政大國文教學碩士論文，2001年。

〔註42〕董惠文，〈行政監控與醫療規訓：談日治初期傳染病的防治〉，南投：南華大學社會研究所碩士論文，2004年。

〔註43〕范燕秋，《疫病、醫學與殖民現代現性：日治臺灣醫學史》（臺北：稻鄉，2005），頁156～157。

3. 管理

陳煒欣的〈日治時期臺灣「高等警察」之研究（1919～1945）〉，陳文以政治為起點，分析高等警察制度的形成及其對於臺灣社會的影響，並就中央與地方高等警察做一比較，第四章的部分論及高等警察的監控實質面，並以政治警察、思想警察、出版警察等進行討論。整體而言，陳文提供了高等警察對臺灣社會監控的概況，但限於篇幅並沒有進一步的就地方監控做分析。〔註44〕

蔡明志認為日治時期殖民政府透過地方空間的改造，將警察機關的派出所做為地方監控的中心，以硬體空間的改正及警察軟性的知識的引導，將殖民政府及地方警察形塑成「文明」、「開明」的現代領導者，合理化警察以各種行政手段管理臺人的理由。警察派出所的設立成為地方權威管理的象徵，地區的民眾被層層監管制度所監視，警察成為殖民政府各種情報的「蒐集者」與殖民政府的行政「執行者」。〔註45〕

歸納上述研究我們大致可以了解：第一、日人對中國的客家研究是基於政治、經濟、產業需求而著手調查的報告性研究，相對於已成為日本領土的臺灣客家的議題顯然就沒有那麼急迫，日人的研究仍不足呈現日人對臺灣客家的印象，因此仍可就日人對臺灣客家社會印象做進一步之探討。第二、臺灣總督府統統治研究著重在政策的形成，及各項業務的研究。第三、地方管理者「警察」的研究，以警察制度沿革、與警察各業務為主題。例如，保甲、衛生等有較具體的成果，但就客家地區的管理則鮮少深入的分析，仍有進一步探討的空間。第四、日治時期在「客語」的研究，多以語言學的方式來分析客語，以及客語與日語或本身腔調、音韻的差異，對於警察知識體系之建構以及如何運用知識體系統治等，未有具體的成果。

分析日治時期日本官民對客家的社會印象形成的探討，以及因應客家地方管理的政策、警察在客家地區的管理與影響，並無深入的論述。因此，日治時期總督府對客家地區管理及客家地區警察實際管理的相關研究，可謂十分缺乏，本文以新竹地區警察為個案做一探討，分析警察如何落實客家地方的管理，並探究日人的當代的客家社會印象。

〔註44〕陳煒欣，〈日治時期臺灣「高等警察」之研究（1919～1945）〉，臺南：成功大學歷史研究所碩士論文，1996 年。

〔註45〕蔡明志，〈殖民地警察之眼：臺灣日治時期的地方警察、社會控制與空間改正之論述〉，臺南：國立成功大學建築系博士論文，2007 年，頁 3～5。

第四節　研究區域與限制

　　由於日治時期臺灣行政區域時有變動，本文討論的個案新竹地區仍泛指挑竹苗地區，為了便利界定研究區域，權以大正九年（1920）地方改正後所訂定的地方行政區便以說明，新竹州的行政區域包括了現在的桃竹苗三縣市，其轄內有新竹、中壢、桃園、大溪、竹東、竹南、苗栗、大湖等八郡。參閱圖 1-1。

圖 1-1：新竹州地圖

資料來源：「新竹州地圖」及「新竹州各郡重繪圖」，大正 15 年（1926）7 月州廳
　　　　　界、大正 5 年（1926）7 月郡界臺灣地形圖郡役所，「臺灣歷史文化地圖
　　　　　http://thcts.ascc.net/view.asp 下載日 2010/6/2。

　　本研究有兩個限制，區域與史料的限制。針對個案新竹州討論日警「客語」學習與管理，因目前掌握的史料只有四縣腔與海陸腔，且僅限於新竹州（現今的桃竹苗縣市地區），因此對於中部地區的紹安、大埔與南部六堆四縣之客語無法一併納入討論。

第五節　名詞界定與史料運用

一、名詞界定

　　本文試圖探討日人的「廣東語（客語）」外部語言學習環境，至於語言學的語韻、語彙並不列入本文的討論之列，僅針對日警「客語」的學習環境、管理、職掌業務及對地方的影響等做探討。日治時期臺灣總督府對於臺灣漢人的分類，仍以大陸祖籍為主，官方對於臺灣的「廣東籍」或「粵」實際上是指「客家」，為避免混淆故以「客家、客語」取代「廣東人、廣東語」，只有「廣東語」的相關名詞同時出現，以及保留原引文時才使用「廣東語」一詞，以方便行文。「客語」教材中會話漢字，有特別「客音」者，加註原日文假名以呈現日人「客語」發音。

　　另外，本文史料中出現有關「番」字呈現，除史料引用外，本文將以「原住民」現行的稱位作為書寫。

二、史料的探討

　　本文所有的論述資料，主要來自於各大圖書館、中研院歷史語言研究所、國立圖書館臺灣分館、國立臺灣大學圖書館，內容包括國內外的相關學術論文、期刊及研究報，以現有研究成果做為基礎。除運用現有研究成果外，大量使用原始史料，臺灣總督府的統計報告書、日治時期報刊雜誌，力求完備，以分析史料及文獻作為本文的論述。期望藉由對臺灣過去的史實發現，作為解釋現狀的方法。並借用比較研究歷史研究方法，討論警察籍由客語所推行的各項業務上，臺灣人對於保甲、衛生、思想等業務接受的差異性，以求客觀的結論。針對本研究目前所參考的史料概分類，官方檔案、統計資料、調查報告、地方誌、期刊文獻、報紙雜誌、日記與口述訪談等，就其史料性質，分類說明如下：

（一）檔案

　　在檔案的運用上、《臺灣總督府公文類纂》是臺灣總督官房文書課所存之公文書，為研究日治時期不可獲缺之史料，目前國史館已將其數位化，利用檢索係統，可以有效率的搜尋相關史料。

（二）官方出版品

　　《臺灣總督府府報》、《詔敕‧令旨‧諭告‧訓達類纂》等，是總督府頒

發的各項命令與公告，而《臺灣總督府事務成績提要》為總督府歷年的施政以及各州、廳施政紀要，藉此了解新竹州地區的發展概要，以及地方政府所出版的《新竹州警察法規》、《新竹州管內概況及事務概要》、《新竹州警務要覽》。另外，由鷲巢敦哉所編纂之《臺灣總督府警察沿革誌》五冊，對昭和十二年（1937）以前臺灣警察制度有詳實的記錄，可檢視巨觀的制度面。此外《警察官實務全書》以及在警察本署與警務局階段，臺灣總督府所留下的法規部分，有《臺灣警察法規》、《臺灣行政警察法》、《甲乙種巡查採用試驗の實際と受驗の要訣》等，可觀察警察制度建立的更迭。再者職員錄也是觀察統治者重要的指標《臺灣總督府及所屬官職員錄》、《臺灣列紳傳》、《臺灣總督府警察職員錄》、《臺灣警察遺芳錄》、《警察年代幹部職員錄》、《臺灣刑務職員錄》、《新竹州商工聯合會會員名簿》，等，從各項職員錄可發現，各時期的重要警察幹部對於政策以及管轄地區的影響。

（三）調查統計書

關於統計書方面，人口族群統計資料有《臺灣國勢調查要覽表》、《臺灣在籍漢民族鄉貫別調查》、《臺灣常住戶口統計》、《臺灣總督府統計書》、《新竹州統計書》、《新竹州管內常住戶口》、《新竹州教育統計一覽》等，其中新竹州統計書讓我們了解各郡之街庄人口數、族群分佈、教育與產業發展等，各回國勢調查報告則提供我們了解臺灣整體的人口、職業與產業結構情況；警察統計資料上有警務局編的《臺灣總督府警察統計書》、《臺灣警察及衛生統計書》、《臺灣犯罪統計》等，亦有助了解警察整體佈署與勤務執行概要。

（四）調查研究資料

官方或私人所做的調查也不少，有利我們進一步了解，這些調查的原由與方式，並從中觀察日人如何的看待臺灣社會，例如官方的《臺灣形勢一班、臺灣情事覽》、《臺灣視察復命》、《臺灣匪亂小史》；而民間日人臺灣研究數量更勝於官方，例如，《臺灣現狀》、《臺灣諸嶋誌》、《臺灣島志史》、《臺灣紀要》、《臺嶋踏查實記》、《臺灣警察四十年史話》、《帝國最初の殖民地—臺灣の現況》、《新竹州の人物と情事》、《臺灣全誌》、《臺灣文化志》、《臺灣略史》、《臺灣民族性百談》、《臺灣紀要》、《民俗臺灣》、《日本地理風俗大系 15（臺灣篇）》等。整體而言，民間日人在探討的臺灣客家研究時，仍無法跳脫官方刻板的客家社會印象，但就客家社會文化面向而言，有較多元的探討空間。

（五）地方志

地方志地是觀察當代統治者如何看待地方居民的重要的依據，包括清代的《淡水廳志》、《新竹縣采訪冊》與日治時期的《新竹廳志》、《新竹州沿革史》、《北埔鄉土誌》，國府以後的《臺灣省新竹縣志》、《新埔鄉誌》、《竹東鎮志》、《芎林鄉志》《三灣鄉志》等，這些地方志的編修除地方官員外，也延攬地方士紳參與，這類地方志內容包括了轄區的地理山川水文、官職、經濟、產業、建置沿革、教育、風俗等，內容廣泛。但地方志常有抄襲或考察不詳實之慮，在引用史料時仍需比對相關統計資料，透過地方志的記載可以使我們可以了解各區域的發展概況。

（六）報紙期刊

日治時期的各類報紙與期刊亦為本文研究資料之一，例如《臺灣日日新報》、《新竹州時報》、《臺灣民報》等等。其中《臺灣日日新報》可謂官方御用報，具濃厚的官方色彩，從中可觀察統治者對新竹州施政與觀感；而有地方性的《新竹州時報》不僅有地方官方宣導性質，更可從中檢視統治者對新竹地區之觀感；其次，大正十二年（1923）在創刊的《臺灣民報》（1930 年 5 月 29 日改為《臺灣新民報》）以白話漢文以及週刊方式發行，主要讀者群以臺人為主，並以爭取臺人之公平為報導主軸，時可見批評警察制度之聲浪，亦為本研究之重要資料。

期刊類有《警友》、《臺灣警察時報》、《臺灣土語叢誌》（後改為《語苑》）、《臺灣農事報》、《臺灣之畜產》等，更刊載時人言論，不乏日人官民對新竹州社會的意見，可視為官方資料的進一步說明。其中《臺灣警察時報》更是全國性的警察雜誌，其刊載可見警察在警務運作的方向，完全以中央的意志為依歸。而新竹州所發行的雜誌《警友》，更是針完全計對該地警察所設計一連串，勤務運作、在職教育、客語教學等，其內有關「客家」的部分有兩大類「廣東族研究」、「講義資料廣東語研究」兩大類。前者研究客家的生活及文化介紹；後者是以語言學習為主的語彙教材。以目前所蒐集到的資料，所能掌握的最早史料是大正十四年（1925）第三年第十號零星資料，較完整的資料是從昭和九至十六年（1935～1941），內容主要為，政治宣導、教育訓練、法規解釋、州內各郡情事分享、州警武技競賽報導、各郡警官對時事政策的看法與評論、以及升等考試資訊及廣東語（客語）學習教材，為新竹州警部提供了一個廣泛平臺，做為警察機關及警察個人的執勤技巧之提升。

　　另外《語苑》原為臺灣高等法院臺灣語通信研究會發行之月刊，主要的閱讀對象為法院職務者。後來成為全臺警察重要的語學教材刊物，日後也開始將研究的對象轉向至警察業務相關用語，獲得警察機關的認同，大約在大正末期開始編纂講習資料，有「初等科講習資料與通信教授」、「甲、乙科警察官語學講習資料」、「廣東語講習資料」以及日治戰爭末期的「特高用語的活用」一直發行到昭和十七年（1942），語學教材除發音、文法、會話外，為增加學習者的興趣，亦將臺灣的舊慣、歷史、地方趣事等列入語學教材中，一則活化學習過程，再則，警察亦可藉此了解臺人的生活文化。

（七）文學、傳記日記與口述訪談

　　在殖民政府高壓的統治下，臺灣文學成了知識份子反應社會現況以及為臺人抒發微弱的抗議之聲音，也可以間接的補充史料之不足。這種動機普遍存在臺灣文學作家之中。例如，吳濁流與其他的私人日記或報紙亦呈現當時社會現況，而《黃旺成日記》現存日記從 1912 至 1973 年間，存留 48 冊，目前已由中研究臺史所編譯成冊，由黃旺成的日記亦可觀察到竹塹庶民生活補遺、士紳的生活、警察的地方管理等。此外本文也將利用《竹塹百年發展口述歷史》中的地方耆訪談，以及蔡慧玉在其保甲制度的口述資料，以補充檔案史料之不足。

第六節　研究時的間斷限

　　明治 28 年（1895）12 月 18 日總督府於府內設立「土語講習所」，其主要招收的對象為陸軍通譯、文武職員，利用公務餘暇，教授臺語。聘請臺人王星樵、陳文溪為教師，開學當初有 58 名學員，經考試合格獲頒條業證書者有 12 名。〔註46〕換言之，筆者將研究時間斷限設定為 1895 年，自臺灣語由官方正式引進在臺日人的學習，到 1945 年日本退出臺灣為止。

第七節　研究架構與章節安排

　　本文以日治時期總督府對客家社會的管理為研究範疇，並以新竹警察機關報《警友》雜誌，做為個案觀的察的對象，以保甲、衛生、警備、選舉與

〔註46〕洪惟仁編，《日臺大辭典》（臺北：武陵，1993），頁 4。

思想控制等問題框架及論述中心。

　　研究架構說明：本文以臺灣總督府之有關客家研究做出發，探討日治時期日人的客家社會印象，以及警察客語學習與統治之關連性。

研究架構圖

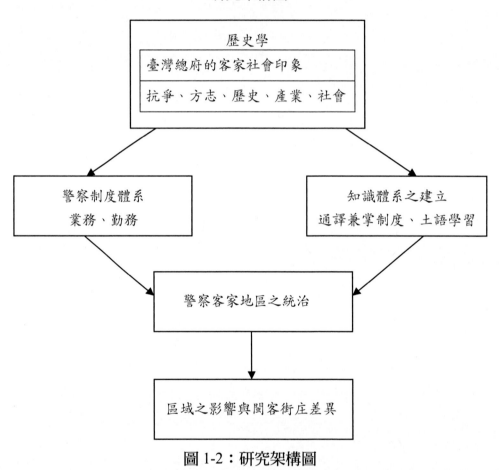

圖 1-2：研究架構圖

資料來源：筆者自設

　　章節安排本文除了緒論和結論外，內文共分為四章，以下就各章的內容鋪排、探討問題做摘述。

　　第一章〈緒論〉說明本文的研究動機與目的、論點與問題、文獻回顧、史料與文獻的分析、研究方法、相關概念的釐清以及章節架構等。

　　第二章〈日治初期日人的客家印象〉，主要探討日本早期對於臺灣族群內部的瞭解是如何產，這些印象有些是來自殖民政府所舉辦的各項調查，或是

西方學者相關對臺著作與清代臺灣方志，是如何影響官方的看法。本文將官方對客家書寫做歷史的分期，從明治、大正與昭和時期所發行的臺灣研究，比對當代的時空背景分析日人對於客家印象的改變。藉由日人在不同時期的客家印形成之背後社會、經濟、政治與日本對外關係等，來分析日人的客家印象。並探討日治末期日本對外關係緊張之際，依「人力資源論」將臺灣可為日本所用的經濟、產業、人心及道德等，進一步的以選擇、形塑、收編等方式進行。

　　第三章〈新竹州的警察土語政策〉，透過總督府對於日人學習臺灣土語的政治態度看，從初期幾任總督對的臺灣土語對外發言，可觀察臺灣土語政策。接著觀察，總督府所發佈「通譯兼掌津貼」對新竹州警察的影響，任職客家地區的警察所需之臺灣土語為客語，在普遍客語教材資源不足的情況下，新竹地區警察務部如何研擬，精進警察客語學習方案呢？以及警察在「分課規程」架構下，中央與地方如何分層負責執行。並藉由警察各項業務，例如高等、警備、保安與衛生等，各項業務納入討論。另外，探究地方警察勤務制度「警察勤務規程」，如何做為實際運作的準則。

　　第四章〈《警友》雜誌的客語知識體系之運作〉，藉由日治時期有關警察的雜誌《臺灣警察時報》與《警友》，來探討其對警察客語學習、勤務、業務政策面的影響。在探討《臺灣警察時報》中央警察部門機關報的功能。並且也討論新竹州警察文庫所發行的《警友》雜誌之地方性，以及有關「客家」的部分有「廣東族研究」、「講義資料廣東語研究」兩資料做分析。並且以新竹州《警友》雜誌的客語教材，做為一個觀察的視角，配合當時政經社會背景，推究警察在各項衛生、違警取締、選舉、交通、墓葬與戶口等業務運作，以客語教材、業務法規與社會現況統計等三項相互檢視其實際運作。

　　第五章〈新竹地區的社會變化〉，在警察一致的管理下，閩客街庄是否呈現一致性呢？從日人的各項統計數字看，仍然有許差異，主要在於生活形態、習慣、信仰、職業等，從而影響閩客族群的健康質。而警察衛生管理的概念正好解釋了，為何日人不斷強調的各項衛生改革宣導。官方所推動的各項社會改革活動，臺人又是如何因應呢？

　　第六章〈結論〉，除總括各節旨趣外，並藉由各面向的探討，釐清日人的客家印象如何影響警察在管理客家社會的作為，並依此探究警察學習客語運用於勤務之上，是否達成官方預期的目的。

第二章　日治初期日人的客家印象

　　早期日人對臺灣各族群之了解，以清代臺灣方志及西方臺灣文獻做為基礎，〔註1〕方志為日人認識客家的方式之一，方志中有關客家的書寫與乙未之役客家對日軍的抵抗行為，加深了日人對客家負面的印象。後續研究臺灣的日人，大量以初期日人臺灣研究為範本，客家負面的形象因而沿襲、保留了下來。而實際管理地方的警察對客家印象則有別於方志與文獻記載，因其業務所需與民眾接觸密切之故，而能將其具體地呈現出來。

　　論日人官民的客家印象，其來源可概分為二：一、史料文獻，二、實際的客家經驗。在缺乏具體客家經驗時，清代臺灣方志成了沿襲之依據；而警察身為地方實際管理者，亦有較貼近客家社會之描述。客家社會印象的優劣評價，由殖民者依當時的政治、社會、經濟等來決定，日治末期日本對外關係緊張，依「人力資源論」〔註2〕將可為日本所用之經濟、產業、人心及道德等，進一步的以選擇、形塑、收編等方式進行，客家傳統文化之義民精神，亦成了日人收編之列。藉由日人的客家社會印象亦可察覺，日人的工具性客家印象的描述，反應出其殖民主義的本質。

　　本章將藉由不同的階級及領域的日人客家論述，爬梳日人的臺灣客家社會印象，並以下列幾個方向作為探討的出發點，首先探討日治初期日人對客家的負面形象如何產生？清代方志是否影響了日人對於客家的觀感？客家義

〔註1〕吳文星，〈日治初期日人對臺灣史研究之展開〉，《中華民國史專題論文集第四輯》（臺北：國史館，1998年12月），頁2020。

〔註2〕1938年日本教育審議會，設戰時教改革基本方向，明定以思想、產業、國防等做為發展國力的方法，其中以道德最為重要。參閱寺崎昌男編，《總力戰體制教育——皇國民「鍊成」理念實踐》（東京：東京大學出版，1988年），頁1。

民信仰、文化與習俗等是如何的被日人所評價？日人如何的將客家生活文化，形塑成符合日本傳統文化的核心價值？

第一節　新竹地區之地理與人文

一、環境與經濟

　　新竹地區的行政區域包括了現在的桃竹苗三縣市，以大正九年以後行政區改正較方便觀察。北臨臺北州南以大安溪界接連臺中州，轄內東界為中央山脈為屏居花蓮港廳之西，河流主要有鳳山溪、頭前溪、中港溪、後龍溪，地勢起伏多變，地形相當複雜，包括有臺地、平原、丘陵、斷崖、盆地、高山、及森林地。人口方面有漢人及原住民（平埔族、高山族），而閩、粵、原住民的族群衝突一直是清代棘手的社會問題。參閱圖 2-1。

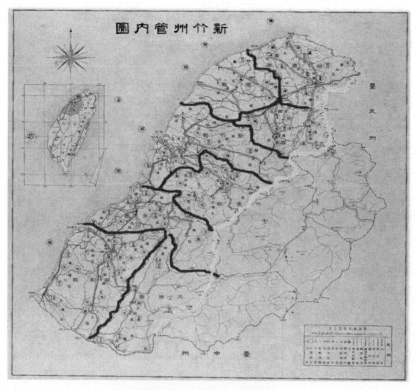

圖 2-1：新竹州地圖

資料來源：臺灣歷史文化地圖 http://thcts.ascc.net/view.asp
下載日 2012 年 6 月 2 日。

在行政地區的劃分上，新竹地區的劃分，時有隸屬臺北或自屬新竹，但整體而言，仍然是現今所謂的桃竹苗三縣市。明治二十八年（1895）五月，地方暫定官制發布，臺灣分為三縣一廳，即臺灣縣、臺灣縣、臺南縣、澎湖廳。新竹地區在當時屬轄臺北縣。其後新竹地區又在不同時期被劃分於臺北或由新竹所轄管理，茲將新竹地區的行政沿革表列簡述之，整理如下表 2-1。

表 2-1：新竹地區行政管轄變動表

官制名稱	所屬轄區	行政名稱	時間
三縣一廳時代	臺北縣	新竹支廳	1895 年 5 月至 1896 年 3 月
臺北縣時代	臺北縣	直屬臺北縣	1896 年 3 月至 1897 年 5 月
新竹縣時代	新竹縣	新竹縣	1897 年 5 月至 1898 年 6 月
臺北縣時代	臺北縣	直屬臺北縣	1898 年 6 月至 1901 年 11 月
桃仔園、新竹、苗栗三廳時代	新竹廳	新竹廳	1901 年 11 月至 1904 年 11 月
桃園、新竹二廳時代	新竹廳	新竹廳	1904 年 11 月至 1910 年 11 月
新竹州時代	新竹州	新竹州	1910 年 11 月至 1945 年

資料來源：筆者整理自《新竹州沿革史》（臺北：成文，1985 年），頁 8～9。

新竹州有大部分地區位處沿山丘陵，但當地仍有豐富的林業及相關的產業，例如，天然樟腦、礦業；加工產業，柑橘、茶葉、蓬草紙、香粉等四種；農產品，米作及蔗作。以大正九年（1920）新竹州轄內產業做說明，參閱表 2-2：

表 2-2：大正九年新竹州製糖會社統計

郡街庄	街庄	工場名	區域內庶作面積（甲）
新竹	新竹街	帝國製糖株式會社	2,508
竹南	竹南	同上	1,732
苗栗	苗栗街	新竹製糖株式會社苗栗場	1,130
竹東	竹東庄	新竹製糖株式會社竹東場	98
竹南	三灣庄	展南拓殖製糖株式會社	203
苗栗	苑裡庄	東洋製糖製糖株式會社	603
大湖	大湖庄	朝日製糖株式會社	476
	卓蘭庄	大安製糖株式會社	88
共計	8,893		

資料來源：《新竹州統計書》（新竹：新竹州，1923 年），頁 264。

茶葉也是新竹州重要的加工產品，茶葉的生產及加工有時節的區分，以春夏秋冬等四季所產之茶做為品質及價格的依據。茶葉是本土資本及小農累積資本的重要產業，以苗栗郡大湖郡為例，茶產業確實為新竹州政府帶來不少稅收。參閱表 2-3。

表 2-3：新竹州苗栗郡、大湖郡茶業產況

產地	生產戶數	產量（斤）	金額（圓）
苗栗郡、大湖郡	3108	11,419,032	2,334,480

資料來源：《新竹州統計書》（新竹：新竹州，1923 年），頁 268～269。

由上述新竹州產業可以看到，這些產業確實為地方帶來龐大的商機，而該區域又有為數眾多的客語人口，若仍深入的掌握客語，亦可以更順利的管理，減少不必要的社會成本。

二、人口結構

新竹地區整體而言，以客家族群為多數，但行政區域的劃分無法明確的界定客家族群的分佈邊界，因此在描述所謂的「客家地區」時，在行文上並無法明確的排除閩人的成分，僅能就族群人口數的比率來推論客家地區。新竹地區的人口數隨時代不同及行政區域的劃分而呈現差異，在選擇人口數的採樣上，本文以大正九年地方改正以後的新竹州作為抽樣，因為在大正九年地方改正後，基本上臺灣的行政區已完備不再變動較能看出各地區的人口數。以《新竹州保健衛生調查書綜合表》所公佈的新竹州閩客數可以看出實際的客家分布情況。例如，竹東郡、大湖郡即可明顯稱為客家地區；而中壢郡與苗栗郡則為多數客家地區；新竹郡與竹南郡僅為過半數之客家地區；而新竹市客家則為少數。參閱表 2-4。

表 2-4：新竹州戶口人數

郡名	戶數	總數（人）	男（閩）	男（客）	女（閩）	女（客）
新竹市	9,968	50,535	38,321	6,067	19,042	3,039
新竹郡	16,702	110,085	31,791	39,573	15,636	37,939
中壢郡	15,093	101,200	14,146	44,581	7,600	41,590
桃園郡	13,686	84,439	40,290	2,496	37,693	2,424
大溪郡	9,390	55,126	14,924	10,376	14,177	9,898

竹東郡	11,932	72,212	808	32,492	612	31,119
竹南郡	13,543	87,073	19,430	22,080	19,386	22,226
苗栗郡	17,506	118,102	22,978	92,464	11,761	45,488
大湖郡	5,271	30,606	388	13,860	338	12,894
合計	113,091	709,479	130,398	213,985	124,884	209,094

資料來源：《新竹州保健衛生調查書綜合表》（新竹：新竹州衛生課，1934 年），頁 1～3。

接著我們再以昭和七年（1933）所出版的《新竹州警務要覽》來看看客家分狀況，整體來看新竹州所謂的「客家地區」實際上還是以客家為多數。例如，苗栗的苗栗街、頭屋庄、公館庄、四湖庄、三叉庄等。整理如下表 2-5。

表 2-5：新竹州郡各街庄閩客人數

郡	街、庄、蕃地（人）							
桃園郡	桃園街		蘆竹庄	大園庄	龜山庄	八塊庄		總計
	閩	22,245	15,384	15,624	15,046	8,748		77,041
	客	522	740	1,303	937	1,686		57.10
竹東郡	芎林庄		橫山庄	北埔庄	竹東庄	寶山庄	峨眉	蕃地	總計
	閩	134	241	115	199	545	47	181	1,462
	客	10,558	11,145	9,549	14,600	9,730	6,837	1,917	64,336
大湖郡	大湖庄		獅潭庄	卓蘭庄	蕃地			總計
	閩	310	82	276	156			824
	客	10,225	5,408	7180	3,603			26,416
竹南郡	竹南庄		頭份庄	三灣庄	後龍庄	造橋庄	南庄	蕃地	總計
	閩	15,095	2,774	105	18,513	1,629	269	2	38,387
	客	1,184	16,525	7,883	2,990	4,756	9,684	315	43,337
新竹郡	舊港庄	關西庄	紅毛庄	六家庄	香山庄	湖口庄	新埔	蕃地	總計
	閩	12,110	243	3,409	2,171	12,498	143	63	63	30,936
	客	2,854	21,897	7,072	4,731	2,070	13,811	1,145	1,145	76,255
中壢郡	楊梅庄		新屋庄	觀音庄	中壢街	平鎮庄		總計
	閩	671	1,316	4,565	6,763	625		13,940
	客	24,437	18,407	12,089	17,633	11,907		84,473

新竹市	新竹市				總計
	閩	37,411			37,411
	客	5,192			5,192
大溪郡	大溪街		龍潭庄	蕃地	總計
	閩	2,5102	1,737	1,913	28,752
	客	2,837	1,6575	870	20,279

資料來源：筆者整理自，《新竹州警務要覽》（新竹：新竹州警務部，1937 年）。

後續再對照《新竹州要覽》公布的昭和十四年（1939）十二月的人口別統計數，轄內居民有 118,012 戶，人口 747,834 人，粵籍主要分布中壢、竹東、苗栗及大湖郡，桃園、大溪二郡福建居多，新竹、竹南二郡閩客各占一半，粵籍佔近 1.6 倍之多，參閱表 2-6。綜觀上述總的來說，新竹州閩客數客多於閩，且亦有明顯的區域分布情形。

表 2-6：昭和 14 年（1939）新竹州種族人口別

區分 總數	日本	福建	廣東	其他	平埔	高砂	朝鮮	中華民國
747,834	15,307	269,943	443,412	2	2,641	14,233	79	12,217

資料來源：新竹州，《新竹州要覽》，1938 年，頁 9～10。

三、族群關係

　　早在清代時期漢人在新竹沿山地區的開發，始終無法解決生蕃襲擾，從民間自組隘勇到官府支持的金廣福大隘，代表著漢人藉由商業利益及政治勢力對內山資源的開發。〔註3〕金廣福的開墾以隘線驅蕃，取得墾地，繼之有墾民從事土地開墾，在防墾體係中墾首、墾戶、隘丁三者上下互動的開墾生態，使墾首戶不僅是地方權力支配者，也是凝聚地域力量的中樞。〔註4〕因此，無論本身的官職或隘墾業務均使金廣福一手掌握，姜家也成為地方重要領導及官府日後動員的對象。

　　隘墾的推展使粵籍墾首擁有大量的財富，所擁隘防勢力亦成為維持地方治安力量，甚致於國家發生變故之際，赴前線轉戰各地，供官差遣。金廣福

〔註 3〕吳學明，《金廣福墾隘研究（上）》，（新竹縣：竹縣文化，2000 年），頁 72～73。
〔註 4〕吳學明，《金廣福墾隘研究（上）》，頁 160～161。

的隘丁是防番拓墾的先鋒，咸豐六年金聯昌向金廣福抱隘〔註5〕移墾時即立有
規定：「凡遇緊急公務，當聽各墾戶呼喚調回，募隘人不得抗違。」同治十三
年姜榮華稟稿亦曰：「係屬官隘，地方有事、丁聽調遣」。〔註6〕因此，遇國家
危急或地方動亂之時，金廣福的隘勇則成為官府動員的對象。〔註7〕塑造粵籍
墾首在地方無比的勢力及對國家忠誠。

　　新竹地區的抗日事件：乙未之役北埔姜家姜紹祖率領敢字營抵抗日軍，
之後在臺零星抗日事件，客家族群參與頻率高，抗爭也較激烈，日人時有以
「土匪」等字眼對形容客家族群。〔註8〕由於竹苗地區的客家義勇身負官方號
召抗日的使命，還有鄉族地方勢力的支持，這些抗日勢力並無法正面持續的
與日軍作戰，只能視日軍兵力的多寡作游擊戰。日軍曾對新竹的反抗軍這樣
的描述：

> 新竹以北、大湖口以東之地，全民皆為土勇，其數量不知凡幾，而
> 破壞鐵路、切斷電線，全都是他們的傑作。而這些土勇只要一看到
> 我軍人少可欺，就會發動攻擊；若是我軍人數佔優勢時，則逃匿到
> 山林之間。〔註9〕

可見的新竹地區的民眾時有暗中資助抗日情形，這種各潛藏民間的抗日意識
成了日人特另重視的狀況。日治初期新竹支廳曾向總督府呈文報告管轄內治
安情形：「此間紳商最初與賊徒（抗日軍）不但有連絡，也佔有重要地位者，
現在表露慕順，裏包禍心者尚多，自（明治28年）六月二十五日以來，敵勢
甚熾，市民隨而動搖，不能此認為此間人民係非從順良民，故行上所遇困難
非少。」〔註10〕

〔註5〕「抱隘」乃是欲深入山內開墾民合組墾號，向合法的總墾首承領取墾權，借調
　　　　隘丁，將舊隘內移，包辦墾區的隘防。參閱吳學明，《金廣福墾隘研究（上）》
　　　　（新竹縣：竹縣文化，2000年），頁119～120。
〔註6〕吳學明，《金廣福墾隘研究（上）》，頁156。
〔註7〕道光年間中英鴉片戰爭、咸豐十年赴艋舺支援官廳、同治三年赴大甲參與平亂、
　　　　光緒十年中法戰爭等。參閱吳學明，《金廣福墾隘研究（上）》，頁156～159。
〔註8〕乙未戰役苗栗秀才吳湯興，新埔姜紹祖、徐驤等多名客籍領袖號招義民持續在
　　　　山間對抗日軍。參閱陳文德，《決戰八卦山：乙未年抗日義軍浴血風雲錄》（臺
　　　　北：遠流，1995年）。
〔註9〕許佩賢譯，《攻臺見聞——風俗畫報，臺灣征討圖繪》（臺北：遠流，1995年），
　　　　頁115。
〔註10〕新竹縣文獻委員會，《臺灣省新竹縣志稿》（新竹：新竹縣文獻委員會，1957
　　　　年），頁30。

　　日人以「反抗軍」來描述新竹地區的抗日勢力，但實際上，在隘墾開發的社會環境影響下，該地區的人早習慣如何應因民亂與蕃害，刀鎗之術更是另一項生存技能，在寓農於兵的隘墾環境下，地方民防勢力平時除保鄉外，更為官方所重視。在乙未戰役時官方退守臺灣之際，在臺西方人甚至這樣的描述客家與抗日的情況，香港電報通訊員麥斯（Myers）來臺報導乙未戰事，對於臺灣居民的抗日情況多所描述，其中對於客家的看法是：「先前中國將領撤退之際，將多數毛瑟鎗、連發鎗及可觀彈藥移交客家，如今彼輩均已熟練等武器之使用，對日人而言係重大威脅。客家本諳通山地形狀，且自幼即生長於溪嶽之間，習於接戰，其戰鬥員人數亦不下一萬之譜。」〔註11〕若西方觀察者的描述是正確的，可視由客家所組成的團練或義勇，其民族的忠誠度受到官方一定呈度的信任。新竹地區的客家族群投入了大量財力、物力與人力在抗日活動上，但是零星與分散抗日勢力是無法與日軍相抗衡的，新竹地區的抗日活動在先天上即已註定是一場悲劇，抗日領導者成了日人首波平定的對象，這些領導者的命運不是戰歿、被補、內渡或迎降。茲簡介乙未之役時桃竹苗地區抗日成員情形，如表 2-7：

表 2-7：桃竹苗地區抗日情形表

領導者	職位、出身	備註
王國瑞	廣東人，新竹知縣	曾請棟軍留守新竹。日軍未抵新竹城即逃。
余清勝	記名簡放提督	守大料崁，迎降。
楊載雲	湖北人，副將，新楚軍統領。	奉黎知府令往援新竹，戰歿於頭份。
傅德陞	棟軍	林朝棟逃亡後，所部在新竹附近抗日。
鍾石妹	竹北豪商，承辦隘務。	在石牌埔、水仙崙等地抗日，1897 年 5 月歸降任樹杞林辦務署參事。
王振輝	樹林富豪，民團首。	乙未失利後曾內渡後又返臺。
黃鏡源	三角湧生員	乙未時率眾抵抗，後又往來廈門求援數次。
翁景新	三角湧富豪。	乙未率族抗日，翌年又參與攻臺北城之役，事敗入山死之。
蘇力	三角湧樟腦業者。	與子蘇根銓在分嶺之白匏湖山拒日，敗後內渡，其後又返臺，病卒。

〔註11〕程大學編譯，《臺灣前期武裝抗日運動有關檔案》（臺中：臺灣省文獻委員會，1977 年），頁 90。

陳小椑	三角湧樟腦業者。	與蘇力有姻親關係，募義民千餘人，與日軍戰於隆恩埔、二甲九等地，乙未十一月又與陳秋菊等會攻臺北城，十二月被日軍所殺。
黃曉潭	大料崁貢生，又為墾首。	乙未時率眾自烏塗掘拒日軍，後內渡。
江國輝	大科崁武秀才，忠義局統領。	與大料崁總理呂建邦，耆老廖運潘等募兵千餘人抗日，後為日人所捕殺。
林維給	桃園人，父恩為邑庠生。	乙未與文糾眾拒日，為日軍焚其宅，兩人俱死。
詹永和	桃園人龜山鄉人，業農，精拳術。	乙未時被推為義勇首領，拒日於龜山、牛角坡等地，反退入山。
陳光海	頭份總理。	乙未號召鄉人組田賦軍抗日。
姜紹祖	北埔庠生，北埔墾首姜秀鑾曾孫。	率莊民、隘丁、佃丁作戰，戰歿於新竹。
吳湯興	苗栗生員。	與生員邱國霖等率練勇抗日。
徐驤	苗栗生員。	後轉戰各地。
邱振安	龍潭波總理。	乙未之役後又抗日，披捕發。

資料來源：翁佳音著，《臺灣漢人武裝抗日史研究》（臺北：稻鄉，2007年），頁61～64。

　　綜觀上述，乙未之役期間竹苗地區的抗日勢力，除原有隘墾環境所習之尚武之風外，清武官、生員、墾首、地主與富豪等更是這一波反抗勢力的領頭羊。然而這種前清義民形象似乎不為日人所容。後續日人領臺八年後明治三十九年（1907），看似平靜客家街庄爆發北埔事件；以及大正元年間中國革命成功及民族思想也影響臺灣，大正二年（1914）羅福星事件等〔註12〕，似乎影響後續日人對客家的印象。

第二節　初期官方的客家調查

　　日人對於客家的研究是來自臺灣各族群中的一支，並非單獨成立的研究，對於客家概念初期來自於西方文獻的「Hakka」概念影響外，更深受清代臺灣方志中的客家書寫。但在實際的殖民政府的管理下，地方行政官員對於客家人似乎有不同的看法，呈現不同階級的日人客家印象。

〔註12〕覃怡輝，《羅福星抗日革命事件研究》（臺北：中央研究院，1981年），三民主義研究所叢刊第6冊，頁23～25。

一、官方調查的記錄

（一）日人初期的客家概念──西方文獻的影響

　　日人對於客家概念以「粵」或「廣東人」看待，對「客家」一詞仍相當陌生。初期日本學術界對於臺灣族群內部瞭解，部分還是透過西方學者或傳教士的相關對臺著作而來，明治二十八年（1895）年德國猶太裔學者路德利斯（Ludwig Riess）在「東京德意志自然-民族東亞學會」發表〈客家渡臺原委〉，為一有關客家議題的研究報告。〔註 13〕分析利斯的〈客家渡臺原委〉約略得知，其所用資料主要來自於荷蘭殖民當局、教會以及歐洲探險家之臺灣紀錄，對相關客家論述並不詳備，甚至和一般通說有異。例如，利斯出身猶太裔，他亦把客家之南遷與猶太人之遷移相比，與事實有出入：

> 客家卻對自己種族之出處不明，甚至連自己祖先之埋葬地也不知曉之流浪的客家族，受到常以家族關係鞏固而自豪的一般中國人之輕侮…。在中世紀時代，居住在德意志的猶太種族，因蒙受十字軍之影響，半數以上的人們退隱到波蘭，雖不完整，卻也在該地形成一小市民集團。〔註 14〕

上述說法以目前的觀點來看，的確與實事不符，但當時此論述已讓日本學界對於客家有新的認識，日本對「客家」詞彙亦以德文之「Hakka」來套用。值得注意的是，吉國藤吉在《臺灣島志史》第三章「客家渡來の顛末」文中，直接以「客家」做為族群的敘述，而非以「粵」或「廣東人」做為族群稱謂。〔註 15〕顯示史料中所呈現有關客家的稱謂，亦影響了日人是採用「客家」或「粵」來稱呼客家。

　　乙未之役時西方記者與洋商對客家的報導，同樣也是日人參考的重要依據。明治二十八年（1895）香港電報通訊員麥斯（Myers）來臺觀察乙未之戰，

〔註 13〕第一次為 1895 年 6 月 26 日，第二次為同年 9 月 25 日。參閱戴國煇著，《臺灣結與中國結──罟丸理論與自立、共生的構圖》（臺北：遠流，1994 年），頁 206。

〔註 14〕〈客家渡臺原委──臺灣當為東南亞海寇之避難所（1368～1600 年）〉原文為德文收錄於《臺灣島史》（Geschichte der Insel Formosa）第三章，第 413～417 頁。參閱戴國煇，《臺灣結與中國結-罟丸理論與自立、共生的構圖》（臺北：遠流，1994 年），頁 206；吉國藤吉，《臺灣島志史》（東京：富山房，1898），頁 41～42。

〔註 15〕吉國藤吉，《臺灣島志史》（東京：富山房，1898 年），頁 41～42。

甚至評估此等戰事可能會持續五、六年之久，其如此的描述了客家抗日的情況：

> 長途行軍之後，抵該村，村民等仍如往常外表誠厚，翩翻白旗於屋前，殊無異狀，日兵自放下心卸兵器，詎料藏於家家隅隅之數千客家，竟齊然開始射擊，日兵自無暇整頓隊伍立有多數死亡，雙方遂進行一場決鬥，客家死亡逾八百，被俘一百五十，日方亦死亡二百，傷八十之譜。原先客家擬一舉將日兵悉予殲戮，既未達目的，勝利反歸日方。〔註16〕

西方媒體的報導也許有過多數字的喧染，但對日人而言，客家族群的抗日方式，除了讓日軍無法辨別軍民之外，對於抗日民軍幾乎以「土匪」來稱之。而客家抗日民兵與當時打家劫舍的「土匪」，對於外人「洋人」而言，實難區別。麥斯（Myers）甚至直指所謂的賊徒即「客家」與「生番」。〔註17〕明治二十八年（1895）俄國樟腦商 Aminaff 曾致書德國樟腦商 Ohly 描述了臺人抗日的情況，認為殷實商投入抗日活動，為民族情節之因素所致，例如，苗栗黃南球、彰化林朝棟等；此外對於一般客家民眾投入抗日，則認為是響應劉永福的抗日號召，洋商認為客家抗日勢力將是影響經濟發展，他們對於解決這種現況的看法是：

> 劉將軍（永福），對客家人發出布告，搧動一般人民應緊密團結，其能及早將日人逐出本島，其布布告張貼於廟前。畢竟，客家人不宜用優柔寡斷之管理法，因如以威力對付，即枉其志歸服，如以溫和手段對付，復任性妄為。〔註18〕

（二）清代臺灣方志的引用

明治二十八（1895）年正值臺灣兵馬倥傯之際，日本京都江馬達三郎依據清代文獻《東征紀事》、《征臺紀略》及其他見聞等，譯述成冊，取名《臺

〔註16〕程大學編譯，《臺灣前期武裝抗日運動有關檔案》（臺中：臺灣省文獻委員會，1977 年），頁 87；「マキヤース通信臺灣戰況及探偵林玉銓ノ報告」，《臺灣總督府公文類纂》，永久保存，22 卷 1895 年。

〔註17〕程大學編譯，「公纂マキヤース通信臺灣戰況及探偵林玉銓ノ報告」，《臺灣前期武裝抗日運動有關檔案》（臺中：臺灣省文獻委員會，1977 年），頁 85。

〔註18〕程大學編譯，《臺灣前期武裝抗日運動有關檔案》（臺中：臺灣省文獻委員會，1977 年），頁 91；「就東勢角暴徒防禦狀況居留該地 Aminaff 致 Ohly 函」，《臺灣總督府公文類纂》，1895 年，22 卷。

灣史料》，目的在藉由介紹臺灣風土、政治、兵事、民變及清政府官員對平亂的歷史，期望有助日軍早日戡亂。〔註19〕文中提及朱一貴、林爽文事件及械鬥之事，但著作所引用史料則決定了其對臺灣史的看法及以客家的認知，作者以李元度的〈施提督世驃破臺灣朱一貴〉與姚瑩的〈趙制軍覆臺灣兵事言書〉〔註20〕為材料，對臺灣族群的民變及閩客的族群性格付之闕如，更遑論對客家社會的了解。

明治三十三年（1900）拓務省文書課編輯一本《臺灣歷史考》，欲進一步而有系統地向日本人民介紹臺灣，提供日後南進臺灣的日人具體的概念，作者岡田東寧曾隨軍參與征臺之役，一路從基隆到臺南可謂無役不與，並將其所見所聞編著《臺灣漫遊記程》，對於臺灣有實質的在地經驗，並蒐集清代方志編纂此書，以編年體的方式呈現，有關中文史料多為清代方志，整理如下表2-8。

表2-8：《臺灣歷史考》引用方志書目

參考書目	臺灣府志	噶瑪蘭廳志	平臺紀略	東瀛外記
	臺灣縣志	鹿州全集	鳳山縣志	資治新書
	淡水廳志	東征集	欽定吏部則例	東華錄
	彰化縣志	集說詮集	恩赦條款	

資料來源：岡田東寧，《臺灣歷史考》（東京：拓殖務省文書課，明治33年（1900）），頁6。

岡田書中介紹臺灣客家時以「客家」與「粵」並用，雖曾在臺停留不少時日，清代方志顯然對其影響依然大於其實際經驗。岡田認為客家早期乃潮惠之民隨鄭成功來臺開墾，對於客家的看法仍沿襲清代史料。〔註21〕另外，分類械鬥也是著作認識客家的媒介，岡田對於分類械鬥之了解亦僅限於其所掌握的方志，主要是《彰化縣誌》、《淡水廳誌》中的分類械鬥，為史料解釋客家與分類械鬥的因果，惟朱一貴、林爽文事件岡田對客家奉大清牌之舉譽為義民，前者出：「下淡水客家庄民候觀德、李直三等大清義民舉旗奉皇帝萬

〔註19〕江馬達三郎譯述，《臺灣史料（第上編）》（京都：村上勘兵衛，1895年），頁1。

〔註20〕江馬達三郎譯述，《臺灣史料（第下編）》（京都：村上勘兵衛，1895年），頁7～9、30。

〔註21〕岡田東寧，《臺灣歷史考》（東京：拓殖務省文書課，1900年），頁168。

歲牌，聯莊拒賊」〔註22〕；後者因其所參考《彰化縣誌》的限制，對於北部客家義民則是隻字未提。岡田在著作中對於實際臺灣客家生活文化並沒有進一步的描述。

二、臺灣總督府的客家描述

（一）清代臺灣方志客家書寫對日人的影響

　　總督府研究臺灣多以清代臺灣方志為基礎，明治三十五年（1902）擔任臺灣總督府囑託的伊能嘉矩、小林里平合編了《臺灣年表》，史料來源以清代方志為主，有關臺灣的文獻目錄，計有中文180種、日文79種、西文47種。〔註23〕在日本官民熱烈投入臺灣研究之際，其初期研究鮮少觸及客家。大正十一年（1922）六月臺灣總督府成立史料編纂委員會，〔註24〕其成員皆可謂一時之選，甚至還自民間網羅知名臺籍商人。〔註25〕從總督府修臺史之舉，可看出日本著手臺灣史的掌控企圖，從總督府對外發表的新聞稿可知：「臺灣總督府史料編纂委員今日之設置，實為新臺灣史之世界宣示，同時其本質與精神亦做為後世典範之作。」〔註26〕總督府所彙編的《臺灣史料稿本》也為後續研究臺灣的日人提供良好基礎，然而其所彙整的清代方志及文獻鮮少論及客家，甚至帶有不少負面的描述。因此，日人在進行整體臺灣論述的同時，客家的能見度則變得更低。參閱表2-9。

〔註22〕岡田東寧，《臺灣歷史考》（東京：拓殖務省文書課，1900年），頁166。

〔註23〕伊能嘉矩蒐集清代的臺灣方志及相關文集，從康熙到同治年間。參閱伊能嘉矩、小林里平，《臺灣年表》（臺北：小林里平，1903年），頁60～75；吳文星，〈日治初期日人對臺灣史研究之展開〉，《中華民國史專題論文集第四輯》（臺北：國史館，1998年12月），頁2006～2016。

〔註24〕「臺灣史料編纂委員會的創設」，《臺灣時報》，1922年6月，http://p8080-140.115.130.210.ezproxy.lib.ncu.edu.tw/twjihoapp/servlet/completeOne?page=1，2011年1月4日下載。

〔註25〕總督府就史料編纂委員會的各委員、評議員、顧問、幹事等的人員，網羅各地官員及學者，編纂委員長持地六三郎是委員，除了持地、田原、尾崎外、技師外各州內務部長等數十名，又評議員和田的府內各部局長、各州知事、廳長、佐藤少將、立野海軍大佐之外，從民間士紳21名。「史料編纂會議」，《臺灣時報》，1922年6月，http://p8080-140.115.130.210.ezproxy.lib.ncu.edu.tw/twjihoapp/servlet/completeOne?page=1，2011/1/4下載。

〔註26〕筆者譯參閱「今か史料編纂の時期」，《臺灣時報》，1922年6月，http://p8080-140.115.130.210.ezproxy.lib.ncu.edu.tw/twjihoapp/servlet/completeOne?page=1，2011/1/4下載。

表 2-9：《臺灣史料稿本》引用的清代書目

明史	臺灣縣志	淡水廳志	澎湖廳志	續修臺灣府志
噶瑪蘭廳志	臺灣小志	彰化縣志	臺灣紀略	臺灣外記
海上見聞錄	聖武記	東華錄	平臺紀略	稗海紀遊
臺海采風圖考	臺灣府志	東瀛紀事	臺灣使槎錄	閩海紀要
內自訟齋文集	國朝柔遠記	彰化縣志	臺灣外記	諸羅縣志
東征集	東瀛識略	東華續錄		

資料來源：筆者整理自久保得二等編纂，《改隸前支那史料（二）》（出版地不詳：臺灣總督府史料編纂會，出版年不詳，國圖）。

（二）官方客家描述的歷史分期

1. 明治時期——沿襲清代臺灣方志客家負面書寫

　　觀察《臺灣總督府公文類纂》的各項有關客家的史料，可見日人對客家的看法似乎仍停留在表面的統計數據，主要還是著重在人口數、分佈、語言及產業。〔註 27〕例如在語言方面，明治三十三年（1900）總督府臨時臺灣土地調查局（簡稱土地調查局）編輯了「土地調查用廣東語集」，〔註 28〕其內容因應臨時臺灣土地調查局調查課所規劃，土地調查局將所需資料整理並擬定各種實用客家會話，編輯簡易的客家會語，提供土地調查官吏與地方警察使用。

　　明治三十三年（1900）由軍方籌辦蒐集臺灣有關史料編集而成的《臺灣史料》，其目的在蒐集臺灣之史料加以編纂整理，做為日後治理臺灣之用。〔註 29〕書中對於客家的描述，認為清朝對臺政策而影響客家族群在臺分佈與來臺數量，作者更直接引用〈理臺末議〉有關施琅對潮惠之惡的說法，茲節錄日文：「將軍施ノ琅世粵中惠潮ノ民シラ嚴禁渡臺ヲ許サズ蓋シ惠潮ノ地數數海盜ノ淵藪トナリラ而ノ積習未タ忘レザレバナリト。」〔註 30〕編者認為臺灣

〔註 27〕「廣東人種取調ノ件（元臺南縣）」，《臺灣總督府公文類纂》，永久保存，第 73 卷，1897-01-01。

〔註 28〕「土地調查用廣東語集」，《臺灣總督府公文類纂》，永久保存，第 45 卷，1900-10-1。

〔註 29〕參閱臺灣守備混成第一旅團，《臺灣史料》（東京：同志社，1900 年）。

〔註 30〕中譯：「終將軍施琅之世，嚴禁粵中惠潮之民不許渡臺。蓋惡惠、潮之地素為海盜淵藪而積習未忘也。琅歿漸弛其禁，惠、潮之民乃得越渡。」參閱臺灣守備混成第一旅團，《臺灣史料》，頁 293。

客家族群強悍，動輒流於爭鬥，故為清朝所禁止來臺。日人除受清代方志及相關文獻影響外，亦將閩粵族群好爭鬥的本質歸咎於臺人盜賊的思想、功利主義、氣候及土地等因素。〔註31〕

明治四十年（1907）新竹廳總務課編纂《新竹廳志》，其有關客家的描述亦受清代臺灣史料的影響，日人對客家主要印象來自分類械鬥，對於閩客分類械鬥史詳細描述，並指出客家在經歷械鬥後的處境。〔註32〕對於影響新竹沿山地區重要的隘防事務。例如，金廣福隘、樹杞林隘、九芎林隘等，亦詳細的介紹隘防的佈署及人員配置數，但令人訝異的是《新竹廳志》並無任何有關「客家」在隘防事務字眼，僅以地方名稱做為敘事代表。

2. 大正時期——持續的負面的客家書寫

日本領臺二十五年後總督府法務部編纂了一本《臺灣匪亂小史》，其目的在簡明記述各項抗日事件原委，法務部認為臺之閩粵與大陸原為血脈相連，臺地百年不靖在於清朝的無為而治（治めざるを以て治む）的政策。〔註33〕即指責清朝治臺無方，並以：「蠢魯なる家豬も山野に放ちて其久しさに亙れば竟に其性を變じて獰猛なる，獸となり強暴なる野牛も之を豢養するに馴ろれば即ち柔和なる家畜となる。」〔註34〕用來譏諷清朝無能與臺灣人野蠻。對於閩粵族群評價甚差：「其兩族素來隱據各地反目爭鬥，原出於中國原鄉慓悍殘忍性格」〔註35〕如此歧視性的描述可知其殖民主義優越性格使然。

大正 12 年（1924）秋澤次郎著《臺灣匪誌》其內容與上述《臺灣匪亂小

〔註31〕臺灣守備混成第一旅團，《臺灣史料》（東京：同志社，1919 年），頁 298。

〔註32〕《新竹廳志》在第十編〈兵燹〉的部分即詳細的敘述分類械鬥事件。例如朱一貴、林爽文事件、桃園仔、八里坌、中港鹽水港到客雅溪、咸豐四年新社大湖口中壢事件、咸豐十年北桃園械鬥等分類事件，對粵人族群區域重整有詳細的說明。參閱新竹廳總務課，《新竹廳志》（新竹：臺灣日日新報社，1907 年），頁 5125～526。

〔註33〕臺灣總督府法務部編纂《臺灣匪亂小史》（臺北：臺灣總督府法務部，1934 年），頁 7。

〔註34〕中文譯文：「蠢魯之家豬置山林野放日久變猛獰之獸，強暴之野牛要是豢養馴化的話，即成柔和之家畜。」臺灣總督府法務部編纂《臺灣匪亂小史》（臺北：臺灣總督府法務部，1934 年），頁 8。

〔註35〕臺灣總督府法務部編纂《臺灣匪亂小史》（臺北：臺灣總督府法務部，1934 年），頁 10～11。

史》相差不多，作著對客家負面描述是：「輕舉妄動、附和雷同」。〔註 36〕另外高塔學人對《臺灣匪誌》的評論亦可看出日人對於客家的陌生，對於抗日事件仍以地方做為敘事對象。〔註 37〕但實際上官方對於客家族群的動向早已掌握情資，明治 28 年（1895）新竹支廳長村雄上呈民政局長官水野遵的報告來看，新竹地區的民情仍是高度不穩定：

> 本地人民之舉動，最初不唯與賊徒、本地紳商互有聯繫，甚或還居
> 於重要地位。今表面上表示恭順而暗地裡卻包藏禍心者居多。六月
> 二十五日以來，敵勢日熾，市民因而動搖，足可證明其絕非從順良
> 民，故行政上困難之處，固不待言，內訌之患，亦是不少。〔註 38〕

官方對於新竹地區的臺人政治動向已清楚掌握，並知曉化解新竹地區的反日勢力之方法，村雄支廳長認為閩粵向來不睦，應從中區別族群做調查可收事半功倍之效：「本地匿藏不少敗兵，且廣東人和廈門人之間亦有不和，遂認為此時有進行戶口調查必要。廳員身戶籍調查工作，自數日前起，分頭著手進行，工作幾近完成。」〔註 39〕日人對於臺人抗日的因應作法，有別於清代族群離間的兩面手法，而是以法治做為處理的準則，對於族群議題是隱而不發，此外治安情蒐重於族群文化面的了解，亦為日人初期的重點。

3. 昭和時期——客家地區開發的描述

昭和十三年（1939）新竹州發行《新竹州沿革史》，由菅野秀雄編著，論及原住民與隘防關係時，清楚的描述客家在隘防事業上所獲得的實質利益，並明確的指出北埔「粵人姜秀鑾」在北埔隘防開墾的成果，以及「粵人黃南球、黃龍章」等，在苗栗南庄、咸菜硼等所獲得的土地開發成果。〔註 40〕菅野對於客家族群在新竹地區的開墾，以「粵人」來敘述地方開發史，說明日人已經能夠清楚的掌握閩客在區域發展的脈絡。但官方對於客家歷史評價態度似乎沒有隨時間的延長而有太多的改變，菅野在談論到新竹地區的抗日及民變事件時，仍以「土匪」來論述反抗的臺人。

〔註 36〕秋澤次郎著，《臺灣匪誌》（臺北：杉田書店，1923 年），頁 23。

〔註 37〕高塔學人，〈讀『臺灣匪誌』〉，《臺灣警察協會雜誌》（臺北：臺灣警察協會，
　　　　1923 年），5 月記念號，頁 12～14。

〔註 38〕徐國章譯注，《臺灣總督府警察沿革誌》（南投：臺灣文獻，2005 年），頁 32。

〔註 39〕徐國章譯注，《臺灣總督府警察沿革誌》（南投：臺灣文獻，2005 年），頁 33。

〔註 40〕菅野秀雄，《新竹州沿革史（下）》（新竹：新竹州沿革史刊行會，1938 年），
　　　　頁 56～58。

第三節　學界、媒體的客家認知與形成

　　總督府研究臺灣史之目的，不外乎治理臺灣，及引領內地日人認識臺灣，此舉也引起民間學者的共鳴，有關臺灣的研究如雨後春筍般展開。日治時期媒體對客家的報導也呈現出有別於學者對客家的描述。

一、學者的客家描述

　　日本領臺之後臺灣總督府大張旗鼓的舉辦多項的臺灣調查活動，〔註41〕經由此，一系列的調查活動，總督府不僅獲得實質的參考數據，更帶動了日人全面的研究臺灣的風潮。民間學者對客家的描述似乎比官方有較大的論述空間，此外從民間日人的臺灣研究中可以發現，官方的客家印象是否也影響了民間的客家印象？以時間的脈絡來分析民日人的客家印象，顯然官民的客家印象仍有相當程度的相似性，然而這些差異性的形成是如何？在諸多的日人臺灣研究中，涉及討論客家議題者並不多，在過濾日人臺灣研究中有關客家的書寫，成為探討日人客家社會印象的重要史料文獻。整理如下表2-10。

表2-10：日人臺灣研究中的客家書目

作著	出版品	年	作著	出版品	年
小川琢治	《臺灣諸嶋誌》	1896	伊能嘉矩	《臺灣文化志》	1928
吉國藤吉	《臺灣島史》	1898	山根勇藏	《臺灣民族性百談》	1930
村上玉吉	《臺灣紀要》	1899	藤崎濟之助	《臺灣全誌》	1931
松島剛	《臺灣事情》	1900	臺灣農友會	《臺灣農事報》	1915～1942
東京人類學會	《人類學雜誌》	1940	臺灣畜產協會	《臺灣之畜產》	1933～1938
石阪莊作	《臺嶋踏查實記》	1904	武內貞義	《臺灣》	1934
廣松良臣	《帝國最初的殖民地》	1918	松崎仁三郎	《嗚呼忠義亭》	1935
鈴木串宇翁	《臺灣全誌》	1922	鈴木清一郎	《臺灣舊慣：冠婚葬と年中行事》	1935
秋澤次郎	《臺灣匪誌》	1923	末次保等編	《民俗臺灣》	1942～1944
山崎繁樹	《臺灣略史》	1927	西川滿	《西川滿小說集》	1997

資料來源：筆者整理。

〔註41〕「臺灣舊慣調查」、「土地調查」、「臺灣國勢調查」等，一連串的臺灣調查。

從上表分析日人的客家社會印象，以時間的分期來看，初步歸納概分三個時代性，一陌生與負面的客家描述（1896～1917）；二日人臺灣經驗的表述（1918～1930）；三廣泛的客家研究（1931～1945）。對照其時代背景來分析其客家印象形成原因，並觀察日人的客家印象是否影響日後其對客家地區的統治。

（一）陌生與負面的客家描述（1896～1917）

日本人對於「客家」的看待又是如何呢？以小川琢治《臺灣諸嶋誌》為例，其為在帝國大學理科大學地理地質學系就讀時，亦是日本佔領臺灣的翌年 1896 年出版，其中與客家相關者，有如下記述：

> 支那移民中有稱之為客家（Hakka）的種族。…此種族多居住於廣東，土著人民因此視其為外來種族加以排斥，客家之名稱。此種族的特性以慓悍勤勉能耐勞役之苦…近時對抗我師，有頑妄之，土匪者抵屬於此種族。〔註42〕

日本對客家的概念與今日「義民」的形象似有差距，主要在於乙未之役後在臺零星抗日事件，客家族群參與的頻率高，抗爭也較激烈，以統治者的立場而言，「客家」可謂奸險頑劣之徒，時有以「土匪」等字眼看待客家族群。小川在撰寫《臺灣諸嶋誌》時，日本的臺灣經驗不多，不只小川本身，其他日本人亦相當缺乏此經驗，大部分著作皆參考中西文獻而來。日人對於「客家」的印象多數直接來自清代方志的影響。論民間日人對於客家的印象形成，以現今的看法確實有很大的落差，但從初期的成果觀之，對於「客家」或「粵、廣東人」的稱謂，取決於學者採用的史料為依據。但以清代臺灣方志為研究臺灣的概念大致確定，日人對於臺灣史料的掌握也日趨成熟。

（二）日人臺灣經驗的表述（1918～1930）

日治初期伊能嘉矩以民政局囑託身份來從事臺灣的歷史、地理及住民研究究，同時致力向海內外蒐購有關臺灣的圖書，更進一步在臺徵求私藏的各類古文書，其後續的《臺灣文化志》對於臺灣客家歷史面貌也有清楚的描繪。伊能嘉矩蒐集了大量清代方志做為研究臺灣的基礎，並加上其對臺灣的實際田野調查，對於臺灣客家的看法已開始有別於清代臺灣方志的

〔註42〕小川琢治，《臺灣諸嶋誌》（東京：東京地學協會，1896），頁 167～171。

論述，但清代的方志及文獻也左右了其部分的看法。施琅的「渡航三禁」
成為支持伊能氏客家晚來之說的依據，對於後續的日人客家研究有廣泛的
影響。雖然伊能氏對於客家並未加諸自己的看法，但伊能嘉矩在《臺灣文
化志》中介紹客家族群性時，以《鹿洲初集》的「其志力田謀生」、「置產
贍家」〔註43〕來說明臺灣的客家族群，似乎間接地呈現伊能嘉矩對客家的
歷史觀感。

　　廣松良臣為早期總督府招聘來臺的學者，後任職臺北女子高等普通學
校，長期居住臺灣，其有鑑於臺灣納入日本領土二十餘年，但一般日本人
對於臺灣仍存有昔日刻板負面的印象，作者自詡對臺灣有深切了解，期望
更多日人來臺投資發展，《帝國最初的殖民地臺灣的現況──附南事情》為
其向日本介紹臺灣之用。廣松一系列介紹臺灣之經濟、社會、資源開發等，
並針對向來為日人最為擔心人（番）的部分做說明，其中也提到漢人族群
有關「客家」的部分，作者仍以「粵」或「廣東人」稱呼客家，並簡單提
到粵人來臺時間較閩人晚、人數少、居住環境較閩人差、與閩籍素有嫌隙
故生活自成一格、兩族語言風俗有異相互婚嫁者少等。〔註44〕從廣松簡短
兩頁的客家描述約略可知，對客家的看法應來自清代臺灣方志，其自詡對
臺灣的了解，但對於僅次於閩南族群的客家卻以如此生疏之描述，不難想
見一般日人對於漢人所謂的「客家」或「粵」又是何等陌生。經過日本二
十幾年的統治，整體而言，日人已有不少臺灣經驗，但有關客家的書寫依
舊狹隘。〔註45〕

（三）廣泛的客家研究（1931～1945）

　　日本在治理臺灣的四十多年的經驗後，對「客家」觀念也有不同的記載。
以仲摩照久編著的《日本地理風俗大系》來看，日本對「客家」可以發現有

〔註43〕伊能嘉矩，《臺灣文化志》（臺北：南天，1994年），頁142。
〔註44〕廣松良臣，《帝國最初的殖民地臺灣的現況──附南事情》（臺北：臺灣日日
　　　　新報，1919年），頁196～197。
〔註45〕廣松良臣，《帝國最初的殖民地臺灣的現況──附南事情》（臺北：臺灣日日
　　　　新報，1919年），頁196～197；鈴木串宇翁，《臺灣全誌》（臺北：臺灣經世
　　　　新報，1922年），頁175～176；秋澤次郎，《臺灣匪誌》（臺北：松田書店1923
　　　　年），頁19；伊能嘉矩《臺灣文化志》（臺北：南天，1994年），頁142；山崎
　　　　繁樹，《臺灣略史》（東京：室文館，1927年）；山根勇藏，《臺灣民族性百談》
　　　　（臺北：杉田書店，1930年），頁89。

別於早期利氏及小川等人對客家印象，而是根據日本在臺實際經驗的記載，對於客家留下較客觀的描述。其中在「漢系本島人風俗」部分，對閩與客做了如下描述：

> 約 310 萬人是來自福建省泉州及廣東省潮州府 9 縣中的 8 縣移居而來者的後代，稱之為閩族，約 80 萬人是自廣東省嘉應州以及潮 9 縣中的 1 縣移居而來者的後代，稱之為粵族。辮髮是共同的，纏足的習慣則是獨存於閩族，婦女之名稱閩粵之間也有所不同。…粵族之婦女於農事商事具有跟男子同樣的權限。兩族語言有別是自不待言。閩族較粵族先渡海，必然在有利的地方開墾，粵族只得深入山區的不利之地。現大致上的分佈情況為，粵族在新竹州以及高雄州下的潮州，其他地方大多是閩族所占。〔註46〕

日治末期，在臺日人已能充分運用臺灣史料揮灑於文學著作，西川滿在 1942 年所發表於《文藝臺灣》的〈採硫記〉、〈龍脈記〉，真實的反映康熙初期臺灣漢番雜居的狀況，其小說廣泛的吸收眾多的漢文史籍，並以書寫臺灣題材的詩與小說，以唯美方式抒寫，明顯以個人主觀的立場呈現出日人的臺灣意象。〔註47〕尤其在〈龍脈記〉中，作者也提到任勞任怨客家族群性格，是一項值得信任的勞動力來源，顯現出客家在臺灣社會一般印象。〔註48〕

高雄州內埔公學校長松崎仁三郎編著《嗚呼忠義亭》，作者對於南臺灣六堆義民的論述可謂詳實，自六堆客家原鄉嘉應州到客家來臺下淡水開墾之情況皆有所記。松崎更蒐錄了客家在臺灣參與的大小戰事，包括了乙未之役時與日軍的戰役共 29 次。〔註49〕其中客家在明治二十八年抵抗日軍登臺之役，松崎做了一較平衡之歷史敘事，認為改替之際六堆大總理舉人李向榮忠於前朝，說服各堆總理出兵援助劉永福，此為客家人忠義思想之故。

作者雖無正面的評論客家的抗日，但從後續一篇〈附兒玉總督巡視〉之

〔註46〕仲摩照久編，《日本地理風俗大系15（臺灣篇）》（東京：新光社，1941年），頁 168。

〔註47〕參閱西川滿著，陳千武、葉石濤等譯，《西川滿小說集》（高雄：春暉，1997年）。

〔註48〕西川滿著，陳千武、葉石濤等譯，《西川滿小說集》（高雄：春暉，1997年），頁 97。

〔註49〕松崎仁三郎編，《嗚呼忠義亭》（臺北：盛文社，1935年），頁 135。

文即可知，藉由兒玉對忠義亭之評論來代替自己的看法。明治三十三年兒玉總督南部巡視時，臺灣縣參事李廷光（萬巒人）隨從巡視忠義亭，當時內埔公學校兒童總代鍾幹郎出門迎接。總督蒞臨忠義亭痛見忠義亭荒廢，屋頂已生茫草而感嘆，對隨行人員說：「梯子拿來，我上去拔草」〔註50〕隨行者及地方人士聽聞莫不惶恐以對，兒玉有感而發：「忠義二字得來誠非容易，今後幾百年、此二字為子孫之規訓，亦為祭拜先祖靈之慰。」〔註51〕並訓令忠義亭管理人應妥善管理忠義亭。阿緱廳時代廳長佐藤謙太郎亦親赴忠義亭參與祭祀。〔註52〕

生田清範的〈振字戰亡將士祭文〉即推崇曾參與抵抗日軍登臺之步月樓之役的六堆副總理蕭光明，並讚許蕭光明對於在戰役犧牲的英靈，每歲春秋祭拜，客家忠義精神足為後世之範。〔註53〕生田為陸軍步兵大尉為中階軍，其以署名方式來讚揚曾參與抗日的臺人，視抗日戰亡臺人為「戰亡將士」，不再以初期的「匪」來論述臺人，可視為日人急欲收編臺人的作法。

松崎巧妙地引用兒玉總督的話及其他日人對客家看法，為日本對客家盡釋前嫌之恩典，拉進客家族群與日本的距離，並為客家當時的歷史做辯護。松崎認為客家忠義思想符合日本武士忠義之思想，並舉日本元祿時代四十七士之事，明治天皇嘉勉忠義壯舉並論之：「堅く主從の義を重んじ仇を復して法に死し，人をして感奮興起せしむる忠節を嘉す。」〔註54〕

整體而言松崎對客家評論是：「性剛建質素，勤勉直情、專心學藝者多、就學率高」〔註55〕，似乎較明確的反應出日人對客家的實質印象。日治末期有關臺灣研究中的客家描述，大致上還是停留在一般的客家分類械鬥的歷史刻板印象，但已有一些較廣泛的客家研究。〔註56〕

〔註50〕松崎仁三郎編，《鳴呼忠義亭》，頁135。
〔註51〕松崎仁三郎編，《鳴呼忠義亭》，頁134～135。
〔註52〕松崎仁三郎編，《鳴呼忠義亭》，頁252。
〔註53〕生田清範，〈振字戰亡將士を祭る文〉，收錄於松崎仁三郎編，《鳴呼忠義亭》（臺北：盛文社，1935年）。
〔註54〕明治元年明治天皇派特使至泉岳寺之賜語，嘉勉義士之行。筆者中譯：「堅持以重義法理報仇之死，此忠義節氣值得令人興奮嘉許」。參閱松崎仁三郎編，《鳴呼忠義亭》，頁286。
〔註55〕松崎仁三郎編，《鳴呼忠義亭》（臺北：盛文社，1935年），頁294。
〔註56〕藤崎濟之助，《臺灣全誌》（東京：中文館書店，1931年）；《臺灣農事報》，號47（1908.7）；《臺灣之畜產》，號9（1933.9），頁130。

二、報章媒體的報導

　　從新聞報導可以觀察到臺灣社會對不同域區的「客」有不同的描述，日日新報做為官方的對外發言的御用報紙，多少也代表了日人對臺灣社會的觀感。因此，從報紙與雜誌有關客家的報導，即可一窺日人對客家的印象。一般而言，日人仍多以「粵」代替「客家」做為介紹，對客家族群的社會報導正負不一。

（一）報紙的客家報導

　　客家給予一般人的居住分布仍然是沿山丘陵的概念，報紙對客家初步報導還是較主觀的社會印象：「粵之男女據沿由，事耕種。故以農富，閩人居都會，乘交通及各種之利便，不可不以工商富。」〔註57〕對於客家族群性的了解概況也是勤儉、耐勞等印象，日治時期報紙報大致也是此類正面的報導：

> 粵族男女力耕，生產多而費用廉，由佃人變為業主者比比皆是。閩人男女。多不生產物，費用亦多，閩人土地之落於粵人手者年又一年。當今之計，為閩人鬥善後者。宜急節減其冗費，男女擇適宜之職而獎勵之，化不生產為生產的。不然閩人之經濟界，幾何不白楊蕭蕭，孤城落日乎。〔註58〕

對於位居族群少數的客家而言，擁有自己的土地是確保長久發展的基礎，在流動頻率極低的農業社會，相較於閩人商業流動性優勢，固守土地生產成了客家族群首要選擇。客家族群在經濟生產的態度上，男女老少全部無償勞動投入生產行列，尤其是婦女對於客家族群的經濟亦有相對大的助益，對此亦有一些正面的評價：「新竹街三千餘戶，福建種族，最占多數，然皆纏足深居。不如粵族婦女，能與男子同其操作、雖其中有學習剖通草、製銀紙、養雞豚以為補助家計。」〔註59〕

〔註57〕「粵之男女據沿由」，《漢文臺灣日日新報》，號 4817（1911 年，10 月 10 日），第 1 版。

〔註58〕「粵族男女力耕」，《漢文臺灣日日新報》，號 4817（1911 年 10 月 10 日），第 1 版。

〔註59〕「新竹通信——擬興女工」，《漢文臺灣日日新報》，號 4880（1911 年 8 月 7 日）第 1 版。

（二）義民祭的評價

1. 正面的義民祭報導

　　新竹地區義民祭犧牲豚（神豬）飼養報導，則成了報紙每年七、八月時報導項目。〔註60〕報導內容正面讚賞義民祭對地方營造團結、繁榮與富庶社會氣氛，並對於民眾熱衷投入犧牲豚的養殖爭取榮譽的社會現象表示讚許。客家的犧牲豚的養殖更引起官方的注目，每年新竹義民祭的神豬比賽都邀請官方相關事業技師到場評審。〔註61〕客家神豬詞養的重量每創新高報紙甚至以「稀有巨豚」、「世界稀有大豚」等標題作為報導。〔註62〕義民祭盛大犧牲豚陣頭也吸引了《臺灣農事報》針對犧牲豚養殖法來做介紹，並在客家地區（平鎮）的三坐屋庄及宋屋庄進行犧牲豚的養殖調查，並且制定了評定犧牲豚優劣標準，以及飼養飼料的選擇及方法。〔註63〕

　　大正十三年（1924）新竹新埔枋寮擴大義民祭，參拜人數高達五萬人以上，除了大橋郡守外，也邀請總督的島田彌市與高澤壽技師淇臨評審，並舉辦犧牲豚比賽，當年首獎為 638 斤犧牲豚，當地參與連庄祭祀的犧牲豚則高達五百頭，犧牲羊也有四百頭。〔註64〕總督府及地方官員對於客家地區大肆慶祝的義民祭毫無反對之意，後續幾年的慶典規劃及金費更勝前期。昭和三年新埔義民祭的犧牲豚更高達二千多頭，合計祭祀經費更高達十五萬元之多，參賽犧牲豚首獎更高達 898 斤重，名列十名之犧牲豚也有 804 斤之重，較初期犧牲豚重近二百斤之多。〔註65〕新竹州客家義民祭反應出客家地區富裕的生活環境，不僅代表地方經濟穩定成長，也是地方官員藉此向上級證明自己地對於地方經營的成效。〔註66〕

〔註60〕 參閱《臺灣日日新報》1911/9/01；1921/08/15；1924/11/04；1925/09/06；1926/10/07；1928/09/05；1930/09/04 發刊日報。

〔註61〕 「犧牲豚獎勵受賞者」，《臺灣日日新報》，號 4161（1911 年 9 月 18 日），2版。

〔註62〕 「稀有巨豚」，《臺灣日日新報》，號 5060（1914 年 8 月 31 日），6 版。

〔註63〕 小野新市，〈桃園管下の養豚概況〉，《臺灣農事報》，47 號（1908.9），頁 35。

〔註64〕 「褒忠義民廟大祭犧牲豚五百頭最大六百四十六斤詣者五萬人以上」，《臺灣日日新報》，號 8718（1924 年 8 月 22 日），2 版。

〔註65〕 「新竹義民廟祭典供物之犧牲豚二千餘頭以上其他合計價格十五萬圓」，《臺灣日日新報》，號 10093（1928 年 9 月 5 日），2 版。

〔註66〕 昭和五年新埔枋寮義民祭，新竹州內務部長、警務部長、教育課長、新竹市尹、新竹警察署、郡守、州協議會員、新埔庄長等與會參加。參閱《臺灣警察時報》（臺北：臺灣警察協會，1930 年），頁 9。

2. 鋪張浪費──負面報導

隨著日本對外關係的緊張，日人對於新竹州客家的義民祭也抱持不同的看法，曾經被視為活絡地方經濟代表地方富庶的義民祭，在日本軍國主義對外盛行之際，官方對義民祭的活動採用不同態度來解讀，認為客家義祭鋪張浪費。昭和 8 年（1933）新竹州即出現廢止義民祭犧牲豚活動的聲音，中壢郡守中尾、新竹州畜產技手今村則認為義民祭的盛大的犧牲豚祭典應該廢止，並要求郡內的保甲落實要求。〔註 67〕日人小野新平更不客氣的指出，義民祭完全是出自臺人宗教上的迷信愚昧思想，並從畜牧的角度分析這種犧牲豚的飼養方式，有礙畜產發展，並從佛教的思想上來說明義民祭的缺失。〔註 68〕

中壢郡警部補平松亦以衛生之理由，認為在盛暑之際犧牲豚及其他牲禮在日下曝曬有衛生之慮。〔註 69〕昭和 9 年（1934）中歷郡守森田即要求居民犧牲豚的代用事宜，並認為應將養豬的技術增進在畜牧業上。〔註 70〕官方大力的反對犧牲豚用在義民祭中，但吊詭的是官方並不反對犧牲豚的養殖方法，曾多次參與義民祭犧牲豚評審的技手今村也認為應將犧牲豚的養殖方法普及，以便增加肉品產量。官方更大力的呼籲新竹地區居民將犧牲豚的養殖方法擴大普及。〔註 71〕

3. 客家山歌的評價

日治初期日人對於客家採茶戲即帶有殖民者優越的偏見，從官方報即可一窺其態度，《臺灣日日新報》報導：「採茶戲者係粵人為之，其所演唱大抵淫污最能，誘人子弟彼迷途敗俗傷第莫此為甚。」〔註 72〕、「本島最傷風敗俗者莫如演唱採茶故事…少年弟子輩見採茶旦眉目送情，無不為他所惑或撕買

〔註 67〕 「建安宮の祭典犧牲豚を廢止し代りに養豚品評會を開催」《臺灣日日新報》，號 11,880（1933 年 2 月 20 日），3 版。

〔註 68〕 「巧利的陋習冠婚喪祭時の犧牲豚の檢討宗教上自己迷想の打算主義產業上牧畜改良の大阻害／佛教思想より見たる犧牲の價值」《臺灣日日新報》，號 11,899（1933 年 5 月 23 日），5 版。

〔註 69〕 「犧牲豚の改善實行に決す」，《臺灣日日新報》，號 11,878（1933 年 2 月 18 日），3 版。

〔註 70〕 「犧牲豚の代りに肉豚品評會開催東勢建安宮の祭典に部落民も漸く目覺む」，《臺灣日日新報》，號 12,870（1934 年 3 月 9 日），3 版。

〔註 71〕 「犧牲豚の改善實行に決す」，《臺灣日日新報》，號 11,878（1933 年 2 月 18 日），版 3。

〔註 72〕 「傷風敗俗」，《臺灣日日新報》，第 587 號（1900 年 4 月 19 日），版 3。

笑之金。」〔註73〕另一篇報導更清楚描繪客家採茶戲的經營模式：

> 本島俗採茶戲固相傳久矣，而風俗不古人類不齊，近用女人唱演採
> 茶，蓋此戲起自粵人，其夫唱而婦亦隨，近見枋隙街黃昏之後即有
> 粵人唱茶歌於戲枱中，而佃戶溪丁恒以銅錢擲之盤中，每夜有數百
> 人之多，噫斯風意不可滅歟。〔註74〕

在日人強勢的文化意識下，也影響臺人對己身戲曲文化的看法，昭和六年
（1931）陳鏡波對於時下的歌仔戲則是持否定的態度，認為歌仔戲因應下層
階級之流所好而演出的，夾雜唸歌並配以南北管樂純屬消解下流階層人士勞
動之慰，其詞淫穢盡以男女之慾為能事，水平之低劣，其認這也是受採茶戲
影響的結果。〔註75〕

三、官民客家印象的形成

　　一般而言，日治時期臺灣各地之間區域流動並未如現代熱絡，客家多數
為農業生活的特質，除地方官吏、警察、教師等，一般學者若非親臨客家地
區，實不易發掘客家的生活文化。因此，清代臺灣方志以及時事背景亦為影
響日人對客家印象的重要因素。

（一）沿用清代臺灣方志有關客家事務的紀錄

負面史料的沿用：

　　從日人的臺灣研究可知，除了客語外，並無客家為主的研究，即便是南
洋或華南的客家研究也是整體研究，亦僅是整體研究的項目之一。經歷日本
統治三十餘年，許多日人文史編纂者對於所謂的「客家」仍不熟悉，清代的
方志及日治初期的官方報告成為學者方便取得的材料，以此充數之。換言之，
日治時期對於臺灣的客家研究並未形成一股風氣。在此種研究氛圍下，客家
研究僅為陪襯的角色，沿用固有的史料及文獻，甚至形成抄襲。藉由日人對
清代臺灣方志及文獻的引用概念看，在日本統治臺灣的五十年期間內，有近
四十年時間之久，日人對於客家的歷史敘述並無大幅的改變。茲列舉日人臺
灣著作，整理如下參閱表 2-11。

〔註73〕「演唱採茶」，《臺灣日日新報》，第 394 號（1901 年 8 月 24 日），版 4。
〔註74〕「茶戲與唱」，《臺灣日日新報》，第 1,508 號（1901 年 11 月 9 日），版 4。
〔註75〕陳鏡波，〈臺灣の歌仔戲の實際的考察と地方青年男女に及ぼす影響〉，《臺灣
　　　　教育會》，號 346（1931 年 5 月），頁 63。

表 2-11：日人對清代臺灣文獻客家書寫沿用的概要

作者	清代臺灣文獻	客家書寫概要	概念沿用
藍鼎元	〈與吳觀察論治臺灣事宜書〉，《治臺必告錄》	「廣東饒平、程鄉、大埔、平遠等縣之人，赴臺傭僱佃田者謂之「客子」；每村落聚居千人或數百人，謂之「客莊」。客莊居民，朋比為黨。」〔註76〕	武內貞義，《臺灣》，頁 671
			石阪莊作，《臺灣島踏實記》，頁 198。
黃叔璥	〈朱逆附略〉，《臺海使槎錄》	「辛丑變後，客民與閩人不相和協。再功加外委，數至盈千，奸良辨：喜拳勇，喜格鬥，倚恃護符，以武斷於鄉曲，保正里長，非粵人不得承充；而庇惡掩非，率徇隱不報。」〔註77〕	《臺灣料稿本》，頁 220～222。
			山崎繁樹，《臺灣史》，頁 218
黃叔璥	《臺海使槎錄》	「終將軍施琅之世，嚴禁粵中惠潮之民不許渡臺。蓋惡惠、潮之地素為海盜淵藪而積習未忘也。琅歿漸弛其禁，惠、潮之民乃得越渡。」〔註78〕	《臺灣史料》，頁 293。
			伊能嘉矩，《臺灣文化志》頁 145。
			村上玉吉，《臺灣紀要》，頁 94。
			武內貞義，《臺灣》，頁 48。
			山崎繁樹，《臺灣史》，頁 174

資料來源：筆者整理。

　　從上述概要可知，日人對於客家的來臺歷史源流並沒有進一步的探討，施琅的渡航三禁成了眾多日人沿襲的重要依據。另外臺灣方志中負面的客家書寫，也影響日人對於分析閩客分類械鬥之原由，日人在探討閩客械鬥時，整體上仍認為是臺人的愚昧無知，〔註79〕但在討論客家時仍有一些對客家的

〔註76〕藍鼎元，〈與吳觀察論治臺灣事宜書〉，《治臺必告錄》（臺灣：臺灣銀行經濟研究室，1997），頁 58。

〔註77〕黃叔璥，〈朱逆附略〉，《臺海使槎錄》（臺灣：臺灣省文獻委員會，1996），頁 93。

〔註78〕黃叔璥，〈赤崁筆談〉，《臺海使槎錄》（臺灣：臺灣省文獻委員會，1996），頁 92。

〔註79〕臺灣守備混成第一旅團，《臺灣史料》（東京：同志社，1900 年），頁 294。

刻板成見，認為客家在地理上受番族與閩族的包夾，養成慓悍、團結、附和雷同、逞強鬥狠的性格。〔註 80〕換言之，日人認為客家的族群性格也是清代分類械鬥的因素之一。上述日人的看法，發生在客家地區的北埔事件之後，更印證正日人內心的看法，在日人眼中客家族群已被貼上負面的觀感，日人事後檢討原因認為這是客家族群性使然，在《臺灣日日新報》甚至出現一篇評論客家的負面報導，參閱圖 2-2，中文譯文如下：

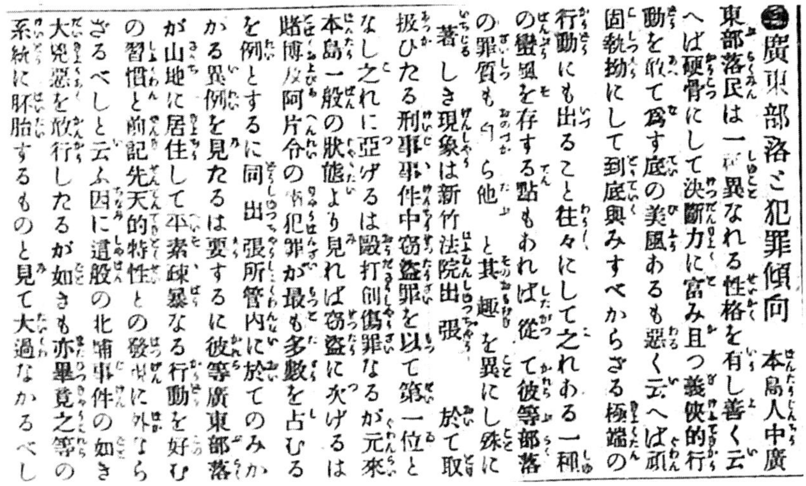

◎廣東部落と犯罪傾向　本島人中廣東部落民は一異なれる性格を有し善く云へば硬骨にして決断力に富み且つ義侠的行動を敢て為す底の義風あるも惡く云へば頑固執拗にして到底與みすべからざる極端の行動にも出ることも往々にして從て彼等部落の蠻風を存する點もあれば從て彼等部落の罪質も他と其趣を異にし殊に著しき現象は新竹法院出張所扱ひたる刑事事件中竊盗罪を以て第一位と之れに亞げるは賭博罪なるが元來本島一般の状態より見れば竊盗罪が最も多数を占むる賭博阿片令の犯罪が之に次ぎたるを例とするに同出張所管内に於てのみかる異例を見たるは要するに彼等廣東部落が山地に居住して平素粗暴なる行動を好ひの習慣と先天的特性との如きも亦此等の北埔事件の如き大兇悪を敢行したるが如きも亦此等の民族系統に胚胎するものと見て大過なかるべし

圖 2-2：《臺灣日日新報》剪報

「廣東部落と犯罪傾向」《臺灣日日新報》，號 2871（1907 年 11 月 28 日），版 3。

　　本島人中廣族群地區具有一種異於其他族群性格，說好的評論是具有硬骨、富有決斷力，且有俠義精神的良好風範，壞的批評是頑強固執，不與人合作的極端行動之野蠻性格。其部落犯罪傾向與其他族群殊異，新竹法院出張所受理刑事案件：一般以竊盜案件最多，其次賭博案，再次鴉片案；而客家族群竊盜案居首，其次則為毆打傷害罪。廣東族居住山地，平素行動粗暴似已成性，此次北埔事件亦源於廣東族之特殊性格所致，如此兇惡的暴行亦歸因其民族系統使然，此說並不為過。〔註81〕

〔註80〕臺灣守備混成第一旅團，《臺灣史料》（東京：同志社，1900 年），頁 295～296。
〔註81〕轉載楊毓雯，〈北埔事件之原因探究〉，《北埔事件一百週年學術研討會論文集》（新竹：客家臺灣文學會，2007 年），頁 125；原文出處「廣東部落と犯罪傾向」《臺灣日日新報》，號 2872（1907 年 11 月 28 日），版 3。http://p8089-140.115.130.201.ezproxy.lib.ncu.edu.tw/LiboPub.dll?Search1。

非重點研究的族群：

在日治時期以「客家」或「粵籍」做為臺灣族群的一分子，並沒有明顯的邊界，從日治末期 1943 年發行的《民俗臺灣》來看，該雜誌以臺灣本島民俗為主，鄉土的歷史、地理、自然等作為記載的重點，徵稿的對象不論臺人或日人都十分踴躍。〔註 82〕《民俗臺灣》的發行因戰爭的因素，只發行了三年共四十期即結束，其中蒐集了有關臺灣民俗文物資料，可謂十分豐富，但有關「客家」的報導仍十分貧乏，日人僅有岡田俊介的〈義民廟的由緒〉與中村哲的〈分類械鬥與復讐〉。前者內容不出一般描述客家義廟源流；後者分析分類械鬥對族群日後的影響，並未針對客家在分類械鬥中所扮演的社會角色加以說明，兩者對於日治時期的客家也沒有進一步的了解，仍舊停留在歷史文獻的引用。在四十期當中有幾篇是臺灣人所寫，如「客家婦人」〔註 83〕、「臺灣農村的廣東人」〔註 84〕等，這兩篇有關客家印象，雖然出於臺灣人的自我描述，但實際上是無法反應出整體臺灣的客家面向，充其量只是概要式的介紹。

從《民俗臺灣》雜誌對客家的生活文化的描述，篇幅不僅少，內容亦不深入，日人對客家概念依舊停留在分類械鬥及義民廟的祭典源流。這似乎反應出日人對於臺灣各族群文化研究重點及優先順位的考量，在眾多研究當中閩南族群堪稱數量之最，而番族群的研究是重點研究項目，日治末期以高砂義勇隊之名參與日軍行動，可謂是總督府在臺番政的進一步突破。此外《民俗臺灣》標榜以臺灣島內報導為主，但以當時日本的對外關係的緊張，其中也穿插不少華南與南洋的民俗報導以利民眾了解，因此客家的議題在民俗研究當中並未明顯地呈現出來。

〔註82〕 金關丈夫、富田芳郎、國分直一、中村哲等這些都是知名的臺灣民俗研究學者，還有臺灣知名學者如杜聰明、吳守禮等人都曾在雜誌中發表文章。參閱《民俗臺灣》（臺北：東都書籍臺北支店，1943〜1945 年）。

〔註83〕 描述客家婦人日常的生活作習細節，如除了要負責家中舉凡三餐、洗衣、養豬、外則必須兼負外頭田園事務，作者以「沒閒、沒閒」來形容客家婦人度過一生。參閱賴阿龍，〈客家的婦人〉，《民俗臺灣》（臺北：東都書籍臺北支店）期 9：4（1944）頁 39〜40。

〔註84〕 作者對客家農村生活的描述，對於客家農村大家庭的生活習俗有進一步的介紹。參閱謝氏春枝，〈臺灣農村的廣東人〉，《民俗臺灣（六輯）》（臺北：武陵，1990 年），頁 11〜12。

（二）隨時局變動的客家印象

優越的殖民者中心思想：

　　因殖民者的優越心態，對於有別於日本文化價值者，則以負面論述相待。客家山歌即為日人所不屑，客家婦女常年於田間務農丘陵種茶，為解工作之苦時有山歌對唱之習俗，或是野臺戲的表演，藉由山歌或民謠來抒發情懷，其歌詞內容不外乎以茶、山、情、愛等題目為主。尤其是情愛之曲，夫妻或男女朋友之間常藉由山歌的催化，把情意赤裸裸地傳達給對方，尤其山歌歌詞可隨意變化、即興創作，時有戲謔之詞脫口而出，原為餘興活動娛樂之用詞，流入外人耳裡卻被視為粗鄙之詞。

　　家客山歌中確實有一些描述男女情愛的歌曲，但實際上真如日人負面評論所言嗎？以客家山歌十八摸為例，茲節錄部分歌詞：「伸手摸姐摸到阿姐嘴唇邊，阿姐嘴唇紅連連：伸手摸姊摸到阿姐耳空邊，阿姐耳空聽得見。抻手摸姐摸到阿姐背囊邊，阿姐背囊好找癢…。」〔註85〕對於這一類男女戀情、夫妻逗趣的歌曲被日人視為粗俗之曲，真正原因可能不在歌詞，而在於客家山歌的本質，也就是即興創作的詞性才是日人所不容之處。客家山歌賦、比、興說唱方式自然可藉此一吐心中不滿，〔註86〕然而是否誠如賴碧霞所言，其帶有反日思想，仍有進一步探討的空間，然而不可否認的是，官方否定三腳採茶戲，其本質上乃對於不符殖民政府所認定價值。日人似乎把一般坊間走唱營生的負面採茶戲，連接到一般客家山歌生活文化中，進而導致日人對於客家婦女產生負面評論，強加在客家婦女身上，對照日本的性觀念，〔註87〕殖民者自身似乎有兩把尺來衡量臺日人民。〔註88〕

經濟產業力的利用：

　　客家地區的義民祭對殖民政府在不同時期有不同的意義，在大正年間社會經濟勃興，官方大力參與義民祭祀活動，意謂著區域經濟的穩健發展。而義民祭在經歷日本對外緊張關係後，日人對於客家義民祭已有一些反對的聲

〔註85〕賴碧霞編著，《臺灣客家民謠薪傳》（臺北：樂韻，1991年），頁36。
〔註86〕楊兆禎著，《客家民謠》（臺北：育英，1974年），頁26。
〔註87〕日本男人對女人的依戀有著矛盾的情節，女人有母親及妓女的雙重性，在性的依賴認為妓女所提供的性是生活歡愉的事，若涉及到感情則觸及淫樂區的禁果，被視為不文明及粗魯的行為。參閱伊恩.布魯瑪著，張曉凌譯，《日本文化中的性角色》（北京：光明日報，1989年），頁89。
〔註88〕日人將性視為生活中的一種合同交易及其契約、賬單等，是生理需求。參閱郝漢祥著，《日本人的色道》（武漢：湖北人民出版社，2009年），頁42～43。

浪，認為客家義民祭每年宰殺數百頭生畜實屬鋪張浪費。〔註89〕新竹州政府
對於客家義民祭也有不同的態度，昭和十三年（1938），新埔枋寮義民祭按例
邀請新竹州的教育課長、新埔郡守及警察與會，官員在致詞時即針對義民祭
活動提出改善方案，要求往後以糖果、水果為佳，將節省的經費奉獻國防或
寄附社會事業。〔註90〕

　　《臺灣農事報》則針對義民祭犧牲豚的養殖方法做詳實的調查，以推廣
臺灣養殖技術的升級。〔註91〕殖民者對客家的評價是建立在資源的利用性
上，客家傳統文化生活價值端視當代的政治、經濟及國家政策來做為正負評
價的依據。日人對於被殖民者的生活型態是選擇性的接受，對於有利生產的
農作或耕作方式都會大力的讚賞，並以等同日本文化規格之名，試圖將客家
的文化納入日本的思想價值之中。

戰時客家文化價值的收編：

　　戰時臺灣社會上瀰漫著一股為戰爭奉獻的風氣，學校亦以皇國精神教育
為目的。〔註92〕昭和十一年（1937）日本發佈「國家總動準備概要」，將人力
資源概分為身體、知識、道德，並以道德為根本。〔註93〕新竹州保安課長友
田藤太郎從臺灣的歷史來看客家，認為其具有高度的族群地域與國族意識，
並富有犧牲的精神及公德心、知恩圖報、道路奉公修建的習慣等。〔註94〕友
田指出若能在思想上改變客家，以其原有克苦耐勞的性格必有利為殖民政府
所用，〔註95〕把客家文化導入皇恩思想的一環，將目前社會榮景、人民的啟

〔註89〕「義民廟祭典に惡弊を一掃」，《臺灣日日新報》，號 13,860（1938 年 8 月 26
　　　　日），版 5。
〔註90〕「州內事情費典費を節約し國民獻會の榮譽」，《新竹州時報》，（1938.12），頁 78。
〔註91〕日人以新竹義民祭的犧牲豚的選種開始，以豬的口型、耳型、頭型、腰部身
　　　　型、臉型的皺摺、蹄型、色澤等，並記錄飼料的類型，以及維持涼爽舒適的
　　　　飼養環境等方法。參閱《臺灣農事報》，號 47（1908.4），頁 35。
〔註92〕公學校教育以國語敕語為基礎做為鍛鍊臺人成為皇國民的養成方法。參閱許
　　　　佩賢，《殖民地臺灣的近代學校》（臺北：遠流，2005 年），頁 113～115。
〔註93〕寺崎昌男編，《總力戰體制教育──皇國民「鍊成」理念實踐》（東京：東京
　　　　大學出版，1988 年），頁 8。
〔註94〕友田藤太郎，〈保安警察與廣東種族〉，《警友》，號 194（1938.5），頁 123～126。
〔註95〕友田指出客家富有敬天畏地的感恩性格，公益行善是一種感恩的行為，並觀
　　　　察到新竹州地區原有主要道路都是清代官道，在過去國家資源無法持續維護
　　　　道路橋樑時，客家居民素有自動奉公維修橋樑道路之風，成為地方善俗，明
　　　　治三十六、七年以後地方平靖之後，地方警察督促保甲利用此民風修繕道路
　　　　成效卓越。參閱友田藤太郎，〈保安警察與廣東種族〉，《警友》，6 月，頁 121。

智、生命財產等視為皇恩之榮典。〔註96〕而這種感念日本恩情的情懷，的確可以在一些老一輩人的身上看到，〔註97〕日人並針對許多客家的缺點進行改造。例如，時間觀念、守時態度、賭博、殘忍性格等改造。〔註98〕

日本核心文化的同化：

松崎仁三郎對於客家義民精神的讚賞，對照日本當時對外關係，似乎並不單純，松崎在《嗚呼忠義亭》的自序中隱約可見作者軍國主義的思想：

> 我素以武士的精神做為學習，並大力鼓吹之於世，這也是臺灣初等教育界延續之事，想到臺灣社會現況如此緊切。…今青少人們對忠義亭的沿革、六堆軍功績等幾乎不解真相，而古稀之老者也未大聲疾呼，對忠義亭之知者之粵人日益稀少。因此，我以死馬之骨將六堆軍事活動、史蹟逸話、祖先遺德…將之合併於地方教化之殿堂中，宣揚其精神。」〔註99〕

作者這番自序可謂文情並茂，以殖民者之尊來編纂客家義民史，總督府官員亦題字褒揚。〔註100〕此舉使當地客家耆老與士紳對松崎及總督府莫不感激萬分，松崎此舉可謂一舉擄獲在地士紳的心，前清秀才時任長興庄庄長曾寶琛贈序：「自古識英雄者即英雄也，愛忠義者即忠義也。如西勢忠義亭前朝之古廟先世遺跡。」〔註101〕對照日本對外關係，客家義民忠義為鄉的精神正是日人所需，將客家義民精神重新放大並將其與日本軍國主義結合。

松崎對客家義民看法也並非完全出自功利的想法，在其對忠義亭的提詩可以看到文人的鄉土情懷：「腐木廢堂壁破危，里人積竹作垣籬，懷忠義士今何處，想起英魂淚滿碑」。松崎對於義民的感想是很直接的出於社會忠義的思想，另一首對義民面的評論是：「義民憤起討公仇，百萬蒼生解暗憂，赫赫功勳神鬼泣，精忠貫日照千秋。」〔註102〕日治時期以臺灣本土人物做為歷史教

〔註96〕於保昌，〈廣東種的研究（1）〉，《警友》，號202（1939.1），頁98。
〔註97〕戰時日人的公學校教育，注重臺人「忠義心」的培養，學問非教育的重點。參閱許佩賢，《殖民地臺灣的近代學校》（臺北：遠流，2005年），頁245～246。
〔註98〕友田藤太郎，〈保安警察與廣東種族〉，《警友》，號194（1938.5），頁81～83。
〔註99〕松崎仁三郎編，《嗚呼忠義亭》（臺北：盛文社，1935年），頁2。
〔註100〕臺灣軍司令官松井石根、臺北帝國大學總長幣原坦、臺北州知事野口敏治、高雄州知事西澤義徵等題字以褒揚客家忠義精神。參閱松崎仁三郎編，《嗚呼忠義亭》（臺北：盛文社，1935年），附頁無頁碼。
〔註101〕松崎仁三郎編，《嗚呼忠義亭》（臺北：盛文社，1935年），頁6。
〔註102〕松崎仁三郎編，《嗚呼忠義亭》（臺北：盛文社，1935年），頁269～271。

育對象者並不多，松崎試圖將客家義民精神納入教育體系中，藉由自己校長之權，將早期阿緱廳時代參拜忠義亭之詞列為傳誦之歌，並在高雄州教育會議上提出客家義民的意見。〔註103〕在戰時依「人力資源」之概念上，客家義民的「忠義」精神，符合總督府的教育目的與日本傳統文化，並期望從中獲得實際的利益。

第四節　新竹地區警察的客家經驗

　　陳偉智曾提出，日治時期許多臺灣民俗研究者，作者多為警察或法院相關職員，主要是這些日人藉由臺灣土語來瞭解臺人之心理與族群性。〔註104〕警察是總督府行政管理的末稍神經也是現況反應的第一線，客家地區的警察對於客家的看法有更貼切的描述，整體而言，警察不再拘泥於清代方志的書寫來看待客家。日治時期臺灣各州都機關報刊，在整理了臺北州、新竹州、臺中州、臺南州與高雄州等機關報刊後，除新竹州《警友》雜誌與臺灣警察協會所編輯的《臺灣警察時報》雜誌外，各州機關報刊鮮少出現對客家的生活文化報導。因此，暫權以客家人口最多的新竹州為例，分析警察機關與各業務警察對客家的社會記錄。

一、新竹州警察機關的客家記錄

　　自昭和十二年（1937）一月開始，新竹州《警友》雜誌編輯部開始一系列的刊載有關警察對客家的研究，清代臺灣方志有關客家的書寫對警察的客家描述影響不大，初期仍以客家源流、閩客關係、客家分布、客語的分類、產業等做為客家的介紹。

（一）客家分布與歷史源流

　　新竹州警察對於客家的源流不再以「廣東」來概括之，已可分辨臺灣客家族群有四縣、海陸、大埔與詔安等語系之分佈，亦可清楚介紹各客家地區

〔註103〕松崎仁三郎編，《鳴呼忠義亭》（臺北：盛文社，1935 年），頁 275。

〔註104〕陳偉智提出，日治後期有不少「臺灣民俗」的刊物，有為數不少的是警察或法院體系出身者，例如警察體系之，佐倉孫三《臺風雜記》、志波吉太郎《臺灣的民族性與指導教化》與法院體系的東方孝義《臺灣習俗》等。參閱陳偉智，〈「可以了解心矣！」：日本統治臺灣「民俗」知識形成的一個初步的討論〉，《2004 年度財團法人交流セソタ——歷史研究者交流事業報告書》，頁 1～2。

不同的發展。例如，臺灣中部的詔安客因長期與閩人交流，而有明顯同化於閩南語的情形。〔註105〕警察對於閩客寺廟的興起也能看出其各自不同的地方意義。例如，福建部落以開漳聖王、廣澤尊王為信奉；客家則以奉祀三山國王為主，媚州媽祖、清水祖師閩粵各有參與祀祠。日人也看出寺廟對地方客家族群的意義，寺廟的建立可藉此連繫同鄉、同姓、同業、讀書人及其他志同道合之人凝聚團結意識。〔註106〕

（二）對客家教育的看法

《警友》編輯部認為，新竹丘陵地的客家地區由於耕地面積不足，為增加產量投入大量人力，將可用耕地充分利用。為求將來有更好發展，客家農村對於子女的教育也是不遺餘力，客家地區學風興盛，較閩人重視文教。實為整體臺灣經濟結構所致，閩人掌握了多數臺灣商業先機，客家在財力及人力方面無法與閩人競爭。教育成了客家子弟向上流動的一個重要機會，不論投身教育或公職都是擺脫貧困現況的方式。〔註107〕

（三）活躍的客家婦印象

客家婦女給予地區警察的印象除了傳統、勤儉外，編輯部也觀察到客家地區的女權問題，相較於閩籍婦女，客家婦女是家庭經濟的重要成員之一，不論戶外農作勞動、丘陵採茶或同男子從事粗重的工作，客家婦女參與大小家庭事務無一掛漏。〔註108〕昭和三、四年間農民運動興盛之際，新竹地區農民組合支部委員對外演講，與會農民情緒高漲，常見與會客籍婦女踴躍參加，熱情不下客家男子。〔註109〕編輯部對客家婦女的社會行為有如此解讀，認為客家地區的經濟生產大多來自勞動力，婦女投入勞動生產分擔了男人的經濟壓力，也減少了婦女依賴男人的比率，相對地客家婦女的獨立自主性較高，使男子能安心出外發展事業。〔註110〕

從整體客家的面象而言，警察對於客家地區的觀察只是局部的，但就各個客家面象來討論，警察的確掌握了部分客家社會的價值觀，以客家族群對

〔註105〕編輯部，〈廣東族之研究〉，《警友》，號183（1937.6），頁87～88。
〔註106〕編輯部，〈廣東族之研究〉，《警友》，號178（1937.1），頁94～95。
〔註107〕編輯部，〈廣東族之研究〉，《警友》，號183（1937.6），頁117～118。
〔註108〕編輯部，〈廣東族之研究〉，《警友》，號184（1937.7），頁73。
〔註109〕編輯部，〈廣東族之研究〉，《警友》，號184（1937.7），頁72。
〔註110〕編輯部，〈廣東族之研究〉，《警友》，號184（1937.7），頁72。

教育的理念而言，客家在臺灣的整體經濟環節中，相對於閩人而言是較為弱勢，而教育則是向上流動最好的機會，對於客家而言更是一項帶領家族向上流動的要件，在新式教育為主流的環境，多數的家庭也多將子弟送入小學就讀。以李添春為例，從其回憶錄看，一位鄉下少年竟能從南臺灣的美濃到基隆、臺北而後留學日本東京深造，新式教育對影響其日後發展。李氏民國十八年駒澤大學畢業後，任臺灣總督府文教局宗教調查事務囑託，更與知名日本農業學家奧田或共著《海南島農村經濟論》。其原因之一，李氏父親李興發原是讀書人，日人據臺後失去應考的機會轉業經商，又因農村經濟不佳賒欠過多，日人佔領當初，人口浮動討債因難才改為從農，但仍堅持讀書受教育的重要性，成為農村子弟向上流動的機會要件。〔註 111〕以客家人為主的美濃地區更普遍存有這樣想法，漢學私塾不再成為向上流動的工具，更多的經費開始挹注新式學校，從新聞報導中可以看一窺客家地區對教育的投入：

> 蕃薯蔡廳該廳管內瀰濃公學校之經費。皆以港西上里一帶之粵族部落之公共財團中之寄附金維持之，因該學區內人民之希望。故將該財團之權利，皆移入學校，以為基本財產。現在計畫使學校維持之方法鞏固，尚有餘裕，欲於同學區內龍肚庄設一分校。〔註 112〕

二、各業務警察的客家經驗描述

警察將所學的客語落實在勤務之上，就長期而言，的確可以深入的了解客家當地的次文化或不為外人所察覺的生活文化。接著將進一步的探討，這些任職於客家地區的警察他們對客家的實際觀感，藉由各業務警察來分析，其對客家人的看法，並歸納出警察對客家共同的看法。新竹州警察機關由保安、行政、刑事、高等、衛生等，分掌各項業務，對於客家的印象可能有其他課警察所未觀察到的。因此，藉由各課業務警察就其所職掌的業務爬梳完整的警察客家經驗。

（一）保安警察

新竹州保安課主掌社會安全預防保安業務，是最早研究客家的警察部門，其曾在《警友》雜誌發表其對於客家實際經驗的看法，除了符合以往的印象外也有一些不同一般以往對客家的認知。茲節錄其評語，就優點的部分：

〔註 111〕李添春，《李添春教授回憶錄》（臺北：自刊，1984 年），頁 50。
〔註 112〕「學校雜俎」，《漢文臺灣日日新報》，1905 年 8 月 31 日，第 3 版。

一、富勤勞心：廣東族體質比福建族健康，婦女勤勉不論家事或戶
　　外農耕雜役甚至粗重的臺車工作都有客家婦女的身影，相較男
　　子毫不遜色，反觀閩籍婦女至大正五、六年間仍有纏足女子深
　　居家中。

二、愛好清潔：福建族目前常使用的浴室者少，就算有也是局部擦
　　拭，而廣東族從以往到現在，上流家庭設有浴場，中流以下設
　　有浴室，每日沐浴保持身體清潔。

三、恬淡勇敢：福建族陰險狡猾，廣東族性情恬淡一旦承若則排除
　　萬難達成的氣度。

四、質素勤儉：質素儉約是本島人民的通性，但福建族稍具拜金主
　　義。

五、重友誼：福建族巧言令色時而誣妄他人，廣東族則少有虛言，
　　情誼敦厚富團結心。〔註113〕

友田藤太郎對於客家優點的看法大致同一般人對客家的印象，但以日人而言，要清楚的分辨漢人族群間的差異，還是必須要有主客觀的條件才能進一步的來分析其之間的差異。友田在評論客家優點的同時也指出了客家的缺失，不外乎是迷信、排他思想、附和雷同以及婦女的淫亂行為。但其中友田在文中提到友田在文中曾提到「小心背後」〔註114〕，似乎可以看出殖民者真正心裡對客家印象。意指客家表面時有順從而背後偷襲包藏禍心，見對手旗幟遮日則倒向多者之中國民風，即利用自己服從他人之際，隱藏實力見機背叛，尤其經他人煽動後叛逆心態濃厚，又深具猜疑的個性，時為流言蜚語影響。〔註115〕

　　另外對於婦女的看法與先前的優點有些矛盾，友田指出婦女的缺點：「淫褻的陋習向來是本島婦女的弊病，廣東族在此惡風方面尤甚，相當家庭所養育的女子出嫁前保處子之身者少，中下流以下家庭賣淫之風使一小錢可得之。」〔註116〕友田對此更轉個彎來譏諷客家，認為貞操是人倫必須尊重的道

〔註113〕友田藤太郎，〈保安警察與廣東種族〉，《警友》，號182，（1938.5），頁123～
　　　　126。
〔註114〕友田藤太郎，〈保安警察與廣東種族〉，《警友》，號182，（1938.5），頁121。
〔註115〕友田藤太郎，〈保安警察與廣東種族〉，《警友》，號182，（1938.5），頁120。
〔註116〕友田藤太郎，〈保安警察與廣東種族〉，《警友》，號182，（1938.5），頁126。

德大綱，而臺人夫妻之間能偕老同行者少，貞操觀念淡薄，時而衍生社會犯罪，此皆為不倫之示範。〔註 117〕更認為客家人迷信及排他思想的程度令人到不可置信的地步，節錄如下：

> 迷信從古至今東西方皆可以在生活上反應出來，但多少還可以藉由
> 常識來減少危害，廣東族的迷信是非常無知的行為，容易引發事端，
> 甚至說土匪事件可以亦可藉此療傷。廣東族排他思想濃厚，一族團
> 結排斥異族，動輒以暴力鬥爭相向，彼等之類械鬥即是如此。〔註 118〕

（二）刑事警察的客家描述——迷信、愚昧

刑事課長藤木親壽認為客家迷信程度很高，平時若身體微恙動輒歸咎於鬼神之說，寧可棄醫藥而就拜神問卜，甚致做出有違理性的行為。為此藤木就羅列數十條客家族群常犯的舊慣違警事由。例如迷信犯罪：

一、正月十五夜盜採他人之青菜可保來年之幸運。

二、正月十五日偷採蒜被害人指責少則其來年運勢不壞。

三、十一月一日吹西風盜匪多。

四、除夕夜中狗吠則翌年盜竊事多。

五、旅行中的人其鳥魚被盜食者會遇到災事。

六、竊盜或其他犯罪前先擲筊看否決為聖筊與否有助犯行成功與否。

七、行走中被頭上的鳥拉大便垂直擊中的話會患病又犯罪。

八、死產兒放水流下次產子則奶水充足。

九、早產兒死亡者將其遺棄在海、川、池或沼澤中，下次會較早再妊娠。

十、遭竊者燒香及銀紙可見賊人踪跡。

十一、受刑者出獄時親族為解其厄運，贈麵線與蛋。

十二、受刑者出獄時要欲重獲人間新生，入家前剪指甲與頭髮方可入家。

〔註 117〕友田藤太郎，〈保安警察與廣東種族〉，《警友》，號 182，（1938.5），頁 125。
〔註 118〕友田藤太郎，〈保安警察與廣東種族〉，《警友》，號 182，（1938.5），頁 125～
126。

十三、訴訟之事先到城隍廟前祀拜可以明判訴訟。

十四、不知誰是竊盜者，到不明場合的廟，斬鷄頭並在神前咀咒發
　　　誓，犯人不日而死。

十五、符咒師以黃紙口頌咒語將之火化之灰，投入不睦之人者的飲
　　　用水中使其飲之，則其一家必死。〔註119〕

藤木所羅列的幾項客家迷信的負面描述，目前仍無法評論事實的真偽。但從
日人對於舊慣犯罪的描述，可看到日人對於客家生活習俗的掌握。一般客家
社會中對於犯罪者除了依照法律處理外，仍有客家舊慣的處置。藤木也指出
了客家地方習俗。例如：

一、不小心放牧傷他人的田畑時，要以金花、爆竹、蠟燭等向被害
　　　人謝罪。

二、盜取他人青苗者要以金紙、爆竹向被害者謝罪。

三、盜取他人財物者被罰在廟門日掛一丈二尺的紅布。

四、以馬布（月經布）、煙管等毆打別人最為忌諱，除依法處罰外，
　　　還要以十二圓及素麵做為謝罪。

五、同莊之人偷竊同莊者，罰其在土地公前以金銀紙、爆竹、蠟燭
　　　及香等做為謝罪之用。

六、誹謗他人者被罰以金紙、爆竹、蠟燭並設酒擺宴請戲班，做為
　　　恢復毀損名譽之用。

七、吵架之加害者被罰以六尺紅布及提燈一對奉納廟宇，提燈上並
　　　書寫奉納者的姓名及事由使大眾週知。

八、農曆正月賭博勝敗可測一年中的運氣。

九、竊取他人甘蔗或其他農作物者罰則有：

1. 要是有產者的話，請戲臺宴請公眾觀賞。

2. 普通生計者的話，出舞臺劇的票一張。

3. 生活困難者紅色綿六尺、爆竹二包、蠟燭一對、金紙千張以
　　　謝罪。

〔註119〕藤木新壽，〈從刑事警察上來看廣東種族（2）〉，《警友》，號190，（1939.1），
　　　　頁87～88。

十、姦通事件被發現時，姦夫要請戲臺做為和解。

十一、有竊盜習慣者改善狀況不佳者，經庄內協議放逐外地。

十二、一枝放你去、二枝要打你、三枝罰棚戲，這是盜取甘蔗三枝
　　　以上者罰以演戲處分。

十三、盜引田水時，罰五角頭、五棚戲、五卓酒，還要戲臺、酒席
　　　宴庄民。

十四、患淋病時姦淫少女可治其病全癒。〔註120〕

針對客家族群這些因迷信或舊慣所犯的違法行為，從社會文化層面看，日警雖無法完全掌握這些因迷信及舊慣所犯的文化歷史原由，但從警察已能掌握迷信及舊慣犯的表面因素，對客家社會脈動已有掌握。從昭和九至十年警察的犯罪統計分類來看，在此時期客家的迷信犯罪比的確偏高，似乎也間接的印證警察說法。參閱表 2-12。

表 2-12：新竹州迷信犯罪統計

年分	犯罪件數	犯罪人（客籍）
昭和 9 年	4	4
昭和 10 年	3	3

資料來源：《警友》，號 183，（1938.6），頁 126。

（三）行政警察的客家敘述——婦女的勤儉、慓悍

　　行政警察與人民生活接觸最為頻繁，舉凡臺人的衣食住行都包括在內。因此，客家地區的行政警察對於客家勢必有別於一般警察的看法。在《警友》雜誌中署名老警察官的作者，就其曾經在閩客地區擔任管區警察的經驗指出，閩客婦女的社會生活文化的不同。客家婦女從事勞動的程度不亞於男人，婦女性情也十分慓悍，竹南某會社官有竹林地，會社工人前往竹林伐木，該臨近居民婦女出面制止，以該地為祖傳竹林水源涵養地為由阻制不果，持長柄掃刀做砍之勢，經警察出面才平息。〔註121〕

　　作者雖然指出客家婦女慓悍的部分，但對於客家婦女勞動的美德則十分讚許，一般客家農家都會自種蔬菜自用，有多餘之時擔負街市販賣，作者以

〔註120〕藤木新壽，〈從刑事警察上來看廣東種族（2）〉《警友》，號 190（1939.1），頁
　　　88～89。
〔註121〕老警察官，〈廣東種族的基礎見聞〉，《警友》，號 194，（1939.5），頁 101～103。

關西某富有五十萬資產、具社會地位、對共公事務盡力之家庭為例，其家之
婦女乃擔菜外賣得二錢三錢資家庭之社會公義之活動。〔註122〕作者認為客家
勤儉的情格是深植民心，收入有近六成做為貯蓄之用，不會因家庭富裕而好
逸惡勞，從日常生活一斑即可觀察客家勤儉的族群性格。客家婦女勤勞務實
積極對外的生活態度自然引起日人的注目，對於客家再婚婦女的問題，一般
臺灣社會對於再婚婦女並沒有很高的評價，但文章對於客家婦女再婚問題並
沒有負面的評價，作者指出：

> 在日本的婦女也可以看到貞女兩夫的美德，但臺灣婦女也有這樣的
> 情形…離婚之婦人為不吉之人內地婦人也有同樣的問題。離婚婦女
> 回娘家再婚時，仍在娘家門口華麗盛裝乘坐夫婿的轎車，向夫家前
> 去，再婚的場合如前，再婚婦女離家按慣例娘家剩餘的衣履要一併
> 放棄。〔註123〕

文章沒有正面的評論客家離婚婦女，但將日本內地「貞女兩夫」的價值套用
在客家再婚婦女上，可以看出其對客家婦女看法，是建立在等同內地婦女的
地位上，也看到日本警察對於庶民生活的了解。

　　文章作者發現客家家庭大多設有浴室並每日沐浴，在推擴衛生部落計劃
時，客家族群不論貧富都設有浴室，而閩人則少之，從客家生活文化型態看
到閩客的衛生習慣，客家多數都有養豬或家畜，因此都會在臨豬舍處設廁所，
並作為農業肥料之用，因此設有廁所者更有為數也不少。而閩人則通常在寢
室放置尿桶，翌日再拿去水溝倒洗，主要是閩人較傾向商業生活，而婦女又
有纏足之故。〔註124〕

（四）衛生警察

　　衛生課警察馬淵貞吉從客家的家屋、工作與飲食的角度來看客家，認為
客家人因平日大量勞動，因此家屋內都有設置浴室每日沐浴，服裝多為因應
勞動所設計，簡單方便為主，頭髮一般都改以洋髮型式，但到中壢、苗栗、
大湖等農村田舍乃可以看到如同平安朝時代的舊式髮型。從作者對於客家的
描述可以看出，客家傳統的髮型似乎給於日人落後的感覺。但在客家傳統飲
食上，作者則推崇客家美食，除米食之外，充分利用自然界現在的材料及多

〔註122〕老警察官，〈廣東種族的基礎見聞〉，《警友》，號194（1939.5），頁101～103。
〔註123〕老警察官，〈廣東種族的基礎見聞〉，《警友》，號194（1939.5），頁112～113。
〔註124〕老警察官，〈廣東種族的基礎見聞（2）〉，《警友》，號195（1939.6），頁144。

餘的農作物做為天然的食品，如仙草、筍干、梅餅等〔註 125〕。作者更具體的指出客家食物的製作原料及方式，警察對上述客家的庶民食物的了解，說明警察在其業務執行外，也深入融入客家在地的生活。節錄其對客家食物的描述：

粽仔：粽仔是「三角粽」有三類，菜粽、焿粽、肉粽。製焿粽主要是五月節製，廣東族焿粽製作時白米先浸泡水一夜，翌日拌油混合以竹葉包裹置蒸籠吹蒸熟。肉粽製法與焿粽稍同，只加焿油混米內加豬肉、香菇或其他菜料。

仙草：仙草有黑仙草與白仙草，仙草是黑仙草晒乾後將其放置鍋入燒煮取其汁，外加少許的焿油及粉漿混合而成，待其冷卻成黑色凝固膠體像是寒天，食用時加砂糖增其風味。白仙草亦同將其割下晒乾以白布包裹入鍋燒煮取其汁，待其冷卻呈黃色狀類似透明的寒天。白仙草與黑仙草在夏季飲用十分清涼，有助疏解廣東族人勞動辛苦之良方。

米篩目：米篩目是在家居內用米篩器具所壓製成的線狀食物。其製作方式為將米磨成米漿製成米團，在米篩器具上加壓成一、二寸長後使其入燒水鍋成形，等其冷卻加以砂糖，盛夏時飲用倍清涼。

梅餅：餅是菓子的一種，將梅子、甘草、香粉搗成粉外加砂糖，將其置於的容器內加壓塑成一銅錢大小狀，待其乾燥即可。其食用方法可將其投置茶內其味酸甜，婦女很喜歡食用。〔註 126〕

馬淵就其職掌業務上對客家的觀察，甚致談到客家葬儀事務，從到地、換衣、訃聞、入小殮、入大殮、做功德到出殯。作者也有概要式的介紹，一般而言，對於民俗中喪事的報導以學術研究居多，對於主導衛生業務的警察，其對客家喪事的了解仍多於一般日人。茲節錄其描述文內容：

到地：病者藥石罔效時，將病人從病房移至正廳，地方放置長板椅二張並在上面平板排列敷以草席，使病人臥之待其氣息，氣

〔註 125〕馬淵貞吉，〈衛生警察與廣東族（3）〉，《警友》，號 183（1938.6），頁 131～133。
〔註 126〕馬淵貞吉，〈衛生警察與廣東族（3）〉，《警友》，號 183（1938.6），頁 131～134。

　　　　絕一刻全家一同放聲大哭送其上黃泉路。

換衣：病者氣息之時，家人用生前準備最好的衣服為其更衣，而此
　　　衣服的扣子數男者偶數 6 至 8 個，女者奇數 5 至 7 個。

訃聞：病者去逝家屬訃聞通知親友，親戚會成立治喪會討論納棺事
　　　宜，訃聞為一尺四方的白紙，書寫亡者姓名及治喪家屬，接
　　　獲訃聞親友則將訃聞在家門口火化藉以告知亡者知悉之意。

入小殮：親戚家族到臨觀送亡者入殮並暫時蓋棺。

大小殮：在小殮後 6 到 12 小時間待親屬將棺木固定後，此時和尚、
　　　　道士相繼誦經讀文。

做公德：做公德是以和尚、道士誦讀經文普通是一畫一夜。做功德
　　　　的方式與閩人有異，閩人是葬式前即行之。

出棺：經由和尚與道士誦經一畫夜做功德後，親屬一同扶靈到墓地
　　　進行安葬。〔註 127〕

一般殯葬事務對於日人而言是非常不潔之事務，一般日人並不會想去碰觸這
個事務，警察對於上述喪葬事務的程序的了解，說明了各業務警對於職掌的
業務有深入的看法。另外客家結婚事務在警察看法上又是如何？其歸納客家
結婚的模式是同姓不婚、異姓不婚、一夫一婦、婚禮方式、捧茶、送油等習
俗。從馬淵描述的客家結婚情形可以了解作者對客家社會細部觀察：

婚禮：廣東族的婚禮比福建族要簡單，婚禮當天女方的媒前來陪同
　　　女方祀拜祖先，新人在媒人的陪伴下在祖先前四拜謂「敬
　　　祖」。敬祖完後在雙親前跪四拜謂「謝親」，即印謝雙親養育
　　　之恩，此時雙親贈多新人金子謂「賞面」，新人再乘轎離去。

捧茶：新娘迎回男家後，新娘奉茶予男方親戚，用上等好茶加冰砂
　　　糖使其甘甜入喉，用此敬奉客人。客人回贈「講四句」予新
　　　人。列如，新娘嫁到富貴家，叫着新娘來捧茶，保護新娘生
　　　貴子，早生貴子中探花。

送油：結婚後二十日女方新娘的弟弟（做阿舅）要去送油給女方
　　　用。男方回贈白粉、生花。男方設宴款待新阿舅，阿舅可以

〔註 127〕馬淵貞吉，〈衛生警察與廣東族（4）〉，《警友》，號 190，（1939.1），頁 92～
　　　　93。

> 安心的享用餐宴酒席，其愈晚回家並乘轎而歸，代表新娘婚
> 前為處女。新娘婚前為處女則繫金花紅布，非處女者繫スカー
> ト一枚，前者場合阿舅意氣風發鳴炮鑼；後者場合則是阿舅
> 最大的侮辱。〔註128〕

從衛生警察對客家的描述，這似乎超出了其業務職掌範圍，但實際上這些是
主管衛生業務的項目，只是作者用心觀察客家社會的生活面向。從上述各業
務警察部門對客家的看法，大多不出歷史印象、信仰及生活面，大多為警察
生活或工作的客家印象，多為敘事性，沒有學術性研究。從警察的客家認知，
代表殖民統治者對客家族群最直接的印象，部分呈現了當代客家的社會性
格。歸納日警的客家觀感主要是，族群的團結性、節儉的生活、婦女的勞動
性、好清潔、頑固、迷信、剽悍人格特質。

　　總的來說，日人對於臺灣的研究依賴大量清代臺灣方志及西方文獻，乙
未之役客家抗日之表現，實非日人可以接受的大清義民形象。「分類械鬥」則
成了日人初期了解客家的媒介，官方對客家的印象，也影響民間對於客家印
象，分析日本學者的有關客家的描述，作者多數居住在臺北或日本，其所謂
客家的印象，實為相關客家文獻的總結與再述，代替作者實際的了解。客家
一般而言乃被日本學者歸類於「分類械鬥」、「愚魯好鬥」之列。而日警的客
家的紀錄較實際地反應日人對客家的印象，其多為敘事性，而無學術性研究。
新竹州警部補於保昌即坦言，其對於有關客家的文獻鮮少接觸，有關客家的
印象大多來自於勤務運作時對客家印象。〔註129〕

　　戰時人力資源是確保日本勝戰的重要因素之一，民心歸向、道德力都是
國家掌控的一環，客家傳統公益風氣、勤勞耐苦、忠義精神等，成為戰時日
人急於收編的人力資源。在日本對外戰爭之際，褒揚客家義民精神，將日本
武士忠義精神與客家義民精神連結，使其符合日本固有文化之列，有助於將
客家社會資源收編於軍國主義思想的一環。那麼日人的客家社會印象，是否
影響日人在客家地區之統治設計與方法，亦成為筆者觀察之議題，接著我們
將進一步的觀察，警察制度設計是否也會因應客家社會之特殊性，而有不同
的因應作法。

〔註128〕馬淵貞吉，〈衛生警察與廣東族（4）〉，《警友》，號190，（1939.1），頁90～
　　　　91。
〔註129〕於保昌，〈廣東種的研究（1）〉，號202（1939.1），頁98。

第三章　新竹地區警察土語政策

　　總督府如何建立殖民知識體系之建構，攸關日後臺灣的統治以及各項業務推展順遂與否的要素，以政策引領日人官吏投入臺灣土語，推展初期日人官吏即有初步的臺灣土語能，在知識體系架構下不斷的累積殖民知識，使其進一步有更細緻的統治操作，地方官吏亦藉其臺灣土語能力，可以有更深入的統治作為。

　　殖民政府管理新竹地區的兩大系統，主要以警察體系與街庄役場來動員或組織民眾，而警察是殖民政府治理臺灣的主幹，透過各項主兼辦業務來管理民眾。總督府對臺灣警察制度有完善的設計，不論是警察的養成訓練、業務承辦、地方警察勤務執行等，都有系統地規劃，並藉此將臺灣土語配置在此學習架構之下，期以能更有效率的學習臺灣土語。接著筆者想藉由台灣土語學習的政策、新竹州警察體系及警察的客語學習等三方因素，如何相互影響日後該區域警察的客語學習。

第一節　臺灣土語學習政策

　　臺灣總督府領臺之初並未擬定具體統治方案，因此以「無方針主義」、「循生物學原則」的統治方針，尊重臺胞原有的風俗習慣和社會組織。[註1]明治二十八年（1895）十二月即有土語講習，要求文武職員於公務之餘學習臺語，次年總督府更於各地方設置「土語講習所」，對全島日本憲兵、警察講習臺語

〔註1〕大園市藏，《臺灣始政四十年史》（臺北：日本殖民地批判社，1935年），頁482～487。

〔註2〕。臺灣土語的學習在日本官民熱烈求知慾的驅使下，學習臺灣語的教材如雨後春筍般的在市面上刊行，例如，《臺灣土語》〔註3〕、《臺灣土語入門》〔註4〕亦有諸多的官吏與學者的加入。也有教授臺灣語的機構，例如「稻江義塾」其設立於臺北，但其影響性而言，不如官辦臺灣語講習所普遍，在公部門中警察對於臺灣語講習活動最為踴躍。臺灣總督府對於臺灣語政策是因應廣大日人及業務推展所需，陸續在一些政府訓練機構設置臺灣土語課程。例如，國語學校設置講習所、語學部土語科等，藉此培訓官吏的臺灣土語能力。

除了臺灣土語教育訓練外「通譯兼掌津貼」政策，也成為鼓勵日人學習臺灣土語最實惠的報酬。後續臺灣土語被官方列為官吏升等考試的項目之一，間接的成為官吏必修的課目。因此我們就總督府的臺灣土語政治態度、分析初期官吏的臺灣土語能力，以及通譯兼掌者津貼政府對警察之影響來進行探討。

一、政策之形成

（一）總督府的政治態度

臺灣總督府對於臺灣土語的學習，初期並沒有具體的規劃，但伊澤修二曾在設置土語講習而上書樺山資紀的意見書，即指出了通譯制度的問題，似乎也影響了日後總督府的臺灣土語政策：

> 由於語言不通，文武官員感到不便的情況格外強烈，雖有一百幾十名的陸軍通譯，但有訊問臺北地區土民時，透過翻譯仍無法聽懂的情況也會偶發生，何況像憲兵、警察這些少數獨自從事務的人員，更無法每人都隨帶一名通譯，假使有之，其中仍必須透過懂官語的土民。如此，不僅使用上不便，亦難保其間不會產生危險。〔註5〕

從第二任總督桂太郎亦認同官吏學習臺灣土語，其在「蒞任訓示」中亦說明了其臺灣土語的看法：

〔註2〕臺北教育會，《臺灣教育沿革誌》（臺北：編者，1939年），頁165。

〔註3〕明治二十八年（1895）佐野直記著有《臺灣土語》請前清秀才陳洛書協助撰寫臺灣語，其內容主要以臺灣的天文地理、家屋用品、吃用物件、身體等一般性生活語彙做為介紹。佐野直記，《臺灣土語》（臺北：大阪共同商會，1896年），頁3。

〔註4〕姬田良造，《臺灣土語入門》（臺北市：臺灣憲兵隊，1897年），頁3。

〔註5〕許錫慶譯注，《臺灣教育沿革誌（中譯本）》（南投：國史館，2010年），頁6。

　　通曉（臺灣語）人情風人俗語言，方能達到地方行政的目的，教導
　　當地人學習日語的同時，官員在許可範圍內也要努力地研究臺灣
　　語，尤其是警察、稅吏與人民有直接關係者。〔註6〕

從訓示可以發現，總督府想藉由功能性的呼籲激發行政官吏主自的學習臺灣
土語。日人學習臺灣土語是建立在同化臺人的前提下為出發點。從土語學的
政策的形成、目的及放諸南洋的遠景不難發現日人學習臺灣語的工具性。臺
灣總督府也明確的將此理念化作具體的政策，在國語傳習所規則中，第一條
即明文規定：「國語傳習所教授臺人國語（日語），以資其日常生活，且養成
日本的國民精神為崇旨。」〔註7〕而這些思想理念執政者是否落實呢？明治三
十一年（1898）乃木總督曾針對警察學習臺灣土語的問題做成指示：

　　警察的職務是直接掌管人民（中略）故通曉臺灣土語是最急要之務，
　　現今通譯不足而且俸給預算也被大肆刪減，若能配通譯一署一人的
　　話將能使警務運作順暢，巡查中熱心土語學習有成者，應增加其報
　　酬。〔註8〕

顯然要達成國語普及的目標，似乎沒有日人官吏學習臺土語來的迫切，但長
遠目標仍是國語（日語）普及，明治三十九年（1896）十一月，總督府民政
長官後藤新平在學事諮詢會議上，針對「國語普及」的議題即指出：

　　臺灣教育自始即以國語教學，其後，設立公校以國語為強制科目之
　　制度，迄今未曾改變。以普及國語為臺灣教育之根本，理由如下：
　　第一、做為溝通，…以發達之國語為標準語。第二、作為發展文化
　　預備之工具。第三、作為同化之手段，使臺人之思想、風俗、習慣
　　與日人一致，必先以普及國語為捷徑。〔註9〕

總督府以同化主義施行於臺灣的作法始終沒有改變，安井勝次針對同化主義
即提出溫和的作法，但其目的仍不離同化的本質：「設計同化的方法有不少，
不用激烈急欲打破其固有風俗，也可暫以教育方式慢慢的進行，便土人學習
祖國一些簡單的語言。」〔註10〕，日人一面學習臺灣土語，另一面也期等臺

〔註6〕井出季太和，《臺灣治績志》（臺北：南天，1997年），頁253。
〔註7〕轉載自陳恆嘉，〈以「國語學校」為場域，看日治時期的語言政策〉，《臺灣近
　　　百年史論文集》（臺北市：吳三連基金會，1996年），頁14。頁13～29。
〔註8〕鷲巢敦哉，《鷲巢敦哉著作集》（東京：綠陰書房，2000年），頁107。
〔註9〕井出季和太，《臺灣治績治》（臺北：日日新報社，1937年），頁330～331。
〔註10〕安井勝次，〈改卷臨一語〉，《語苑》（臺北：臺灣語通訊協會，明治42年12
　　　　月）第5卷1號，頁1。

人學習日本語。日本語是教育臺人的主幹，教育臺人學習日本精神。換言之而日人學習臺灣語則是過渡階段的輔助工具，總督府在臺灣的土語的政策上，存在著不對等性，即臺灣人學習日語是屬於「宗主語」，也就是「母語」的學習，在此前題下，其學習導入了日本國民精神的學習，強制內化臺人學習日本的社會禮儀、倫理規範與教育；日人學習臺灣語則是「隸屬語」的學習，其目的是為職務及工作所需求，是一種工具性的學習，是同化過程中的必要手段之一。〔註11〕

日人工具性學的習臺灣土語，從諸多之作為皆可見其本質，臺灣土語內容上，都是着眼於實用、易懂的白話文。此外，隨日人政權穩定廢學臺灣土語聲浪也隨之擴大，太田政弘總督任內「皇民化運動」興盛，日語成了強制使用語言，昭和十一年（1936）小林躋造海軍大將任命為第十七任臺灣總督，其更以鐵腕措施來強化皇民運動，翌年廢止漢文教育及新聞的發行，同年的《警友》即刊載因應皇民化的文章：

> 內地人警官的臺語學習是時代的逆流行為，臺語的學習是沒有必要
> 的而且考試制度也應廢止，內地人學習臺灣語的政策是本末倒置…
> 皇民化的第一要務就是要本島人學習國語。〔註12〕

令人警驚訝的是該篇文章是出自，其為長年學習客語並對客家社會投入研究之新竹州警部於保昌，從日治末期皇民化運動可以看出，日人所做的臺灣語的學習一切全都被打回殖民帝國主義的原形。學習臺灣語只是工具性的選擇，目的是遂行同化政策的開始。

明治初年，日本現代化的思想啟蒙者福澤諭吉，提出移植文明語的日語及日本文化，以開發韓國之主張。其後，在進步日本與落後亞洲的意識作祟下，開始有日人提出「脫亞論」。〔註13〕後續產生對落後亞洲民施強制實施日語教育使其開化，而有「近代化日語」理論提出，日本領臺之後，此「近代化日語」概念被具體的實踐在臺灣上，認為這日語教育可以同化異民族成為日本國民。〔註14〕

〔註11〕 冨田哲，〈統治者が被統治者の言語を學ぶということ──日本統治初期臺灣臺灣語學習〉《植民地教育史研究年報》（東京：皓星社，2000 年），頁 10～11。
〔註12〕 於保昌，〈語學試驗感想〉《警友》，號 180，（1938.3），頁 33。
〔註13〕 《福澤諭吉全集》（東京：岩波書店，1958 年），第 10 卷，頁 24。
〔註14〕 陳恆嘉，〈以「國語學校」為場域，看日治時期的語言政策〉，《臺灣近百年史論文集》（臺北市：吳三連基金會，1996 年），頁 14。

　　總督府對警察的期許，似乎可以間接的看出警察在土語學習的成效未如預期，警察保安課也認為，警察官與民眾朝夕接觸，其言行與統治臺灣休戚與共，因此警察幹部學習「臺灣土語」有示範作用，亦能獲得民眾對警察的信任。〔註15〕這種觀感也反應出日人官吏對臺灣土語能力的焦慮。民政局警保課之囑託，御幡雅文在其《警務必攜臺灣散語集》漢文自序曰：

> 惟其風土民情本屬迴異，況際此新政之初，夫警務自有巡察之責，豈無交涉之端。若言語茫然，勢必猜嫌誤會，所關匪細，誠非慎重地方之美意也…故不憚旁諮研攻杜譔成篇…於官於民不無小補，冀互相學習以期情通誌孚。〔註16〕

日人在臺初期語言的隔閡確的使其面臨許多不便與衝突，竹中信子在其回憶錄中即提到，早期學北京語的日本通譯，在臺即面臨北京語無用語武之地，一位通譯想在臺北買牛肉，還的誇張的將兩條魚乾綁在頭上，四肢著地學牛的樣子在地上爬。〔註17〕普遍性的臺灣已如此，更不用說客語使用，初期也產生不少荒謬的誤會，《臺灣土語叢誌》即刊載一篇客語與日語對話所產生的誤會，內容如下：

> 日軍剛底臺灣時，因語言不通，衍生許多問題，說起來真是可笑。把廣東人民（客語）的「麼介」（ma kai 客語的「什麼」之意）誤聽為日語的「馬鹿」（ba ka），因而憤怒的拿槍對著對方的頭，時有此類事情發生。〔註18〕

因為語言的隔閡而產生社會問題其實並不少，也說明殖民政府對於臺灣土語的掌握其實是非常的不足，更遑論客語。明治維新以後，日本對於漢語的教育不再是文化上的意義上向中國學習的媒介，而是向中國擴張的實用工具，因此，內容上從重視古典文言轉向白話語為主。〔註19〕

　　明治二十八年（1895）年四月底，臺灣因中日甲午戰爭而割讓給日本，而樺山資紀伯爵內定為臺灣總督，伊澤修二聞訊即赴廣島大本營，晉見樺山資紀暢談臺灣教育抱負，並以自己研究成果《日清字音鑑》原稿，來說明對

〔註15〕TT生，〈警察官の語學研究を提倡す〉，《警友》，號144（1935.3），頁10～11。
〔註16〕御幡雅文，《警務必攜臺灣散語集》（臺北：民政局警保課，1896年），頁15。
〔註17〕竹中信子著，蔡龍保譯，《日治臺灣生活史：日本女人在臺灣（明治篇1895～1911）》（臺北：時報文化，2009年），頁48。
〔註18〕白帽生，〈笑林〉，《臺灣土語叢誌》，號6（1900.12），頁107～108。
〔註19〕王順洪，〈六角恒廣的日本近代漢語教育史研究〉，《漢語學習》，期4（1999.8），頁61。

臺灣教育的遠景。樺山當場邀請他擔任在臺教育事務，1895 年 6 月臺灣總督樺山資紀任命伊澤修二為總督府學務部長，負責臺灣殖民地教育之責，同年六月二十六日學務部移設到士林附近的芝山巖，伊澤後續提出具體的「學務部施設事業意見書」上呈民政局長，其中有五項重要事項：一、有關教育事項。二、圖書編輯。三、國語傳習所設立要項。四、教員講習所設立要項。五、模範小學校設立要項。〔註 20〕

　　伊澤抵臺後設立「土語講習所」，並提出臺灣教育意見書，意見書有兩大主旨「目下急要之教育關係事項」及「永遠的教育事業」二項。第一項訴求是，讓新領土人民學習日本語，以及讓移住臺灣的日本人學習「土語」。〔註 21〕伊澤對臺灣語言的教育政策，傾向臺日語同步施行，其具體的作法是編輯適切的會話教材，也就是閩、粵兩地的用語；廣開日本語，利用官衙為教學場所，並以現有的通譯官作為師資；招收對象以新領地人民中有志做官者，以及社會中上層級子弟為傳習對向。同時，臺灣總督府並不強制廢除源自於清代留下之書房「義塾」、「私塾」，反而給予補助金〔註 22〕，官方亦承認書房過去的教育功績。

（二）土語講習所的建立

　　明治二十八年（1895）十二月十八日總督府於府內設立「土語講習所」，其主要招收的對象為陸軍通譯、文武職員，利用公務餘暇，教授臺語。聘請臺人王星樵、陳文溪為教師，開學當初有 58 名學員，經考試合格獲頒條業證書者有 12 名。軍政廢止後併入學務部，隨著地方廳的開設，學員逐漸減少，明治廿九年（1896）六月廿九日閉所。國語科招收臺灣人學生，教授日語；土語科及師範科招收日本人學生，教授臺灣語。〔註 23〕總督府囿於場地及師資的缺乏及不足，因此，就「要急事業」方案，暫時就總督府內設立講習所，以速成的方式教授課程，課別分甲、乙兩科：

　　　一、甲科課程有：土語、國語教授法、土人教育方案、體操、歌唱
　　　　　等。
　　　　畢業期限：約二個月。

〔註 20〕洪惟仁編，《日臺大辭典》（臺北：武陵，1993 年），頁 2。
〔註 21〕洪惟仁編，《日臺大辭典》（臺北：武陵，1993 年），頁 2。
〔註 22〕臺北教育會，《臺灣教育沿革誌》（臺北：編者，1939 年），頁 974。
〔註 23〕洪惟仁編，《日臺大辭典》（臺北：武陵，1993 年），頁 4。

畢業資格：師範學校等之教師、助教、訓導等。

二、乙科課程有：土語、支那尺牘及公牘、體操等。

畢業期限：約二個月。

畢業資格：行政各部、各堡等之吏員。〔註24〕

伊澤對於首創的講習所期於厚望，伊澤對這些學員有何影響呢？原講習員，後任大平公學校校長加藤元右衛門，在《臺灣教育》雜誌發表〈芝山岩懷舊錄〉即如此描述伊澤：

> 講習以臺灣語為主，教師為前年接受日本語傳習的柯秋潔、朱俊英、陳兆鸞、葉壽松、張柏堂等五人⋯講習期間，伊澤先生每親臨教場，對講習嚴格督導，若教師有不適當之教學，即予指正，若有不滿之處則大聲叱責，學務部員、教師、學生莫不對其敬畏有加，背後大家都叫他「雷公」。〔註25〕

從加藤的描述可見，伊澤對講習所的重視，以及所內教師與學生對於學習的態度，不難發現課程設計要求教師與學員在短期內學會臺灣語，似乎不難看出總督府對於臺灣語人才的迫切需求。日後伊澤回度臺再談到這些學員，也是持肯定的態度，認為要求其於短短的六十日，要其完成土語的課程誠屬難得。〔註26〕

明治二十九年（1896）九月二十五日總督府發布府令三十八號「臺灣總督府國語學校規則」，其中第二章第七條即明文規定：「語學部設國語學科及土語學科，對內地人，授以土語學科，對本島人，授以國語學科，課目為修身、國語、讀書、作文、習字、算術、理科。而土語學科的課目為，「土語」、讀書、作文、習字、算術、歷史。」〔註27〕總督府設立的國語學校則是屬於永久性的事業，分為師範科與語學部，其招收的目的與對象有亦些不同，整理如下表3-1：

〔註24〕加藤元右衛門，〈臺灣教育之思考——國語傳習所時代（1）〉，《臺灣教育雜誌》，期366（1933.4），頁75。

〔註25〕加藤元右衛門，〈芝山岩懷舊錄〉，《臺灣教育雜誌》，期272（無版權年），國立臺灣圖書館臺灣分館藏。

〔註26〕伊澤修二，〈臺灣教育に對する今昔の之感〉，《臺灣教育會雜誌》，號81（1907.6），頁25。

〔註27〕「臺灣總督府國語學校規則」，《臺灣總督府府報》，府令38號，1896年9月25日。http://140.115.130.200/LiboPub.dll?Search1#，2010年09月22日下載。

表 3-1：師範科與語學部課程概要

科別	年限	畢業資格	學科	目的
師範科	二年	國語傳習所、師範學校教師、助教及小學校長。	教育、國語、漢文、土語、歷史、數學、記、理科、唱歌、體操。	將來國語傳習所、師範校之教員以及小學校校長之養成。
語學部	三年	通譯者、吏員、實業者及期其他公私業務之從事。	（土語學科）修身、讀本、國語、作文、算術、理科、唱歌、體操。	施予日本青年土語及其他之教育，以應將來在臺灣從事公私業務之需。

資料來源：「臺灣總督府國語學校規則」，《臺灣總督府府報》，府令 38 號，1896 年 9 月 25 日。http://140.115.130.200/LiboPub.dll?Search1#，2010 年 09 月 22 日下載。

　　伊澤在臺任期只有兩年一個月，其對於臺灣教育政策日後發展如何？我們從伊澤日後對臺灣教育的評論來看，伊澤所制定的教育政策似乎沒什麼很大的改變。明治四十一年（1908），離臺十年後的伊澤獲邀回臺參加臺灣鐵道全通典禮時，在臺灣教育會發表演說：「我常感謝歷任總督及長官，雖然其他事業變革急遽，但教育事業只有緩慢變化。」〔註 28〕伊澤言下之意，其當初所制定的教育方針大致已步入軌道。日後的臺灣教育幾乎完全按照他的計劃實施，其中日人學習「土語」政策，也被其他部門採用。

二、初期官吏的臺灣土語能力

（一）一般行政官吏

　　臺灣總督府初期所設立的土語講習所，對於散佈全臺之警察而言，似乎沒有直接的助益，初期警察學習臺灣土語之方式，以共同漢文之基礎，藉由勤務接觸時，向一般的民眾、私塾教師、教員或通譯等請益。〔註 29〕初期這種散漫的學習方式，成效不彰但也有一些效用，總督府民政局在明治三十年（1898）曾通令全臺各局縣以及機關，調查各單位目前具臺灣土語能力者，其語言能力評定，以適用公務用與私領域用兩種，在初步的調查中私領域用語能力者 851 名，公務用者有 373 名，總計 1,324 名具不同程度之日人分散在全臺之公務體系，在體官吏體系中，比率並不高，但由於平均分布，外加各

〔註28〕伊澤修二，〈臺灣教育に對する今昔の之感〉，《臺灣教育會雜誌》，號 81（1907.6），頁 25。

〔註29〕李幸真，〈日治初期臺灣警察的創建與警察的召訓〉，臺北：臺大歷史研究所碩士論文，2008 年，頁 75～76。

機關本身多少亦有聘請一些臺籍通譯。因此，在公務的運作上仍堪稱順利。
茲整理全臺具臺灣語能者之官吏數，整理如下表 3-2：

表 3-2：具臺灣土語能力人數

官廳別			可用於公務程度（簡稱「公」）	可用於私事程度（簡稱「私」）
總督府府內	官房文書課		-	2
	民政局	外事課	-	1
		警保課	1	2
		衛生課	1	10
		學修課	-	1
		殖產課	12	13
		通信課	-	8
	財務課		-	8
法院	覆署		1	-
	新竹地方		1	-
稅關	淡水		14	21
	基隆		1	4
	安平		3	5
	打狗		2	-
燈臺所	漁翁島		-	2
	鼻頭角		-	2
製藥			1	1
國語學校			1	17
巡查看守			-	1
一等郵便電信	臺北		-	3
	臺南		-	1
	宜蘭		1	1
二等郵便電信	淡水		3	-
	阿公店		-	1
	雲林		-	1
	大科嵌		-	6
	鹿港		-	7
	北斗		-	3
	彰化		-	2
	新竹		-	1

	苗栗	-	3
	曾文溪	1	6
	鳳山	1	9
	奇萊	2	-
	新營庄	-	1
	（原字跡不清）	3	-
	東港	-	2
	基隆	-	1
支局	後壠	-	7
	安平	-	1
	（原字跡不清）	-	3
臺北縣		97	87
新竹縣		45	157
臺中縣		65	137
嘉義縣		25	32
臺南縣		21	119
鳳山縣		33	113
宜蘭縣		23	78
臺東縣		3	8
澎湖縣		5	10
共計 1,224		373	831

資料來源：「現在職員ニシテ臺灣土語履修者調查」，《臺灣總督府公文類纂》，15 年保存，卷 7，1898-04-01。

從表可見，中央機關或事業機構，與臺人直接觸少者，其單位之臺語能力者則少，反之，與臺人有密切相關業務者，單位內通曉臺灣土語者相對增加，其中縣級機關之官吏直接統治臺人，因此具臺灣土語能力者較多。

（二）各縣、廳警察

那麼全臺灣各警察機關之官吏臺灣土語能力又是如何？明治三十一年（1898）四月二十九日，警保課依勅令六十八號發布「警發第五十七號」之命令，要求各警察機關將所轄之具臺灣土語能力者回報警保課，並擬定臺灣土語分級標準，以精通、通曉與稍通曉等三個級數，並要求各單位必須詳列具臺灣土語能力警察，依職別、語言度級並列冊呈報。〔註 30〕在警察機關所

〔註 30〕「臺灣土語ニ通スル警部巡查人員調」，《臺灣總督府公文類纂》，15 年保存，卷 7，1898-06-01。

做的臺灣土語能力調查上，與上述一般官吏之語言能力一樣，層級逾高之官吏具臺灣土語能力者逾少，在警察臺灣土語調查中，甚至只有一名臺中縣高階警視稍通臺灣土語而已，而中高階警部全臺八縣精通臺灣土語者 9 人、通曉者 16 人、稍通曉者 53 人共計 78 人，而當年度警部員額為 275 名，具臺灣土語能力者僅三成五左右，而巡查階級在語言等級上不論質或量冠具第一，以明治三十年度（1897）之全臺灣警察數 3,355 人，具臺灣土語能力之巡查有556 人，佔六成之多。整理如下表 3-3：

表 3-3：具土語能力之警部、巡查人員表

職位、能力　　縣別	精通		通曉		稍通曉		計	
	警部	巡查	警部	巡查	警部	巡查	警部	巡查
臺北縣	1	14	5	22	8	106	14	141
新竹縣	2	9	-	25	4	78	6	112
臺中縣	-	-	6	35	26	77	32	112
嘉義縣	2	6	2	11	3	14	7	31
臺南縣	-	2	-	14	5	30	5	46
宜蘭縣	3	10	2	15	1	27	6	52
澎湖縣	1	9	1	6	6	40	8	55
合計	9	50	16	131	53	375	78	556

資源來源：「臺灣土語二通スル警部巡查人員調」，《臺灣總督府公文類纂》，15 年保存，卷 7，1898-06-01。

（三）新竹縣警察

在新竹縣府體系中，具臺灣土語能力之官吏，仍以警察居多，從明治三十一年（1901）臺灣總督府的統計數中看，在 142 名具臺灣土語能力之日人官吏中，警察則有 88 名有 1.6 倍之多，統計書中更細分了警察在閩客語能力之比例，具客語能力者有 25 人，閩語者 49 人，〔註31〕這份統計書顯示，即使在以客家語系為主的客家地區，具閩語能力之警察仍然多於客語者，此外這似乎透露著客語學習的客觀條件初期並不是那麼受官方重視，甚至有四名警部的臺灣土語具公務溝通程度，分別是高比良三登志、堀口萬三郎、池邊春雄與永井德照等

〔註31〕「臺灣土語二通スル警部巡查人員調」，《臺灣總督府公文類纂》，15 年保存，卷 7，1898-6-1。

人，皆為閩語能力者，而其他行政官吏的臺灣土語能力也是以閩南語為主。〔註32〕茲新竹縣官吏與警察臺灣土語能力統計，整理如下表 3-4。

表 3-4：新竹縣官吏與警察臺灣土語能力人數

警察署	巡查	公	6
		私	22
	巡查部長	公	22（客語者 9）
		私	66（客語者 17）
新竹縣署	公		1
	私		15
醫院	公		0
	私		6
國語傳習所	公		7
	私		7
拓墾署	公		3
	私		8
辦務署	公		0
	私		7
計	142		

資源來源：「臺灣土語二通スル警部巡查人員調」，《臺灣總督府公文類纂》，15 年保存，卷 7，1898-06-01。

綜合上述觀之，日治初期在臺日人官吏，整體臺灣土語能力的量與質並不佳，亦缺乏臺灣土語學習的配套措施，首長精神心的呼籲所獲得的成效有限，然而總督府制定了「通譯兼掌者津貼制」後，情況有了明顯的改變，接著我們將討論該制度對日後日人的影響。

三、通譯兼掌津貼政策

（一）官吏自學臺灣土語

明治三十年（1898）年四月總督府針對行政官吏「臺灣土語」之學習，發布「總督府判任文官及巡查、看守通譯兼掌者特別津貼之件」簡稱（通譯

〔註32〕「臺灣土語二通スル警部巡查人員調」，《臺灣總督府公文類纂》，15 年保存，卷 7，1898-6-1。

兼掌津貼），判任文官、巡查及任職當中的臺灣通譯兼掌者，可獲得每月七圓不等的特別津貼，〔註33〕後續發放標準亦有更動。敕令旨在本職之外兼任通譯的人，政府以實質的津貼補助做為獎勵，目的在激發在臺日本官吏能主動學習臺灣語，利多的政策的確吸引多數警察投入「臺灣土語」的學習。除了以考試成績外，官職的高底亦有相當大程度的差異，可以看到總督府在用意上，除了給予基層實質津貼補助，另外高中級警官津貼補助也有相當大的程度的政策意味，即為高階警官的帶頭作用。參閱表3-5。

表3-5：通譯兼掌津貼

區別	30圓	20圓	15圓	12圓	10圓	8圓	6圓	4圓	3圓	2圓	1圓	計
警部	-	4	2	5	11	11	21	7	7	-	-	68
警部補	-	4	3	2	11	10	48	6	18	-	-	102
巡查部長	-	-	1	4	5	12	7	56	47	40	-	172
甲種巡查	-	-	-	1	2	13	9	69	63	171	-	328
乙種巡查	-	-	-	1	-	1	2	14	45	162	-	225
合計	-	8	6	13	29	47	87	152	180	373	-	895

資料來源：臺灣總督府警務局，《臺灣總督府警察統計書》（臺北：編者，1935年），頁77。

　　「通譯兼掌津貼」的政策公佈確實也引發警界許多有志之士，投入「臺灣土語」學習及研究。例如，明治二十八年（1895）七月所招募的第一期警察官日人林久三，同年九月渡臺後利用勤餘時間學習臺灣語，達到一定的溝通能力，獲致長官的肯定。〔註34〕明治三十三年（1900）年林久三的能力受上級長的肯定，以囑託之名擔任練習所講師，明治三十五年（1903）更擔任臺灣總督府警察官及司獄官練習所教官。〔註35〕從林久三的例子可以看出，總督府對於「臺灣土語」學習在政策上是鼓勵的，基層官吏亦可以從臺灣語的學習上獲得實質的利益，也看到在當時總督府對於通曉臺灣語的日本官吏有急迫的需求。

〔註33〕臺灣總督府警務局編，《臺灣總督府警察沿革誌（5）》，頁913～915。
〔註34〕「林久三任法院通譯」，《臺灣總督府公文類纂》永久進退保存457冊，1899年5月6日。
〔註35〕「林久三臺灣總督府警察官及司獄官練習所教務囑託」《臺灣總督府公文類纂》永久進退保存568冊，1900年5月23日；「恩給證書下付（林久三）」《臺灣總督府公文類纂》永久進退保存3135冊，1921年7月1日。

　　從總督府舉辦的警察「臺灣土語通譯銓衡（選拔）」的文件中，發現這些報名參與考試的警察，若因故缺席，全都由各廳長向上呈報並敘明理由，不難觀察總督府對於這項政策的重視性。些外在通譯選拔的統計書中亦發現，各廳不僅將通過名冊彙整呈報，同時也詳列了警察考試成績，各廳的高階警官「警部」亦有為數不少的人通過檢定，且其成績多數在中上程度，做為津貼發放標準，另外亦為日後升遷的參考依據。參閱圖3-1。

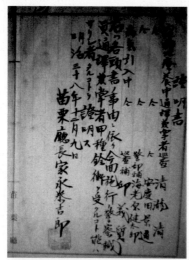
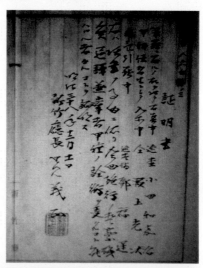
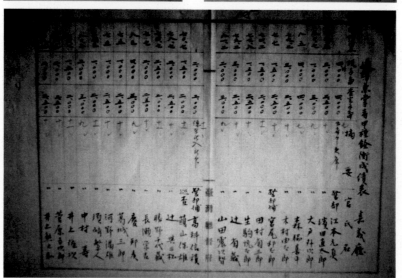

圖3-1：缺考證明書與警察銓衡（考選）成績表

資料來源：「警察職員土語國語通譯兼掌者甲種銓衡結果各廳長へ通達ノ件」，《臺灣總督府公文類纂》15年保存，卷3，1906-03-01。

從上述各廳警察臺灣土語檢定統計看，參與率整體上是有明顯的提升，但要達成真正預期目標似乎還有一些距離，而事實上，整體在臺官吏不論是被動或主動，各廳都有具體的臺灣土語學習的成果，警察臺灣土語的學習並沒有隨日人統治時間的增加而減少臺灣土語的學習，因為目前無法掌握連續性的警察臺灣統計數，權以現有史料做分析，以昭和十年（1935）警察的統計數看，各州通過臺灣語檢定之警察為數不少，其中乙科警察居多，主要還是職務之需。參閱表 3-6。

表 3-6：各州廳警察試驗合格人數

區別		國語	外國語	朝鮮語	本島語			蕃語							合計
					閩	客	計	泰雅	布農	鄒	阿美	排彎	雅美	計	
臺北州	甲	8	1	1	56	-	56	8	-	-	-	-	-	8	74
	乙	193	2	-	419	-	419	61	-	-	-	-	-	61	675
新竹州	甲	10	-	-	20	12	32	7	-	-	-	-	-	7	49
	乙	164	-	-	84	56	140	95	-	-	-	-	-	95	399
臺中州	甲	6	-	1	44	2	46	5	2	-	-	-	-	7	59
	乙	122	-	-	241	2	243	49	30	-	-	-	-	79	445
臺南州	甲	21	-	-	57	-	57	-	-	4	-	-	-		78
	乙	194	-	-	289	-	289	-	-	-	-	-	-	4	487
高雄州	甲	2	1	-	38	1	39	-	1	-	-	5	-	6	48
	乙	122	-	-	157	3	160	-	7	-	-	82	-	89	371
臺東廳	甲	--	-	-	6	-	6	-	3	-	-	3	2	6	12
	乙	36	-	-	31	-	31	-	38	-	11	21	--	72	139
花蓮港廳	甲	--	-	-	8	-	8	1	2	-	1	-	-	4	12
	乙	32	-	-	68	-	68	87	58	-	12	-	-	157	257
澎湖廳	甲	1	-	-	3	-	3	-	-	-	-	-	-	-	4
	乙	11	-	-	12	-	12	-	-	-	-	-	2	-	23
計	甲	48	2	1	232	15	247	21	8	-	1	8-		38	336
	乙	874	2	1	1,301	61	1,362	292	133	4	23	103		557	2,796

資料來源：臺灣總督府警務局，《臺灣總督府警察統計書》（臺北：編者，1935 年），頁 76。

　　從上表看，通譯兼掌津貼制度在運作了 39 年之後，總督府對於臺灣語的了解有了更細緻的掌握，各州廳警察機關幾乎都可以依其地方之語言特質，而有符合地方語言之警察人員，此意味著，殖民政府藉由法令、訓練來建立知識體系的架構，這些龐大的殖民知識體系的建立，並非建立在總督府原始政策與法規之中，而是不斷的由下至上所累積經驗所獲得的成果，而這種經驗建立的因素，有一部分是警察內部上下階級對臺灣土語一致性參與觀有關。我們從警察的階級別來看，高階警官通過臺灣土語的比率也不低，以警部而言，其職位相當現今乙種縣市之分局長之位階，〔註 36〕對於這些警政管理階級者，與臺人接觸的頻率很低，參與臺灣土語檢定，一則表示對中央政策的支持，再則亦可收示範之效，但從統計數字看，高階警官投入客語學檢定人數與閩語有十分懸殊之差異，主要仍然是客語區域小，語言通用率不高，外加日後升遷或調動等因素。整理如下表 3-7。

表 3-7：昭和十年語學試驗合格者及通譯兼掌者

區別		國語	外國語	朝鮮語	本島語			蕃語							合計
					閩	客	計	泰雅	布農	鄒	阿美	排灣	雅美	計	
警部	甲	--	--	--	45	2	47	5	2	-	-	1	-	8	55
	乙	--	--	--	89	3	92	3	-	-	-	-	-	3	95
警部補	甲	1	1	--	65	2	67	2	5	-	-	5	-	12	81
	乙	1	--	--	77	1	78	9	2		1	4	1	17	96
巡查部長	甲	4	--	1	63	7	70	10	1		1	1	-	13	88
	乙	2	--	--	289	34	322	57	24	2	5	18	1	107	433
甲種巡查	甲	26	1	--	59	4	63	4		-	-	1	-	7	95
	乙	135	2	--	840	22	862	154	69	2	9	70	1	304	1303
乙種巡查	甲	17		--	--	--	--	--	--	-	-	-	-		17
	乙	736	--	--	6	1	7	69	33	-	8	11		116	869
計	甲	48	2	1	232	15	247	21	3	-	1	8		38	336
	乙	874	2	1	1301	61	1362	292	133	4	23	103	2	557	2796

資料來源：臺灣總督府警務局，《臺灣總督府警察統計書》（臺北：編者，1935 年），頁 76。

〔註36〕現今甲種縣市分局例如，臺北市第一分局為甲種分局；乙種縣市分局例如，新竹縣橫山分局。

整體而言，警察通過臺灣土語檢定以閩南語為主，那麼以客家為主的新竹地區，警察在選擇語言類別上是如何？以警察的統計看，即便是新竹州以客家為主的地區，選擇閩南語檢定數仍多出客語一倍，以昭和十年的統計數看，警部階級並未如想像中的那麼多，反而是中階警官巡查部長客語檢定人數稍多閩語，參閱表3-8。

表3-8：新竹州警察臺灣土語檢定合格數

區別		國語	外國語	朝鮮語	本島語			蕃語		合計
					閩	客	計	泰雅	計	
警部		--	--	--	5	2	7	2	2	9
警部補		1	--	--	6	3	9	2	12	12
巡查	巡查部長	2	--	--	6	5	11	3	3	16
	甲種勤務	4	--	--	5	2	7	3	3	14
	乙種勤務	2	--	--	--	--	--	--	--	2
計		9	--	--	22	12	34	10	10	53

資料來源：新竹州警務部，《新竹州警察要覽》（新竹：編者，1937年），頁77。

（二）法院對臺灣語的研究

除了與民眾第一線接觸的警察對臺灣語有迫切須求外，法院部門也有同樣的看法，豬瀨藤重指出：「政府的政策不能朝三暮四，此等勢必影響我政府威信」，其認為以目前警察對臺灣土語」的障礙尤為嚴重，對地方人、事、物等，說聽不懂、說不出，可謂「五感（觀）盡失何來防微於杜漸之用。〔註37〕

豬瀨在上書後藤新平的意見書上，力陳大量採用臺灣人任巡查之利，其開頭論述：「警察的威信的確立來自於對偵察民情的能力，也是穩定國家的基礎…以五觀去偵察社會脈動」其主因為：「本島人現任警察官吏者，通曉語言、地理環境，易於掌握現況。」又說目前治安的困境之處：「臺灣與清國僅一水之隔，清國的漳、泉、福州之民來臺頻繁，其在臺犯罪即回清國，逮捕因難…實因不通曉語言及民情，致犯罪叢生。」〔註38〕

〔註37〕《臺灣日日新報》，1899年2月4日，2版；《臺灣日日新報》，1899年2月19日，2版。

〔註38〕豬瀨重藤，〈本島人巡查任用に関する意見書〉，後藤新平文書資料庫，2010年6月2日下載，http://tbmcdb.infolinker.com.tw/huotengapp/index。

　　從豬瀨的意見書看，其目的主要是採用臺灣人擔巡查，但實際上，由於豬瀨的意見書從乃木總督時期已上呈，給終無法獲得採用。因此，豬瀨在上呈後藤新平時，在意見書上除力陳本島人巡查任用外，很技巧的將其第二項訴求隱列在其中，即是警察學習臺灣語的訴求。因為日治初期要大量任用臺灣人擔任巡查，這對臺灣總督府而言是一項重大的挑戰，但日人官吏學習臺灣土語似乎是較無爭議之事。

（三）地方官吏的客語需求

　　因應總督的臺灣調查，投入臺灣各地的調查日本官吏普遍都面臨臺灣土語溝通問題，地方官吏與警察所面臨的語言問題甚為急迫，尤其是客家地區，更是面臨艱難的考驗。因此，總督府初期曾針對土地調查事務而編修了簡易的客語調查會話用語，以客家人居多的客家地區警察也有一些有志於學習客語的日本警察投入客語教材的編輯。從官方與地方警察對客家的教材編輯即可看出，日本對於客家社會了解的程度，以及所急於掌控的事項。

土地調查的需求：

　　明治三十三年（1900）總督府臨時臺灣土地調查局（簡稱土地調查局）編輯了「土地調查用廣東語集」，[註39]其內容因應臨時臺灣土地調查局調查課所規劃，土地調查的方向概分為二大類，一為整理，二為雜件。前者又分為三個細項，圖書整理、臺帳整理與統計。與臺人最為密切的部分是臺帳整理，其主要調查的方向是，一、軒下（屋簷）步道甲數整理。二、地籍帳調製。三、地租名計帳樣式。四、地租土名寄帳整理。五、訴訟通知受臺帳調製等。土地調查局將所需資料整理並擬定各種實用客家會話，編輯簡易的客家會語集以便土地調查官吏與地方警察使用。其主要的客家語彙有二大類，一為調查專用語。例如，數字、貨幣、斤量、尺度、農田用語、人倫。二為調查專用會話。參閱圖 3-2。

〔註39〕「土地調查用廣東語集」，《臺灣總督府公文類纂》，永久保存，第 45 卷，1900-10-1。

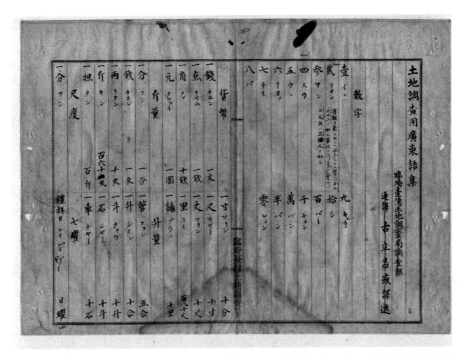

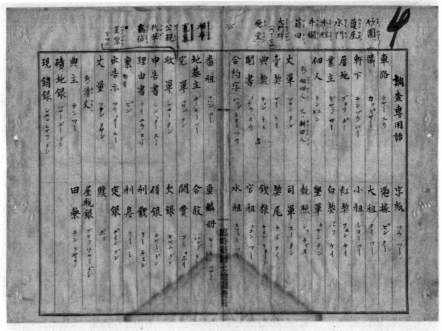

圖 3-2：「土地調查用廣東語集」

資料來源：「土地調查用廣東語集」,《臺灣總督府公文類纂》,永久保存,第 45 卷,
　　　　　1900-10-1。

　　從上圖第二項調查專用會話可以看出，會話用語以漢字書寫日本假名注音並由日文對照，語彙聚焦在專用語。例如，人別家戶稱謂、農務、租納、臺帳、清代清丈証明、農獲、土地貧瘠、申告程序、年號及姓氏等。整理如下表 3-9。

表 3-9：土地調查客家會話

語彙類別	客家語彙內容摘要
家戶稱謂	夫、妻、老父、伯父、兄第、姐妹、堂兄第、孫子、親戚等。
農獲、土地貧瘠	官：水圳轉那處來。水有足也無足。 官：有用多才屎尿，無用石灰麼。
租納	官：這邊納官租的田園有也無。 官：這箇地方無納錢粮的田園有也無。 官：大租納幾多、小租收幾多，每年收谷有幾多，官租納幾多。 官：一年蕃薯改得有幾多斤呀。 官：田佃所納的水租一甲地有幾多。
臺帳	官：這個賣契無粘司單，有甚麼綠故。 官：這個田是何人的做甚麼業主無來。 官：伊講現時不得閑來，你去得伊講。 官：業主若是無來呀，一定要辨罪，伊闔書合約丈單字紙一宗要擎來。 民：我屋家有病人所以不來。 官：業主若無來照規矩，要罰銀。 民：我不知這個法度，是實在麼，我不敢亂講。 官：我寫收單分你，你字紙有擎來麼？ 民：我無字紙。 官：做甚麼無字紙。 民：三年前火燒帛得。 官：若無字紙要寫理由書來。
清丈証明	官：做甚麼無丈單？ 民：新開墾的所以無，我不知，要問更老輩。 官：從前到今這個是百姓的，也不是？做佃人是甚麼？要分清楚那處官的，那處是百姓的。這個是緊要緊。 官：做甚麼繪圖無擎來。擎魚鱗冊來。 官：光緒十四年清丈的繪圖有也無，若有就那擎來。
申告程序查驗	官：要寫一張申告書，隨時擎來。若無擎申告書來，將這個園充公，如此無法子。 官：申告書內，要寫生人的名。莫寫死人的名。

	官：這個田的來歷交加實際有不清楚，你有憑據總拏來。
	官：這個單，是舊的我想光緒十四年清丈的時候一定有發新單，那個有也無。
公用土地調查	官：我想這個地方從前是田，今我看不出你想樣唇仔。
	官：我聽人講，這個田、元來是車路的地方。做甚麼，伊敢隨便耕。

資料來源：「土地調查用廣東語集」，《臺灣總督府公文類纂》，永久保存，第 45 卷，1900-10-1。

　　從上述客語會話概要可知，日人對於客語的學習僅就日人單方業務考量所設計的會話用語，包括了所有專業用語及可能面臨的問題。整體而言，從官方的設計的客家會話可見，官方對於土地調查所著重的項目是什麼以及其做法。就土地的清丈証明而言，釐清土地產權是官方的當務之急，除了界定賦稅外，也是重新劃定國家資產的重要時刻。另一方面，從會話用語也看出臺人對於土地產權仍存有許多模糊不清的爭議。

　　官方所設計的客家會話用語，使用的對象多為測量人員及當地警察，如此倉促編輯的客家會話用語，要日人在短時間內有效運用，其效能實在令人存疑。因此，明治三十四年（1901）土地調查局為了因應業務需求，廣泛徵求通曉臺灣語之（閩、客）之日人投入土地調查事務。〔註 40〕土地調查局局長中村是公甚至發文要求各警察派出所務必積極找尋熟稔客語之日臺人士，明確的指出客家地區缺額人數，並開出月酬日人 12 圓、臺人 6 圓的條件以吸引參與。〔註 41〕

客語人力不足：

　　大正四年（1915）在執行「第二次臨時戶口調查」時，確實讓日本警察及行政官吏再次面臨到客語的挫折，尤其是新竹地區面對廣大的客籍居民，日本警察所學的臺灣語（閩語）似乎不太管用。有感於客語使用上的不便，桃園廳警部中壢支廳長志波吉太郎，〔註 42〕編纂《廣東話會話篇》供在臺日警及官吏學習，其客語研究內容上，以四縣及海陸腔為主，並邀請前清秀才吳榮棣協助語彙的蒐錄，此為警察機關最早所出版的客語教科書，在其序文

〔註 40〕「廣東語及泉州語ノ通譯募集ノ」，《臺灣總督府公文類纂》，永久保存，第 51 卷，1901-03-0。
〔註 41〕「廣東語通事任用ノ件各派出所二通牒」，《臺灣總督府公文類纂》，永久保存，第 5 卷，1901-03-1。
〔註 42〕大正 9 年 7 月 26 日所發佈的「臺灣總督府地方官官制」中壢支廳改轄為新竹州下的中壢郡。

中似乎可以看到日人對於客家社會所遇到的一些語言的瓶頸，中山佐之助在
《廣東話會話篇》序中指出：

> 由於一般對廣東語（客語）的瞭解較缺乏，隨著此類的著作的刊行，
> 今後行政事務運作、商業貿易、社交及其他旅行將可以減少困惑…
> 得知近來施行臨時戶口調查，志波君熱心編纂話本因應所需，故贈
> 序之。〔註43〕

總督府本署保安課警視後藤祐明，亦認為警察無法了解當地語言，即無法掌
握地方情資，達到防微杜漸之效，其在序中指出：

> 本島最大的缺陷是新附民與官吏的語言隔閡，上令無法下達，施政
> 困難，若各地方警察官吏精通地方語言習俗，那麼阿緱廳下的暴行
> 陰謀禍根之事，將不復見…本島先住民的研究多為漳泉之語，廣東
> 語（客語）的研究書籍未曾有見，今聞中壢支廳長志波吉太郎贈予
> 以鼓勵之…各地方官吏應各購一本以為學習基礎，方不致與民接觸
> 時望洋興歎。〔註44〕

從總督府警視中山佐之助及保安課警視後藤祐明的序看，總督府在臺灣語的
掌握上已有一定的層度瞭解，在桃竹苗以客藉為主的地區，「客語」的學習及
運用對於政令的下達、警察勤務的執行，都有迫切的需求。保安課警視後藤
更極積的要求地方官吏應人手一本《廣東話會話篇》做為學習基礎。

　　昭和時期仍有不少的日人呼籲學習臺灣土語，鷲巢敦哉即為一明顯之
例，即便在昭和皇民化運動時期其仍大力的呼籲日人學習臺灣語，其目的並
非是重視臺灣或是臺人文化，而是建立在監控管理臺人的基礎下。對照鷲巢
氏所著《臺灣保甲皇民化讀本》其要求官方營造全日語的環境及皇民思想，
看似將臺灣土語排除在臺灣公共領域。但從鷲巢氏的《鷲巢敦哉著作集》可
看出，其對於強化警察學習臺灣語的進行不於餘力，並對於警察練習所未將
臺灣語的漢文教育羅列其中，直言是個時代錯誤，對於警察臺灣土語能力的
低落感到憂心。〔註45〕日人對於臺灣土語的學習態度反應出殖民政府對於掌
控臺人工具性學習，這種表裡不一的語言態度反應出日人的語言政策，即日
語為統一的官方語的優位，以及深入管控臺人的語言工具。

〔註43〕志波吉太郎，《廣東話會話篇》（臺北：臺灣日日新報社，1915），頁2。
〔註44〕志波吉太郎，《廣東話會話篇》，頁4。
〔註45〕鷲巢敦哉，《鷲巢敦哉著作集》（東京：綠陰書房，2000年），頁111～113。

第二節　新竹州警察體系

一、警察組織

施添福認明治三十八年（1905）以後，總督府陸續完成各項的「調查」事務，藉此「以圖統地」與「以地統人」，並以警察官吏派出所為中心，輔以保甲以及壯丁團所形成之警察官空間。〔註46〕以此概念來進一步探討臺灣警政之組織、部署以及業務之制定等，如何透過建全內部制度體制，作為強化外在統治的基礎。總督府在警察的設計上是採中央集權式，各州廳的警察制度都是在中央所設計的構架之下，因此，各州廳的組織架構都是一致性的，只有部分勤務會因應地區性而不同。

（一）組織架構

明治二十八年（1895）五月二十一日，首任臺灣總督樺山資紀發佈了「臺灣總督府假（臨時）條例」，作為初期臺灣總督府組織的規定，該法規第 15 條規定：「內務部掌理地方行政、警察、監獄、土木、地理、戶籍等相關事務」。相關事務及其它不屬各部之事務，分設庶務課、警保課及土木課。同條第一項第二款規定警察分課項目為，警察及監獄相關事項。〔註47〕總督府內務部警保課長心得〔註48〕千千岩英一於明治二十八年（1895）六月二十日，向民政局長水野遵提出建立警察的意見書中指出：

> 本島自本月（明治二十八年六月）十七日舉行始政式來，施政就緒，
> 警察事務的設立也是不可忽略的，今日情況，警察的配置誠為最急
> 之要務，應比照本島寬廣及人口制定規定相關研究。〔註49〕

千千岩英一並具體的擬定全臺所需的警力，推測臺灣人口臺北應佔最多，次

〔註46〕施添福，〈日治時期臺灣警官空間：以日治時代關山地方為例〉，《東臺灣鄉土文化學術研究會》，臺東：臺東師院，2000 年 10 月，頁 1。

〔註47〕「臺灣總督府假條例」，《臺灣總督府公文類纂》，甲種永久保存，第 3 卷，明治 28 年（1895）5 月 21 日。

〔註48〕「心得」，日文意思指下級人員暫時掌管上級人員職務之稱謂，約當我國所謂之「權理」、「署理」之意。日本統治臺灣之初，臺灣總督府職員身分皆為臺灣督府雇員，而非當時日本「文官任用令」所規定之文官，故當時臺灣總督府官員之職稱下方乃加上「心得」二字。轉載徐國章，《臺灣總督府警察沿革誌》（南投：臺灣文獻，2005 年），頁 15。

〔註49〕「警察官募集二關スル件」《臺灣總督府公文類纂》，永久追加，門 2，第 2 卷，明治 28 年（1895）6 月 20 日。

為臺南，再次為臺灣，以二千人口配置一名巡查為單位，每十名巡查配警部一名的模式，推估需 170 警部與 1700 名巡查，建議以內地人徵募對象。〔註50〕俸給比照日本內地制度，定為八級以上，並發給十五圓以上二十五圓以下津貼；巡查之俸給，為一級十五圓、二級十二圓、並發給十圓以上十五圓以下月津貼。千千岩更具體的設計未來臺灣警察的服裝配備，擬全部公發實物，配發冬、夏裝鞋及其它備品。〔註51〕參閱圖 3-3。

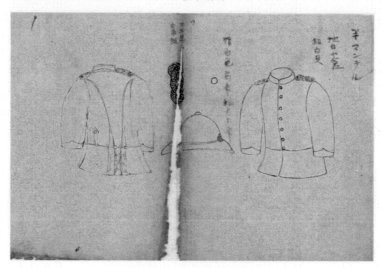

圖 3-3：警制服草圖

資料來原：「警察官募集二關スル件」《臺灣總督府公文類纂》，永久追加，門 2，第 2 卷，(1895.6.20)；為臺灣警察當時巡查制服，取自臺灣總督府警務局編，《臺灣總督府警察沿革誌（3）》（東京：綠蔭書房復刻，1986 年），頁 320。

在日治初警察組織編制的規劃時有變動，但整體上而言仍然是中央統籌部門總督府—中層策劃部門縣警察—地方執行部門派出所的架構模式。明治二十八年（1895）總督府依據「臺灣總督府臨時條例」第 23 條：「總督府下設數縣，每縣設知事、書記官、參事官、警部長及支廳長」，〔註52〕同年 6 月 28 日總督府發佈「臺灣島地方官假官制制定ノ件」（地方官暫行官制），臺灣

〔註50〕「警察官募集二關スル件」，《臺灣總督府公文類纂》，永久追加，門 2，第 2 卷，明治 28 年（1895）6 月 20 日。
〔註51〕「警察官募集二關スル件」，《臺灣總督府公文類纂》，永久追加，門 2，第 2 卷，明治 28 年（1895）6 月 20 日。
〔註52〕「臺灣總督府假條例制定」《臺灣總督府公文類纂》，甲種永久保存，第 1 卷，明治 28 年（1895）5 月 21 日。

設臺北、臺灣、臺南三縣及澎湖島廳，縣內設置支廳，縣之首長為知事，支
廳首長稱為支廳長；各縣設置知事官房、內務部、警察部，其中警察部掌管
高等警察、行政、衛生、刑事及監獄等事務。〔註53〕明治二十八年（1895）
十月十一日總督府發佈第九號訓令「警察署分署ノ設置警察ニ從事スル職員
ノ任命及警察假規程」，規定支部長或分所長設置警察署、警察分署時，必須
向民政局長報告。警部、巡查及警察署長、警察分署長之任免，必須由支部
長或分所長上陳民政長。支部長或分所長得調動各該管區內的警部，巡查。〔註
54〕參閱表 1。分署之下視地方特性，得於必要之處設置派出所，到明治二十
八年（1896）底，臺灣共計設有警察署 17 處，31 分署及 15 個派出所。〔註55〕
參閱圖 3-4。

```
                民政局長→    警保課長

                            警務課
總督府→  縣 知 事→  警察部長→  保安課      警察署長→警察分署長
                            衛生課

        廳長→      警察課長→   警察署長→   警察分署長
```

圖 3-4：總督府警察組織官制表

資料來源：「警察署分署ノ設置警察ニ從事スル職員ノ任命及警察假規程」，《臺灣總
督府公文類纂》，久保存，門號 11，卷 1，明治 28 年（1895）10 月 11 日；
李理，《日據臺灣時期警察制度研究》（臺北：海峽，2007），頁 42。

　　初期來臺的警察被分派到臺灣各地，原則上仍依照千千岩英一初步的規劃
執行，參閱表 3-10。從警察據點設立可以看到殖民政府對臺灣地理空間的掌控
模式，在初期警力佈署，每個派出所少則十人，多則三十人，派出所之間的距
離在三四里之間，偏遠地則在四五里。隨治安穩定，派出所人數才降到四五人
的配置，並朝日本內地派出所的標準以一至二人之巡查配置模式。〔註56〕

〔註53〕「臺灣島地方官假官制制定ノ件」，《臺灣總督府公文類纂》，永久追加，門 2，
　　　　第 4 卷，（明治 28 年）1895-06-28。
〔註54〕「警察署分署ノ設置警察ニ從事スル職員ノ任命及警察假規程」，《臺灣總督
　　　　府公文類纂》，永久保存，11 門，類 1，明治 28 年（1895）10 月 11 日。
〔註55〕新地方官官制當時的警察配置狀況與增員計劃〉，《臺灣總督府警察沿革誌》
　　　　第一編，頁 360～361。
〔註56〕中島利郎、吉原丈司編，《鷲巢敦哉著作集 4》（東京：綠蔭書房，2000），頁
　　　　21～22。

表 3-10：明治二十八年（1895）警察官員額配置

地區	警部	巡查	地區	警部	巡查
警保課	5	4	淡水支廳	3	30
臺北縣廳	18	197	臺灣支廳	17	170
宜蘭支廳	9	90	苗栗出張所	3	36
基隆支廳	5	70	澎湖島廳	3	50
新竹支廳	4	45	合計	67	690

資料來源：徐國章譯注，《臺灣總督府警察沿革誌》（南投：臺灣文獻館，2005），頁 80。

　　明治三十四年（1902）地方官制改正「廢縣置廳」，警察本署亦於同年 2 月 23 月擬定「關於警察機關之設施通達地方官」案，其主旨：「警察官之配置，儘量採取分散主義，然可以錄用巡查補，以增多其耳目，此項方針自去已逐漸實行。茲就右列各項請予注意。」〔註 57〕於此，總督府大致完成臺灣各地的警察佈署，此次的改正確定了臺灣警察「散在」的配置模式。〔註 58〕使得警察可以全面性的掌握地方治安。

　　「支廳制度」的施行是總督府警務步入軌道的關鍵點，總督府設置警察本署，做為統一全臺警政的最高機關，並減少層級，以「總督府—廳」二級制，在總督府下設置 20 小廳分別為：臺北廳、基隆廳、宜蘭廳、深坑廳、桃仔園廳、新竹廳、苗栗廳、臺中廳、彰化廳、南投廳、斗六廳、嘉義廳、鹽水港廳、臺南廳、蕃薯廳、鳳山廳、阿猴廳、恆春廳、臺東廳、澎湖廳。〔註 59〕明治四十二年（1909）總督府官制與地方改正，改二十廳為十二廳，支廳精簡後管轄區域增大，支廳位階也提升，支廳長甚至以警視擔任。〔註 60〕

（二）警察部署

　　地方官制的改革，看似地方行政機關「廳」有更高的位階，但實際上，整個官制的改革是強化總督府的權力，特別在警察方面。總督府將縣、廳的部分警察事務由中央直接指揮，換言之，總督府所建立的警察制度是高度涉及行政事務的警察機關。總督府為了因應地方官官制改正，發布訓令 359 號，

〔註 57〕吳定葉等編譯，《日據初期警察及監獄制度檔案》（臺中：臺灣省文獻委員會，1979），216～217。
〔註 58〕井出紀和太，《臺灣治績志》（臺北：臺灣日日新報社，1937），頁 312。
〔註 59〕〈臺灣總督府條例〉，《臺灣總督府警察沿革誌（1）》，頁 565。
〔註 60〕水越幸一，〈本島的現行地方制度經過決定書〉，《臺灣地方行政》，卷 3 號 7（1937.4），頁 18。

旨在於制定配合警察事務的執行劃分，將全島分為二區，由警視擔任管區長，全文如下：

第一條　各廳綜合分為二個警察管區。

第二條　警察管區之區域如左：

　　　　第一警察區：臺北廳、基隆廳、宜蘭廳、深坑廳、桃仔園廳、新竹廳、苗栗廳、臺中廳、彰化廳。

　　　　第二警察區：南投廳、斗六廳、嘉義廳、鹽水港廳、臺南廳、蕃薯廳、鳳山廳、阿猴廳、恆春廳、臺東廳、澎湖廳。

第三條　各警察管區置管區長，以臺灣總督府警視充任之。

第四條　警察管區長承警視總長之命，查察警察各部署之紀律張弛，服務勤惰，處務是否得當、法律命令之普及及事務之統一，於事態緊急時，指揮廳長以下人員，直接擔當任務之執行。〔註61〕

警察管區制度的設計，看似與地方行政區無異，實際上，法條內卻暗藏弦機。李理指出依該法規定，警察管區長有指揮廳長的權力，這樣儘管廳長沒有像後藤新平所設計的那樣有「警部」來任擔，但卻置於警察系統指揮下，總督府又通過「支廳」的設立，將警察與支廳搭配在一齊，使臺灣的「行政管區」巧妙的變成「警察管區」警察管區成為事上的行政管區。〔註62〕然而這個制度確實給予總督府在警察事權的統一性，但看起來警察似乎又介入了地方行政，為了消弭警察管區長直接經手廳務之虞，警察本署於明治三十七年（1904）九月二十八日下達通知給各廳長如下：

　　警察管區長之職務權限相關規程動輒易遭誤解，因而，以往所持觀念傾向於認為管區長有不依警察本署處務規程規定，而直接處理一般日常事務之權限。查管區，除巡閱及特命情形外，無權處理屬於各課主管之一般警察事務。為求慎重，特此通知，敬請　查照。〔註63〕

〔註61〕徐國章譯注，《臺灣總督府警察沿革誌（1）》（南投：臺灣文獻館，2007年），頁235。

〔註62〕李理，《日據臺灣時期警察制度研究》（臺北市：海峽，2007），頁71。

〔註63〕徐國章譯注，《臺灣總督府警察沿革誌（1）》（南投：臺灣文獻館，2007年），頁286。

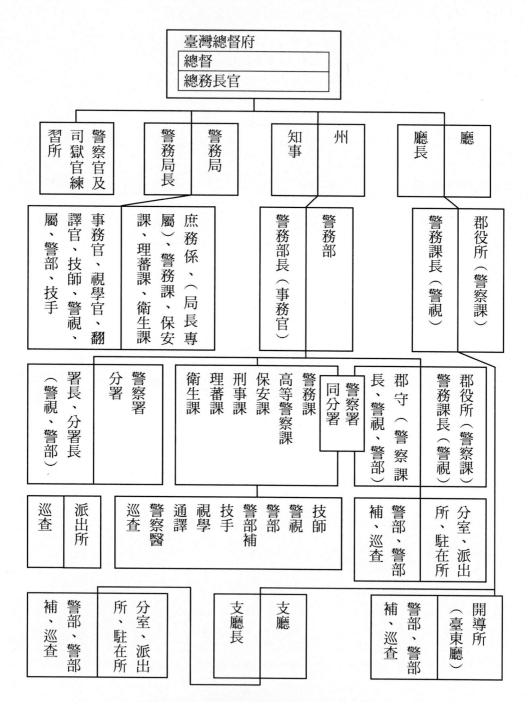

圖 3-5：警察機關組織及事務分掌

資料來源：臺灣總督府警務局，《臺灣總督府警察統計書》（臺北：編者，1935 年），
頁 3～4。

警察本署這番的通報可以說，只是禮貌性告知，從地方實務看，總督府當局巧妙的運用人事權將警察安置在地方行政機關上，事實上，支廳長都是由警部來擔任，廳內課員，除總務課配置一至二位辦理課事務外，大致都是由巡查擔任，技手和雇員的配置十分稀少。〔註64〕初期的警察制度並不完備，與組織變動頻繁，主要是臺灣各地反抗勢力激烈，得求助軍憲之力量來治理臺灣，但隨著日本統治時間的增長，臺灣治安狀況日趨安定，行政區域劃分亦趨於穩定，大正九年（1920）的地方改正，臺灣的行政統治可謂更趨完備，警察機關也設計了更完善的組織編制來統治臺人。參閱圖3-5。

105

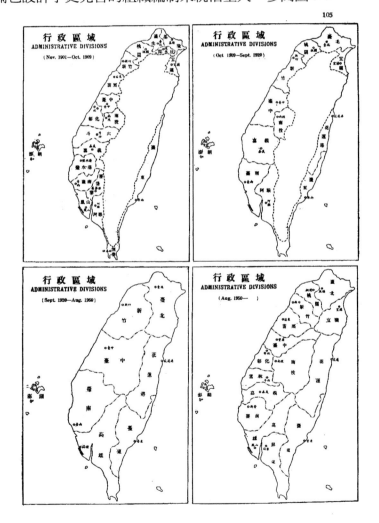

〔註64〕〈支廳制度的變遷〉，《臺灣總督府警察沿革誌（1）》（臺北：臺灣總督府警務局，1933年），頁521。

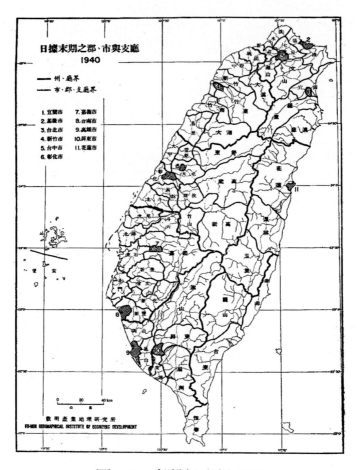

圖 3-6：臺灣行政劃分圖

資料來源：陳正祥，《臺灣地名辭典》（臺北市：南天，1993 年），頁 105～110。

　　從上述的警察對行政的參與不難看出，臺灣督府每次的地方行政區域的改正，即說明了殖民地政府進一步的掌握臺灣現況，換言之，警察部署的密度代表了殖政府的態度與對地區的支配程度，而部署的依據來自於對地方「知識」的掌握。警察深入介入臺灣人的生活狀況，隨著每次的行政區域改正，臺灣空白的地理空間也逐步的消失。臺灣的行政區劃設與警察佈署是地方行政發展不可缺的要件，臺灣初期行政區域頻繁的變革，即說明殖民地政府對地方行政發展的難易程度，隨不同時期社會發展而有不同的行政區域的改變，主要是警政系統的保甲制度，及街庄系統的街庄行政。〔註65〕參閱圖 3-6。

〔註65〕參閱蔡慧玉，〈日治臺灣街庄行政（1920～1945）的編制與運作——街庄行政相關名詞之探討〉，《臺灣史研究》，卷 3-2（1996.12），頁 95～97。

（三）業務之制定

依據明治二十九年（1896）三月三十一日所發布的「臺灣總督府條例」，總督府在中央的部分，依第十五條第七項規定：「行政警察及司法警察相關事項」。〔註66〕將行政警察與司法警察權歸於內務部管理，並依「臺灣總督府民政局各部分課規程」（簡稱分課規程）明定警察的職權，與民眾有直接影響的「分課規程」第二十條規定警保課的職權，其職權為：「戶口、民籍；行政及司法警察事務；圖書出版；新聞檢查」。〔註67〕地方警察制度方面，明治二十九年（1896）5月22日發布訓令第5號《臺灣總督府地方廳分課規程準則》，規定縣及廳設警察課。縣警察課設警備、保安、衛生三系，並可以依單位個別需求設置高等警察主任。〔註68〕茲節錄與警察相關之條文如下：

第四條　警察課掌管下列事務：

一、行政及司法警察相關事項。

二、高等警察相關事項。

三、監獄相關事項。

四、出版及版權相關事項。

五、報刊及雜誌相關事項。

六、遇難船隻及漂流物相關事項。

七、衛生相關事項。

八、病院、醫師、藥劑師及產婆相關事項。

九、停船檢疫相關事項。

十、鴉片販賣及其它藥品、賣藥管理相關事項。〔註69〕

明治二十九年（1896）五月，總督府發布了訓令第 18 號「警察規程」，作為警察機關的基本法規，旨在於對警察課、警察署、警察分署警察等做權責的

〔註66〕徐國章譯注，《臺灣總督府警察沿革誌（1）》（南投：臺灣文獻館，2007 年），頁 135。

〔註67〕臺灣總督府警務局，〈臺灣總督府民政局各部分課規程〉，《臺灣總督府警察沿革誌（1）》（臺北：臺灣總督府警務局，1933 年），頁 75。

〔註68〕〈臺灣官官制改定〉，《臺灣總督府警察沿革誌》（第一編），（臺北：臺灣總督府警務局，1933 年），頁 357。

〔註69〕徐國章譯注，《臺灣總督府警察沿革誌（1）》（南投：臺灣文獻館，2007 年），頁 9。

劃分，及通報呈續的建立，該法另一個目的是確立警察權責劃，鑑於以往，即便賦予警察若干權限，惟警察平時任務繁多，且有淪為軍隊輔助色之嫌。該法賦予警察個別獨立的權能，從「警察規程」總則即可看出，其文如下：

第一條　警察官掌理高等警察、行政警察及司法警察業務，維持轄區內之安寧秩序。

第二條　警察官須詳悉轄區內狀況，發生非常或緊急事件時，須速陳報上級長官。

第三條　警察官於有正當職權者就警察相關案件提出要求時，須立即回應其要求。〔註70〕

中央主導政策地方分層負責執行的制度，對此，總督府仍意圖將警察的勢力積極的伸入一般行政機管，為了落實這項理念，總督府於明治三十五年（1902）三月十二日制定「警察本署處務規程」。依「民政局內務部處務細則」第一條：「內務部各課設掛，分掌課務。」警察的部分則規定在第四條：「警保課設高等警察掛、警務掛、保安掛、戶籍掛及主計掛」，同年又修訂「警察本署處務規程」更確立日後臺灣警察分掌規則，其管理項目。從下列表述可以看到，總督府所營造的政府形象無異為警察政府，透過各項業務直接間接的影響人民的生活，換言之，總督府意圖營造萬能警察的形象。整理如下表，參閱表 3-11。

表 3-11：警察本署處務管理項目

警察課別		管理項目
高警察課		政治結社、集會、報刊檢查、保安施行、土匪相關事宜、其他高等警察相關事項
警備課	庶務卦	警備、警衛、警察勤務方式，警察官吏、隘勇等服儀規定、訓練、獎懲及任用資格認定。
	經理掛	警察官吏、隘勇薪貼、金費、廳舍、船舶、物品、槍械事項。
保安課（不設掛）		監視囚犯、保甲、戶口調查、海港之入出境及走私緝查、樟腦、食鹽專賣、山林及蕃人管理、貨幣、通貨及證券管理、天皇肖像及皇室徽章使用管理、司法警察相關事項。
衛生課	保建掛	傳染病、種痘、性病，停船檢疫、自來水、下水道、汙物清潔、飲食衛生、墓地埋葬。

〔註70〕徐國章譯注，《臺灣總督府警察沿革誌（1）》（南投：臺灣文獻館，2007 年），頁 32。

| 醫務掛 | 醫院及醫校事務、醫生、藥劑師、藥商、製藥者、產婆、接骨、齒模。 |
| 阿片掛 | 鴉片的販賣規定、許可證發放、走私鴉片取締、鴉片監視員之任免相關事項。 |

資料來源：徐國章譯注「修定警察本署處務規程」《臺灣總督府警察沿革誌（1）》（南投：臺灣文獻館，2005），頁254～258。筆者整理。

　　再觀察州郡警察的對於民眾有關的業務，主要有，保安課的行政、司法、犯罪即決、保甲、戶口、海外旅行等。衛生有，傳染病防疫、乳肉衛生、公醫、阿片等。理蕃蕃課有，蕃人與蕃地事項、鐵網、蕃地衛生、樟腦等。〔註71〕依據《臺灣地方警察實務要論》來看新竹州警察勤務，主要勤務方式有，警備、警邏、交通、警衛、理蕃、衛生、戶口調查、保甲監督、臨檢及取締不法等，由於所管轄事務廣泛，要全盤了解轄內事物必需有賴完整的計劃，方能有效執行勤務。劃定責任區，由州、郡、街、庄依序釐定勤務實行規則。其劃定的方式以「受持區」（警勤區或管區）為原則，依地區的廣狹、市街綢密、人口戶數的多寡及蕃地區域人口數來設定勤區警察人數。

　　綜觀上述，總督府以警察來兼理行政事務，可說一舉兩得，不只節省經費，更可以將警察的視野深入民間。由於警察兼理其他行政業務，明治三十六年（1903）以後甚至進一步擴大兼理業務，包括：「國稅、學租、砂糖檢查、稻作改良、水利量水標識、命令公醫緊急出差等」。〔註72〕這樣的情形在臺不斷的擴張，形成警察支廳行政化，民眾的生活幾乎無法脫離警察的掌控。日警面對鋪天蓋地的主兼辦業務，「臺灣土語」的學習政策也被動的因應而生。

二、首長之作為

（一）首長的臺灣土語施政作為

　　新竹地區在大正九年（1920）行政區改正之前，變動頻繁，行政區時有橫跨臺北地區或被併入閩人較多的地區，不易觀察地方首長在客家議題的作為，以行政區改正後的新竹州較仍清楚的看到首長的地方政策，以及後續政策是否涉及了客家議題。因此，以地方改正後開始，檢視歷任新竹州首長的

〔註71〕「臺灣總督府州事務分掌規程」、「臺灣總督府郡事務分掌規程」，《臺灣警察協會雜誌》（臺北：臺灣警察協會，1921年），頁44～48。
〔註72〕〈支廳制度に關する變遷〉，《臺灣總督府警察沿革誌（1）》，（臺北：臺灣總督府警務局，1933），頁522。

議會施政大綱，並了解其臺灣土語之議題與態度，整理如下表：3-12

表 3-12：新竹州歷任知事施正概要

時間	知事姓名	施正大綱
1921～1922	服部仁藏（山口縣）	理蕃。 教育：公學校經費增加。 衛生：天然痘預防、下水道建設、法定傳染病預防。 警政：刑事查緝。 經濟：世界不景氣、援助米、茶、糖業，獎勵海埔地利用、漁產、埤圳工事、海岸鐵道工事。
1922～1923	常吉德壽（佐賀縣）	行政：爭取中央補助款、砂防造林。 經濟：蕃地開發、增設學校、獎勵養蠶。 警政：理蕃、臺灣語言訓練、風俗瞭解。
1923～1924	梅谷光貞（兵庫縣）	行政：爭取中央補助款、修建路橋、頭前溪治水堤防、竹東內灣道路開鑿、頭份南庄間橋樑、漁港建設、州廳役所營建。 教育：增建公、中學校，預增女子學校與實業學校、愛國教育。 社會：國語普及，街庄技術員補助。 衛生：增加鼠疫預防經費、保建調查。 經濟：農漁產業援助、米種改良、柑橘、產牛與豚舍改良獎勵。副業獎勵，茶業、樹苗、蓮草、大甲藺、苧麻。
1924～1925	佐藤勸	（1924 年關東大地震，臺灣各州廳的經費大幅調降，要求新竹州官民共體時艱。） 教育：緊縮教育經費。 行政：編列警察退休死亡金、停發勸業獎勵金、小作（小租戶）改善、增加屠場稅。 社會：街庄技術員、水利調查費等減少補助。 衛生：傳染病防制。
1925～1927	古木章光	經濟：米價上揚加強水圳工事獎勵稻業，柑橘、豚獎勵，漁具改善、小型發動機船推展。 教育：國語普及、思想教化、新竹高等女校營建房舍。 行政：桃園大溪疏浚、後龍溪堤防延長、通霄至後龍縱貫路修建。 社會：保甲奉公精神推展。 衛生：傳染病防制。

1927～1929	永山止米郎	經濟：獎勵茶業。 教育：國語普及。 行政：街庄技術員補助、優良街庄建設指導。 衛生：傳染病防制。

資料來源：菅野秀雄，《新竹州沿革史（上）》，頁 29～95。

　　從新竹州知事的議會年度報告看，各知事的任期都不長，且調查頻繁，對於新竹州的施政大綱並無法辨別與閩人居住州之差異。此外，以州知事的高度，以及其所職掌之事務，多為承接中央命令或政策性之決策，與之接觸的臺人鮮少為基層臺人，在語言的需求性上，應無迫切的而求，從上述簡述施政大綱看，僅有常吉德壽任期內曾要求警察加強臺灣土語之學習，無法觀察出地方首長的臺灣土語態度，但警察機關與警察則有不同答案。

（二）警察的客語能力與職場發展

　　以警察臺灣土語學習量而言，以巡查、巡查部長等為主，從警察臺灣土語能力統計看，中高階警官通過之比例不高，這問題也被提出來探討，文中提及警察之武術競賽幹部參與踴躍，帶動整體士氣，但臺灣土語學習則否，並認為透過自身臺語土語能力親身接觸臺民之集會、市集、店頭用語等，有助了解下屬勤務運作之概況，更可形塑地方父母官之親民形象。〔註 73〕該篇文章確實指出了中高階警察臺灣土語學習之概況，然而深究語學並進一步將其有系統的將語學以學理方式彙編成冊，並藉此做為深入客家族群之工具，仍以中高階警官階層為主，例如，高階官吏家永泰吉郎、中山佐之助以及中階警官河野登喜壽、友田藤太郎、於保昌等，這些官吏才身即通過通譯兼者檢定者，並藉由客語能力致力於職場而獲得升遷。

　　家永泰吉郎：原為法院新竹地方法院判官，明治二十九年縣支廳時代，仍任新竹支廳書記官，明治三十一年（1898）派任苗栗國語講習所所長，〔註74〕由於通曉臺灣土語在第一次土地調查時，被委派兼任土調局事務官，〔註75〕

〔註73〕TT 生，〈警察官の語學研究を提唱す〉，《警友》，號 135（1934.3），頁 10～11。
〔註74〕「新竹縣弁務署長家永吉郎苗栗國語傳習所長心得ヲ命ス」，《臺灣總督府公文類纂》，甲種永久保存，2 卷，18984 月 8 日。
〔註75〕「臺中縣弁務署長家永吉郎外六名臨時臺灣土地調查局事務官二兼任」，《臺灣總督府公文類纂》，甲種永久保存，13 卷，1900 年 8 月 22 日。

事後亦因任土地調事務得力而升遷廳長。〔註 76〕警察通曉客語不僅有助於瞭解地方生態，有些警察甚至更積極的藉由自身客語的優勢落實在警務之中。

友田藤太郎：其長期在新竹地區任職中高階警官，具閩客語言能力，小野西洲曾在〈警察語學講習狀況視察記〉記載各地參與語學講習之中高階警官的臺灣土語能力，其中就新竹州警部友田藤太郎具閩客學習能力特別讚譽有佳。〔註 77〕而友田對於閩客家生活亦有深入的了解，經常投書雜誌導告有關客家生活文化、習俗、客家、婚姻與婦女問題等。昭和十年（1936）四月二十一日清晨，新竹地區發生地震，造成 1,375 年死亡以及 10,217 戶毀損，其中竹南、大湖、竹東最甚，其次三灣、公館。〔註 78〕參閱圖 3-7。

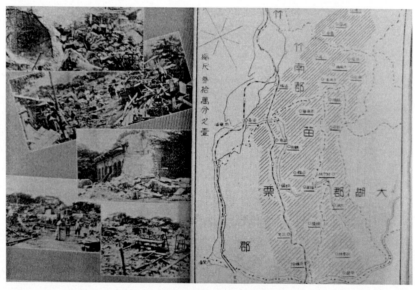

圖 3-7：新竹州轄內震災圖

資料來源：《警友》，號 145（1935.5），無頁碼。

事後官方檢討災情認為，臺灣傳統「土磚厝」耐災度不佳是造成傷亡的重要主因，同年七月州令第十號以律令 34 號「臺灣家建築規則」規定了日

〔註76〕「苗栗廳長兼臨時臺灣土地調查局事務官兼總督府專賣局事務官從六位家永泰吉郎外數名昇等昇級ノ件」，《臺灣總督府公文類纂》，永久進退保存，16卷，1902 年 9 月 30 日。

〔註77〕小野西洲，〈警察語學講習狀況視察記〉，《語苑》，9 期 21 卷（1928.12），頁92。

〔註78〕保安課 TT 生，〈州下未曾有の大震害〉，《警友》，號 145（1935.5），頁 18～19。

後改建的規定，同年九月友田藤太郎更進一步分析並投書《警友》雜誌，並就客家地區災情因素，以及探討日後如何配合防震法令之因應作為，說明解釋相關建築法規與客家實際因改善之處，並以法規解釋配合手圖繪，使基層警察可快速辨認，臺人家屋之日後改建是否符合規定。〔註79〕參閱圖3-8。昭和十三年（1938）友田統計了新竹州各郡的客家人數，並統計了昭和二年至十二年（1927～1936）客家人口長增數。〔註80〕由於友田具客語能力，有利其更廣度的觀察客家生活文化，因此在災害發生時，其能快速的指出問題所在。

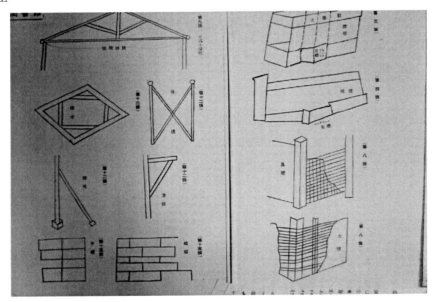

圖3-8：防震建築施工圖

資料來源：友田藤太郎，〈震災地施行州令に就て（下）〉，《警友》號150（1935.9），頁5～8。

　　於保昌：日警於保昌，佐賀縣神崎郡三田川村吉田人，從警長期任職於新竹州地區。〔註81〕從新竹州警部補、中壢郡、大潮郡、新竹州高等警察課高等係長、新竹署高等主任、昭和九年三月（1934）榮升新埔分室主任、新竹郡行政主任、新竹郡高等警察課、昭和十三年一月（1938）任竹州警務課

〔註79〕友田藤太郎，〈震災地施行州令に就て（下）〉，《警友》號150（1935.9），頁5～8。

〔註80〕友田藤太郎，〈保安警察と廣東種族〉，《警友》，號178（1938.1），頁123～124。

〔註81〕菅武雄，《新竹州の情勢と人物》，（新竹：菅武雄，1938年），頁92。

經理係長，性謹直溫雅律己嚴謹，好吟詩並擁有柔劍道二段的身手，熟悉地方事務。〔註82〕

於保昌長期在《警友》雜誌上發表文章，觀察其文章隱約地顯示出其右派政治風格，大正年間社會風氣自由漸起，各種思想主義漸漸引進臺灣，於保昌鑑於共產主義思想潛在之危害，特別重視農民現況，並深入了解學生團體之臺灣語使用之述求、昌議言論、集會結社自由等議題。〔註83〕由於於保昌具備客語之能力，並致力於了解轄內客家生活文化，甚至早在大正年間即注意到，農村的地主與佃農的關係，在臺灣文協與臺灣農民組合相繼成立，反資本階級思想也漸漸影響農村的地主與佃農的關係，傳統佃租慣習也產生鬆動，業佃之間時有齟齬頻傳，〔註84〕主要在於不定期的口頭契約、佃租無一定標準、佃戶繳納租金日期不準時及天然災害損壞責任不清等，造成地方階級的對立。於保昌則藉由其警察的立場，作漢詩贈卓蘭庄民，呼籲地主與佃農必須多溝通，力求穩定的域區發展，其詩如下：

業主與佃來相依　兩旁和合即合理　卓蘭業佃會出現　贌耕慣行着改善
小作契約要長期　業主佃人免爭議　業佃會內契約書　就是業佃雙方利
若是佃人認真做　耕作安定能進步　六年以上的契約　頭家免驚無收租
業佃契約有實行　限內免驚人起耕　佃人安心落肥料　土地漸漸加收成
檢採業佃起紛爭　由請業佃會調停　伊就與咱做公親　調停公平無歸片
若是去到法院告　開了所費不勝多　拜託業佃會內辦　對伊不免說功勞
一來業佃的融市　二來能得放心做　三來增加農產物　四來增加國威高
若是知影此情理　就勿失了好時機　快快來入業佃會　契約實行勿延遲

〔註85〕

佃主要在於臺灣佃農與地主租賃契約的問題，承租年限短且不固定，佃農的安定感不足，自然無心盡地力維護之責，造成生產力涸渴，固定佃租金額的支出也是佃農的沉重的負擔，且仍有「大小租戶〔註86〕」的問題存在佃農成

〔註82〕於保昌，〈業佃會歌〉，《臺灣語學研究會會報》，期50（1930.7），頁23。
〔註83〕於保昌，〈續臺灣の社會運動史〉，《警友》，號135（1941.12），頁14～17。
〔註84〕茂野信一，《臺灣の小作問題》（臺北市：吉村商會，1933年），頁45。
〔註85〕於保昌，〈業佃會歌〉，《臺灣語學研究會會報》，50期（1930.7），頁33。
〔註86〕1898年臺灣總督府施行「土地調查整理事業」，殖民政府以行政手段將原本複雜的臺灣土地制度簡化，即「大租戶、小租戶及現耕佃農」三者的關係，簡化成「小租戶與現耕佃農」，藉此確立土地的所有權及租賦。

了被剝削的對象，頻頻造成地主與佃農的對立。〔註 87〕從於保昌的建言詩句中可以看見身為警務人員之日人，亦有法規法理無法明文要求的範圍，乃必須透過較溫馨的訴求來呼籲民間私行為的規範，熟稔臺灣土語成了快速切入問題核心的方法。

於保昌在另一篇〈警察之威力？民眾之自覺？〉中指出，從新竹郡紅毛港至關西之道路動員保甲修繕多時，仍成效不彰，為此上級下達特種演習之命令下，警察部門則快速擬定計劃並開保甲會議，說明工事對國家之重要性，動員保甲快速舖設完工，作者文中也提及在新埔及關西路段，客家團體性與組織性佳，時可聽聞警察以客語向保甲民致謝聲，而客民保甲亦努力完成工事。〔註 88〕從文中似乎可以看到警察的客語能力在關鍵時刻有一定程度的效用，而這也反映出殖民者臺灣語習之工具性。日治初期警察官經由學習臺灣土語並致力推動於其職務者，多數能獲得升遷的機會，而這些程度較佳的中高階警官，也能進一步將其所語學用之職務之上，進而影響下屬。茲簡介其經歷，整理如下表 3-13。

表 3-13：具客語能力之警察職場發展

姓名	任職地、時間	資歷
家永泰吉郎	新竹地方法院，1896 年	判官
	臺北縣新竹支廳，1897 年	書記官
	新竹縣新竹辦務署，1898 年	署長
	臺中縣苗栗辦務署，1898～1900 年	署長
	臺灣樟腦局苗栗支局，1901 年	事務官
	臺灣總督府臨時臺灣土地調查局，1901 年	事務官
	臺灣總督府苗栗廳，1902～1905 年	廳長
中山佐之	臺灣總督民政部察本署，1905 年	警部
	警察本署總長專屬，1906、1908 年	警視
	警察本署警務課，1906、1907 年	警視
	臺灣總督府警察官及司獄官練習所，1907、1911 年	囑託講師
	臺灣總督府內務局庶務課，1909 年	警視
	臺灣總督府總督官房，1910～1911、1912 年	參事官

〔註 87〕今川淵，「臺灣に於ける小作習慣行の改善と業佃會」《臺灣時報》，1923 年 2 月 4 日。

〔註 88〕於保昌，〈警察の威力？民眾の自覺？〉，《警友》，號 135（1934.3），頁 18～20。

於保昌	大湖郡役所警察課，1929～1931 年	警部補
	新竹州警務部高等，1932 年	警部補
	新竹州新竹警察署，1933 年	警部補
	新竹郡役所警察課，1934～1935 年	警部
	新竹州警務部高等警察課，1936～1937 年	警部
	新竹州知事官房會計課，1938 年	屬
	新竹州警務部警務課，1938 年	警部
	竹南郡役所警察課，1939 年	警部
	竹東郡役所警察課，1941 年	警部
	苗栗郡役所警察課，1942～1944 年	警部
友田藤太郎	桃園郡役所警察課，1920～1923 年	警部補
	新竹州警務部衛生課，1924 年	警部補
	新竹州警務部高等警察課，1925～1926、1927、1928～1931、193～1936 年	警部
	竹南郡役所警察課，1926 年	警部
	大湖郡役所警察課，1927 年	警部
河野登喜壽	苗栗郡役所警察課，1932～1934 年	警部補
	中壢郡役所警察課，1935 年	警部補
	新竹州新竹警察署，1936 年	警部補
	臺灣總督府警察官及司獄官練習所 1937～1939、1940～1942 年	雇

資料來源：整理自《臺灣總督府職員錄系統》，http://who.ith.sinica.edu.tw/，下載日
2012-03-31；臺灣警察協會，《臺灣總督府警察職員錄》（臺北：編者，1941
年）。

三、警察的勤務執行

　　總督府針對警察所承辦的各項業務，也擬訂了相關的警察勤務規程，早
在明治二十九年（1896）七月，總督府即制訂「警察署、分署勤務規程」。其
中除了明定警察署長及分署長的職權外，針對基層察的勤務方式亦有細詳規
定。警察勤務規程的基本設計可以看到，警察勤務分內外勤以 24 小時運作，
勤務重點在於外勤，而勤務項目以巡邏為第一優先事項。節錄部分法條內容
如下：

　　　第 9 條：內勤為日勤，每日服 8 小時勤務。

第 11 條：外勤為隔日勤務，服一晝夜十二小時以上之實務，但警部
　　　　　在人少時得作日勤工作。

第 12 條：外勤受署長之命，從事警邏查察，執行其他法律規則。
〔註89〕

總督府為了因應臺灣社會經濟與社會的快速發展，「警察勤務規程」也做了許多改革，大正十五年（1926）修正「臺灣總督府地方警察配置及勤務規程」，分「內勤」、「外勤」、「刑事」、「特務」四種。內勤巡查負責，紀錄、會計、統計與其他庶務；外勤則負責，警備、交通、衛生、理蕃、囚人、戶口查察、保甲、臨檢等相關事項。〔註90〕因此，警察的外勤工作是決定地方治安狀況的要件，故有「警察外勤第一主義」〔註91〕之說。但實際上，地方警察機關時有將優秀的警察安置在內勤之情況，且待遇亦較外勤優沃，因此，針對這種情形時有不少警察投書《臺灣警察時報》建言改革外勤營造「外勤第一」的氣氛，在考試、升薪、獎賞等優遇外勤，提振其志氣。〔註92〕因此我們就警察之最重要的巡邏勤務以及其勤務工作重點進行探討。

（一）巡邏勤務

　　警察巡邏區，分為內部巡邏與外部巡邏二種。內部巡邏區為警察署，警察分署所在地附近，一巡邏區以一小時到二小時步行為限度，區別為數個之巡邏區，每巡邏區作晝夜二回以上之巡邏查察；外部巡邏區為內部巡邏以外之部落，一巡邏區以一日往返四公里至六公里限度，區別為數個巡邏區，每巡邏區作每月二回以上之巡邏查察，但地處偏僻者，得設二日以內的巡邏區。〔註93〕警察巡邏管區時，必須事前作路線的規劃，並檢附管區巡邏路線繪圖表報告警部長。

〔註89〕吳定葉等編譯，《日據初期警察及監獄制度檔案》（臺中：臺灣省文獻委員會，1979 年），頁 99。

〔註90〕《臺灣總督府警察沿革誌（5）》（臺北：臺灣總督府警務局，1933 年），頁 609。

〔註91〕笠原正春認為臺灣交通進步及民智的開啟，社會發展日愈複雜，因該要重視警察與外勤事務之關係，及外勤與內人之人員配置等問題。並針對農村警與都市警之員配置均衡，內勤之通諜、外勤冊、警察對象整理問題，以外勤為第一主義優先。參閱笠原正春，〈警察與外勤第一主義〉，《臺灣警察時報》，號 262（1937.9），頁 17～23。

〔註92〕今田卓爾，〈尊重外勤〉，《臺灣警察時報》，號 202（1932.9），頁 186。

〔註93〕吳定葉等編譯，《日據初期警察及監獄制度檔案》（臺中：臺灣省文獻委員會，1979 年），頁 99。

　　警察巡邏路線可分為「警察官署所在地警邏路線」、「村落警邏路線」及「宿泊警邏路線」三種，參閱圖一。警察因應地方的特質在不同的街市，有不同程度的巡邏頻率，一般而言，警察機關所在地多為人口稠密之處，因此，巡邏密度也較高。警察巡邏路線上之重點樞要場所均設有「警邏票」（現今的巡邏箱），警察經過時要在票卡上填入時間及捺印。〔註94〕參閱圖3-9。

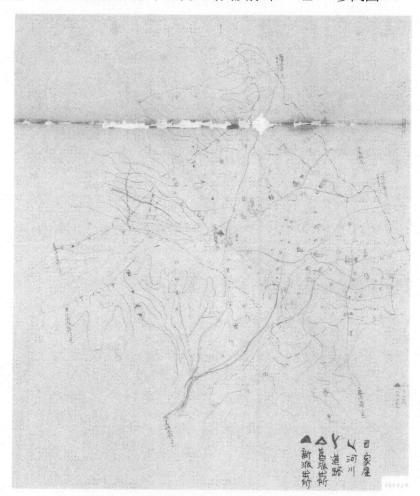

圖3-9：桃園廳桃澗堡銅鑼圈庄，桃園廳警察官吏派出所移轉圖

資料來源：「桃園廳桃澗堡銅鑼圈庄桃園廳警察官吏派出所移轉認可」《日治時期與
　　　　　光復初期檔案》http://db1n.sinica.edu.tw/textdb/twhist/index.php，2010 年
　　　　　9 月 6 日下載。

〔註94〕「臺灣總督府廳警察職務規程」第36條規定。參閱《臺灣總督府警察沿革誌
　　　　（4）》（臺北：南天，1933 年），頁492。

　　警察的巡邏除了是實質勤務運作外，更是殖民政府的權力展示。地方警察以其定點警察機關為中心，透過巡邏勤務達成綿密的監視網，並且在轄區走動巡查的過程，兼辦各種地方事務，也就是「行政警察」，包括，保甲及壯丁團的狀況；法律規定事務；宗教及風俗相關事務；公共及個人衛生環境；監視人或無賴之徒；各種營業事項；銃、火藥、阿片及其他管制物品賣買；道路、水路、鐵路、橋樑其相關交通等事項；農工與其他民生狀況。〔註95〕其中保正事務所是巡邏時重要訪察點。〔註96〕保正事務所是殖民政府推動各項事務的重要基層單位，例如，種春痘、防疫、糾紛仲裁等，都是以保正事務所為中心。

　　警察的巡邏除表面上視察各項業務外，對於特定的場所或有治安之虞所，警察在巡邏之際也會深入查察店家，每月入其店臨檢二至三次。例如，阿片特許營業者、貸座敷（妓院）、雇人口入所（職業介紹所）、飲食店、獸肉販、獸乳搾取所、市場、質屋（當鋪）、古物商、宿屋（旅館）、湯屋（澡堂）與銃砲火藥營業者等相關場所。〔註97〕警察並將巡邏過程中所見與處理的情況，紀錄在隨身的「手帖」（筆記簿），回派出所後紀載在每日日誌（工作紀錄簿）。

（二）勤務工作重點

　　警察勤務執行時，除了查察不法外，另外也兼負兩項目的，居民的歷史關係調察與區域內地理關係，成為殖民政府深入地方及人民生活的眼和手，警察的勤務制度提供殖民政府即時更新的工具。換言之，地方警察既是總督府地各種情資的「蒐集者」，也是總督府依據其所蒐集情報所做決策之「報行者」。〔註98〕對於警察的勤務重點要求《臺灣地方警察實務要論》似乎很清楚的指出重點所在，茲節錄下列相關條文規定。

〔註95〕臺灣總督府警務局，《臺灣總督府警察沿革誌（5）》（臺北：南天，1933），頁527～5541。

〔註96〕保正事務所皆設有巡警票筒。參閱張麗俊，《水竹居主人日記（2）》（臺北：中研院近史所，1999），頁70。

〔註97〕臺灣總督府警務局，《臺灣總督府警察沿革誌（5）》（臺北：南天，1933年），頁505～506。

〔註98〕蔡明志，〈殖民地警察之眼：臺灣日治時期的地方警察、社會控制與空間改正之論述〉，臺南，國立成功大學建築學系博士論文，2008年，頁3。

第一，警察對於區域的歷史關係：

一、過去民心的傾向，例如，何年有匪亂致使增加地方人民負担。

二、以往著名的人物及歷史事物。三、建築物、官衙、道路、埤圳等之事的沿革。例如，何埤圳何年竣工，使農業增長或清國何將軍等如何開墾地方。

四、土地的歷史由來，如何山何年樹木採伐、為何溪水氾濫與現在山麓的改變有何關連。

五、教育的變遷。

六、宗教信仰的興衰，例如，儒教及道教的現況，及英人天主教宣教師在臺佈教的現況。

七、經濟狀況的預期。

八、衛生的變革，例如，何年有疫情流行，多少人罹病、死亡及防制方法。〔註99〕

第二，地理環境調查

一、自然環境例如，地勢、森林、田畑、部落所在、土地的肥瘠、生產的豐凶、氣候。

二、臺民的族群關係、親族關係、生產狀況、職業的種別、貧富的差異、嗜好種類、風俗習慣、國語（日語）普及狀況、奢簡、遊樂、起居做息時刻、稼業辛勤、社交風氣、教育程度及民心歸向等。

三、主要建物的現況。

四、經濟、產業狀況。

五、古蹟現況。

六、交通狀況，如交通與通信機關等運作現況。〔註100〕

從上述日警勤務要求看，警察在警勤區所負責的事項不僅龐雜也深入民間，除了相關地理環境、衛生等，以現代化科學方式做統計、歸納等獲得相關的

〔註99〕臺灣總督府，《臺灣地方警察實務要論》（臺北：臺灣總督府警察官及司獄官練習所，1931年），頁37。

〔註100〕臺灣總督府，《臺灣地方警察實務要論》，頁37～38。

數據外，甚至於深入了解族群、家戶親族關係及民心歸向等，日警本身必需具備一定程度的臺灣「土語」能力，才能真正觸動臺民的問題核心，因此，臺灣土語的學習是必要的工具之一。另外，從「臺灣總督府警察職務規程施行細則標準」看，戶口調查亦非單純家戶人口數調查而已，更從中獲取家戶之資訊，「須知簿」即是建立在土地調查與人口調查基礎所轉化的資訊，成為警察掌「人」的知識的路逕，藉此來掌控「人」的資源以及利用的配置處，其內容記載該派出所應注意事項，茲節錄數項例舉之：

　　一、地理之概要及地目、甲數。

　　二、重要物產之出處、產額及其價格。

　　三、人民職業之種別、戶數及其情況。

　　四、富豪、名望家及具有學識者之住所、姓名及資產概額。

　　五、菜堂之所在及信徒數量及食菜人之住所、姓名。

　　六、賣卜、乩童、地理師與其他祈禱符呪等為業者之住所、姓名。

　　七、公共組合長及其管理者之住所、姓名。

　　八、前記各號之外認為有必要之事項。〔註101〕

總督府統治臺灣最直接及最有效的行政機關即是警察，在臺的日本警察成為殖民政府的手與眼。〔註102〕除了要貫徹政令又必須擔負起防微杜漸之責，即「文明的引導、民情探察」。被視為警察官練習所背後推手的後藤新平指出：「練習所所設立的主要目的之一，就是要對新任警察官進行土語講習。這是由於我認為警察在對臺灣的統治上，將會有重要的貢獻。」〔註103〕明治三十年（1897）警察官練習所成立後，後藤首次臨訓示中強調：「土語不僅在職務上有所方便，同時也是自我保護要件」，又說「雖然可以運用通譯或密探，但若想達到透徹真相，補捉先機的程度，自己精通土語最好。」〔註104〕從後藤新平對警察學習臺灣土語的評論來看，後藤對於官吏學習臺灣語統籌制定了

〔註101〕臺灣總督府警務局，《臺灣總督府警察沿革誌（5）》（東京：綠蔭，1934年），頁568～569。

〔註102〕蔡明志，〈殖民地警察之眼：臺灣日治時期的地方警察、社會控制與空間改正之論述〉，臺南：國立成功大學建築學博士論文，2008年，頁174。

〔註103〕許世楷，《日本統治下的臺灣》（臺北：玉山社，2006年），頁154。

〔註104〕臺灣總督府警察官及司獄官練習所著，《臺灣總督府警察官及司獄官練習所沿革史》（臺北：臺灣總督府警察官及司獄官練習所，1909年），頁184～188。

一個執行的方向，而警察機關也朝著後藤所期許的方向進行。

第三節　警察的客語學習

一、教育與訓練

（一）警察練習所之土語學習

臺灣警察養成機關理念最早始於明治二十九年（1897），由臺北縣警部長田中坤六與臺中縣警部長有川員壽連署提出「臨時巡查教習所」之建議，翌年獲得採納，同年四月二十八日總督府並以敕令第 93 號發布「巡查看守教習所制」。〔註105〕明治三十年（1898）六月十八日總督府再以敕令第 112 發布「警察官及司獄官吏練習所官制」，確定了練習所的組織編制，其目的在於教育和訓練警察官，修習有關警務與獄務之學理。〔註106〕警察練習所對於「臺灣土語」重視的程度，可以從課程的安排上看到，《臺灣總督府警察官及司獄官練習所沿革誌》在第一章即開宗明義指出臺灣土語的重要性：「臺灣語是最為重要的學課，警察官吏若不精通臺灣語，則如聾子一樣，無法與人溝通。練習所特別安排土語課程，期望警察的臺灣語能速成。」〔註107〕為此，警察練習所臺灣土語之課程以《臺灣語教科書》為教材，但內多為「福建語」到 1944 年止共修訂十一版，其語學內容項目包括戶口調查、巡邏、清潔檢查等，都是此項教材中語學重點。〔註108〕

警察官練習所是否落實總督府的「臺灣土語」政策，從課程的安排上似乎可見端倪。然而這裡所謂「臺灣土語」閩南語還是居主流之位，而客語並沒有那樣迫切的需求，但並不代表客語不受重視。依據警察及司獄官教育的課程規則，所有學員都有必修的語學（土語）課程，總督府明治三十一年

〔註105〕「臺灣總督府府報資料庫」http://ds2.th.gov.tw/ds3/app007/list3.php?ID1=007
1010317a012，2010 年 10 月 13 日下載。

〔註106〕臺灣總督府警察官及司獄官練習所，《臺灣總督府警察官及司獄官練習所沿革誌》（臺北：臺灣總督府警察官及司獄官練習所，1909），頁 1～3；「臺灣總督府府報資料庫」http://ds2.th.gov.tw/ds3/app007/list3.php?ID1=0071010317a012，2010 年 10 月 13 日下載。

〔註107〕臺灣總督府警察官及司獄官練習所，《臺灣總督府警察官及司獄官練習所沿革誌》，頁 91。

〔註108〕臺灣總督府警察官及司獄官練習所，《臺灣語教科書》（臺北：編者，1944）。

（1898）七月六日發布府令第 49 號「警察官及司獄官吏練習所規則」，規定警察甲、乙兩科中的「臺灣土語」每週課程為 12 小時之多，佔所有課程的三分之一多。〔註 109〕若以甲科修業期限 40 週算，甲科警察學習臺灣土語的時數則高達 480 小時，應該可以達到簡易與臺人溝通的基礎。參閱表 3-14。但 1908 年左右因部分新增學課排擠了一些土語課程，但整體而土語課程仍佔多數。

表 3-14：警察官部學術科目表

甲科	授課時數	乙科	授課時數
一、警察法	3	一、警察法	3
二、行政法	3	二、服務心得	1
三、法院條列	3	三、法院條列	3
四、刑事訴訟法	3	四、刑事訴訟法	3
五、刑法	3	五、刑法	3
六、警察法規	2	六、警察法規	2
七、阿片制度	1	七、阿片制度	1
八、土語	12	八、土語	12
九、兵式操練	5	九、兵式操練	5
十、射擊	1	十、射擊	1
十一、擊劍	3	十一、擊劍	3
十二、捕手	3	十二、捕手	3

資料來源：〈警察官及司獄官吏練習所規則〉，「臺灣總督府府報資料庫」http://ds2.th.gov.tw/ds3/app007/list3.php?ID1=0071010317a012，2010 年 10 月 13 日下載。

　　警察在練習所的土語學習成效如何，目前無法清楚掌握。但從 1898 到 1942 年所畢業的 13,673 警察看，這些曾學習臺灣土語課程的警察，對於投入地方治安的維護，臺灣土語應有一定基礎的運用，加上日後的警察在職訓練，更可以快速的應用在勤務上。茲將 1898～1942 年的警察練習所人數統計如下表 3-15：

〔註 109〕臺灣總督府警察官及司獄官練習所，《臺灣語教科書》（臺北：編者，1944）。

表 3-15：甲乙科警察統計人數

科別 年	甲科		乙科		特科	
	警察官	司獄官	警察官	司獄官	警察官	司獄官
1898～1906	524	44	5435	1567	-	-
1907～1915	450	22	1273	185	-	-
1916～1926	317	17	1514	99	44	-
1925～1933	272	25	1246	119	248	4
1934～1942	402	28	2160	149	90	1
計	1964	186	11609	2119	382	5

資料來源：〈歷年警察官與司獄官練習所教員與練習生〉,《臺灣省五十一年來統計提要》（臺北：進學，1946），頁 1324。

　　警察練習所也將學生的臺灣土語學習考試成績，列為日後通譯兼掌評鑑的依據。換言之，警校學習畢業後即取後通譯津貼，以昭和二年四月畢業的警校生為例。參閱表 3-16。

表 3-16：警察練習所學生臺灣土語檢定

分數	等級分類	（人）
90 分以上者	2	
85 分以上者	3	3
75 分以上者	4	13
60 分以上者	5	8

資料來源：鷲巢敦哉,《鷲巢敦哉著作集》（東京：綠蔭書房，2000 年），頁 111。

（二）在職警察的「臺灣土語」學習

　　總督府警務部對於新進警察訂定了一連串的職前訓練課程，以一年的時間做為期限，將州內所轄的業務規則做完整的介紹，在做法上以週與月做為課程基數，課程內容上會因應各州特有的情況而有些微的差異，但原則還是可以看出殖民者所欲掌控臺人的社會與經濟。接着我們以州為例，以新進警察的教養課目、週課目與月課目來分析，大致可以看到臺灣新進警察的訓練狀況。參閱 3-17

表 3-17：新進巡查教養課目

課目	時數	課目	時數
警察訓育	6	宿屋營業取締規則	2
各州警察處務規程	4	州令諸營業取締規則及手續	4
各州郡處分規程	1	營業視察規程	2
臺灣總督府地方警察配置及勤務規程施行細則	4	講會規則及手續	1
有關本州非常召集規程及非常準備品訓令	4	印刻營業取締規則及手續	2
須簿規程	2	仲介營業取締規則及手續	2
州令代書業取締	2	轎營業及轎夫取締規則及手續	2
州管內地理概況及行政區畫	2	人力車營業取締規則及手續	2
本島語及國語	12	自轉車取締規則及手續	1
料理屋飲食店取締規則	2	戶口處務細則	1
周旋業取締規則	2	州令保甲條令施行細則	1
藝酌婦取締規則	2	保甲規約標準	1
就素行調查書的製作	2	墓地火葬場及埋火葬取締規則	2
不良少年少女視察規程	2	阿片取締細則及手續	4
假釋出獄取締細則及手續	1	大清潔法施行規則	1
獸肉營業取締規則及手續	2	告發書記載	1
理髮營業取締規則及手續	2	犯罪搜查報告書	1
臺灣藥種商藥劑製藥商取締規則同施行細則	2	按摩及針灸術營業取締規則及手續	1
有關臺灣的思想問題	4	武術	13
點檢	8	實習	16
戶口實查及整理	30	臨檢視察	12
巡邏	14	計 182 時	

資料來源：《臺灣警察時報》，號 112，（1922.10），頁 134。

　　從上述課目看，戶口的掌控、巡邏、實習、武術為警察主要的受課項目，語學（臺灣土語）則成為加速推動各項與民相關的衛生、經濟的手段。這些課目將因業務緩急而納為課目的優先順序，我們從新進警察的日課表看，上述重要的學課都被優先排入日課表中。參閱表 3-18。

表 3-18：新進巡查訓練週課目

星期	08：00～10：00	10：00～12：00	13：00～15：00	15：00～16：00
一	警察訓育	警察配置勤務規定施行細則	州管內概況	武術
二	警察配置勤務規定施行細則	須知簿規定	實習	點檢
三	臺灣語及國語	營業視察規則	戶口處務規程	巡邏
四	戶口整理	告發書記載	料理店營業規定	講會取締細則
五	周旋（經紀）業取締規則	宿屋營業取締施細則	州令諸營業規則	武術
六	阿片法規	戶口實查	荷車取締規則	臨檢視察

資料來源：《臺灣警察時報》，號 112，（1922.10），頁 135。

　　上述的訓練課程的授教者由該州的警部、警部補、巡查部長等，進行實務的業務教學。教授的方式以課堂講說、問答方式；戶口、臨檢等則由資深警察帶領實際訪察遇有違規行為則立即處置；巡邏則依規定的巡邏線進行實際線路的訪察，並告知特殊情況的處置程序。〔註 110〕在這種新舊經驗傳承的做法上，可謂無治安空窗期，除了解業務項目及勤務規則外，更重要的是藉此也凝聚了警察的文化傳統。

　　課程時間：警察的「臺灣土語」學習，各州的警務部、警察署及各郡警察課都訂定一樣的學習時間，每週二小時的土語課程講習，講習材料來源由講師取材於《臺灣語典》、《語苑》或是各州講師自行編制教材。〔註 111〕新竹州的「客語」講習，分別在各郡警察機關辦理，每週有一堂課，由資深警察授課，時間則安排在晚間，授課地點則分別在各警察辦公廳內舉行。

　　講課方式：「客語」教材內容以問答方式，以相關警察勤務為主，例如，訓示語、臺人的行政申請用語、請願語等，課程每次都着重在二三個會話議題上，由講師針對會話內容與發音，以簡單的方式做解釋說明，使學員能快速的吸收。〔註 112〕新竹州警察「臺灣土語」學習，初期成效不高，以大正 9

〔註 110〕《臺灣警察時報》，號 112（1922.10），頁 136。
〔註 111〕中間小二郎，〈警察講習資料揭載に就いて〉，《語苑》，9 期 20 卷（1927.12），頁 1。
〔註 112〕中間小二郎，〈警察講習資料揭載に就いて〉，《語苑》，9 期 20 卷（1927.12），頁 2。

年為例，新竹州的警察人數是 1,247 人，〔註 113〕當年參加臺灣土語考試警察有 130 人，只有 0.8%的參與率，而通過考試的警察也只有 104 人而已。

接著我們看新竹州的在職訓練課程安排是如何，以昭和元年（1926）新竹州警務部所制定的「月份學科日課表」看，警務部每月排定了法規、普通學與語學，例如，法規則排各項警察法規說明其意義、解釋以及執行；普通學則為國語、算術與經濟等；語學則是臺灣土語科程，並編列每日之閱讀進度。〔註 114〕參閱圖 3-10。

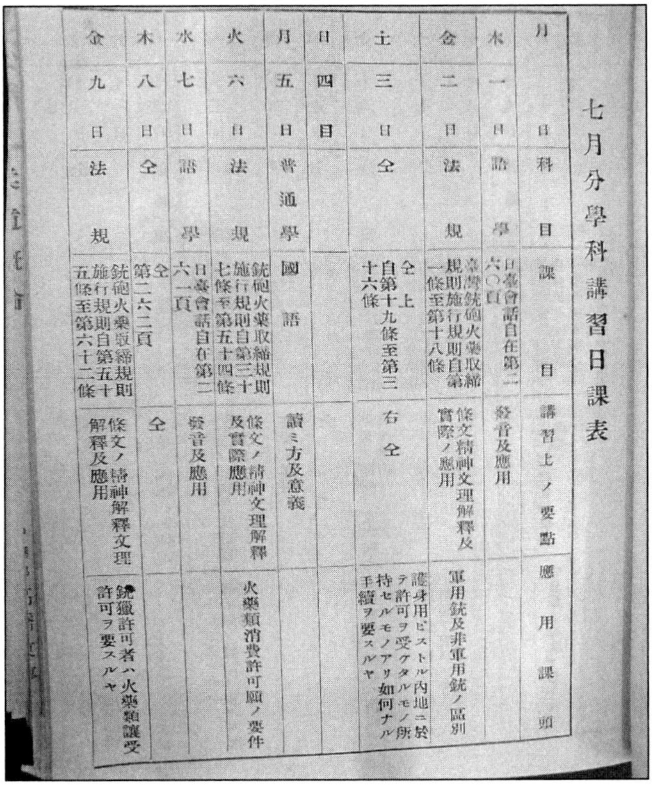

七月分學科講習日課表

月日	科目	課目	講習上ノ要點	應用課題
木 一日	語學	日臺會話自在第二六〇頁	發音及應用	
金 二日	法規	臺灣銃砲火藥取締規則施行規則自第一條至第十八條	條文精神文理解釋及實際ノ應用	軍用銃及非軍用銃ノ區別
土 三日	仝	仝上自第十九條至第三十六條	右仝	護身用ピストル內地ニ於テ許可ヲ受ケタルモノ所持セルモノアリ如何ナル手續ヲ要スルヤ
日 四日				
月 五日	普通學	國語	讀ミ方及意義	
火 六日	法規	銃砲火藥取締規則施行規則自第三十七條至第五十四條	條文ノ精神文理解釋及實際應用	火藥類消費許可願ノ要件
水 七日	語學	日臺會話自在第二六一頁	發音及應用	
木 八日	仝	仝第二六二頁	仝	
金 九日	法規	銃砲火藥取締規則施行規則自第五十五條至第六十二條	條文ノ精神解釋文理解釋及應用	銃獵許可者ハ火藥類讓受許可ヲ要スルヤ

圖 3-10：「學習講習日課表」

資料來源：附錄《警友》，號 42（1926.6），無項碼。

從上述可見，即便新竹州警務部制定了相關的臺灣土語課程，但從參與考試的警察階級看，中下層警察參加較踴躍，巡查及巡查補參加的人數最多，

〔註 113〕「臺灣總督府州、廳巡查定員」，《臺灣警察協會雜誌》，第 40 號（1921.6），頁 58。

〔註 114〕附錄，《警友》，號 42（1926.6），無項碼。

與其日常勤務與臺民接觸最頻繁有關，學習「臺灣土語」不僅有助於自身勤務的運作，通譯選拔合格更可以獲得津貼的補助，以大正九年（1920）新竹廳警察「土語」合格者為例，中高階警官之參與率十分低，主力還是基層之巡查與巡查補。參閱表 3-19。

表 3-19：新竹廳警察「土語」通譯兼掌合格者

職稱	受測人數	合格人數	不合格者
警部	1	1	0
警部補	6	6	0
巡查	75	53	22
巡查補	48	44	4
總數	130	104	26

資料來源：〈新竹廳警察土語通譯兼掌者乙種選拔試驗合格者〉《臺灣警察協會雜誌》，第 38 號（1921.7），頁 54。

此外，新竹州警察機關也大力的培養警察讀書的習慣，並成立警察巡迴文庫，目的在訓練警察成為知識的掌握者。新竹州警部為此規定上自警務部下至派出所，實施圖書巡迴借閱制，並強制規定新竹州警察每月繳納會費 20 錢，新任及他調本州者入會金一元，所收金費全數做為購買書籍之用。〔註 115〕《警友》雜誌成為新竹州各警察機關必購之書。

二、警察升等

從高階警察的臺灣土語升等考試題型看，反映出官方對於臺灣土語的重視，並具為基層警察樹立了一個學習的圭臬。首先就州廳警部警部補升等考試來做一個探討，中高階警官的考試從明治三十五年（1903）即已開始實行，惟資料目前無法收集完成，僅以現有大正年間的資料來做分析。大正 14 年（1925）州廳警部警部補特別任用考試施行規則發布後第一次考試，但後續卻延到昭和 3 年（1929）的九月二十五日才又陸續舉辦考試，因此，就參加的人數、合格率及「客語」考題內容做分析。

從大正十四年（1925）到昭和七年（1933）共舉辦了 5 次警部補升等考試，參加考試人數約 542 人，通過考試者 122 名，整理如下表，參閱表 3-20。

〔註 115〕「新竹州警察會議」，《臺灣時報》，1921 年 8 月。http://p8080-140.115.130.210. ezproxy.lib.ncu.edu.tw/twjihoapp/start.htm，2010 年 12 月 18 日下載。

表 3-20：州廳警部警部補升等考試參加應試人數

年	參加人數	合格人數
大正 14	112	24
昭和 3	117	44
昭和 4	189	20
昭和 6	不詳	7
昭和 7	124	27
總共	542	122

資料來源：「考試逐年實施狀況」，《臺灣總督府警察沿革誌》（臺北：臺灣總督府警務局，1933 年），頁 902～912。

　　從上表看參與升等考試的人數約 542 人，參加人數平均每年都有成長，但合格率僅佔 4%，通過考試的人並沒有隨參加人數的增加而提升合格率。分析各項考題內容，偏向考生對於時事及現政的見解、法律法理瞭解、業務的規劃、對國家精神思想及「臺灣土語」的學習。整理如下表，參閱表 3-21。

表 3-21：考題分析

課目	考題方向	考題本質
語學	違警、旅外交通、刑案偵查、保正等。	主題討論性內容翻譯。

資料來源：「考試逐年實施狀況」，《臺灣總督府警察沿革誌》（臺北：臺灣總督府警務局，1933 年），頁 902～912。

客語考題分析：

　　國語專門學科的深度，而「臺灣土語」考題內容也不只簡單的生活會話，而是法規實務的翻譯，就大正元年（1925）到昭和七年（1933）的警部補升等考，「客語」試題分析，考題內容呈現述事性內容，不只是單純句型或勤務執行用語，先以大正十四年到昭和七年的試題為例作說明：

　　　（試題）違警例の第一條第十八項に，屋外に於て政事又は政事に
　　　紛はしき事項を口演するべからず，と記載してあることは貴下も
　　　疾くに承知なんでせう，だかる兎や角と文句を言はずに御引取に
　　　なつたが宜しいでせう。〔註116〕

─────────────

〔註116〕臺灣總督府，《臺灣地方警察實務要論》（臺北：臺灣總督府警察官及司獄官練習所，1931 年），頁 903。

筆者中譯（違警第一條第十八項，在室外從事政事或有政事的演說皆不可，這些事都有記載，你們都知道的，所以別在說一些有的沒有的話。）

昭和三年（1929）「廣東語」考題：

若係去得不真好，總係下晝恰恰有同人約約束，我若係麼去驚怕能誤倒人個事情，實在對汝真歹勢仰，望汝同我了解。公還公私還私，拿私做公犯倒規矩按仰能做得，汝同我想看那咧。〔註117〕

昭和四年（1930）「廣東語翻譯日語考題」：

此個拖車仔個，實在真橫暴，我愛去大和町知路，就向此個拖車仔個問路，順射問有幾遠，拖車仔個講完好遠仔，汝係愛坐車仔，我就一定拖到位去，車錢幾多隨在汝拿，伊按仔講，所以我就坐伊車，拖車仔個，拿倒車手拖倒就走，走一節街灣一雙角，就講倒位了，喚我好下車，彼時節我就知奔此個拖車仔個誦（騙）去了，不合坐倒伊車仔，系照常來講，總係堪得兩三點錢車錢，我拿五點錢奔伊，算來有較加，不拘拖車仔個看我係田庄人，愛食我強強愛討我一角銀，我麼拿奔伊，伊就扭我胸前扯到按人空，此個拖車仔個，實在真攂暴，請汝警察官同我判就好。〔註118〕

昭和七年（1933）考題：

僅可三頭兩箇銀定定，總係伊此下狠狽到按仔，任汝過較去同伊討也討不起，不當施伊較條直。因為吾同人借多少本錢在個做生理，吾老公係像按仔在個開使，吾將來連粥水都麼好食，大人請汝同吾謂伊一回好，係麼、本本按仔死麼、吾到死都麼春光日。〔註119〕

私ガ下ドウシテソン馬鹿ナ事ヲ話スルモノデスカソレハ何力貴方ノ聽キ違ヒデスハアリマセンカ，今一應調ベテ見テ下サイ。〔註120〕

（筆者中譯：我們的下屬不會說那些沒智慧的話，這可能是你聽錯了，你們應該去再查證一下。）

〔註117〕臺灣總督府，《臺灣地方警察實務要論》，頁905。
〔註118〕臺灣總督府，《臺灣地方警察實務要論》，頁907～908。
〔註119〕臺灣總督府，《臺灣地方警察實務要論》，頁911～912。
〔註120〕臺灣總督府，《臺灣地方警察實務要論》（臺北：臺灣總督府警察官及司獄官練習所，1931年），頁911～912。

上述巡查部長的升考題，可以觀察到一個現象，除了強化實務法規的執行外，考題更著重在排解民間的糾紛、樹立警察熱誠親切之服務態度、提升專業知能與效率的形象等。中階巡查部長在職務上並不會去執行基層警察的第一線勤務，而是督導下屬勤務，其考題內容並不會出現相關業務性會話用語，其語言學習方向傾向較高度的視野，也就是仲裁與指導的角色，考題相對的也比較難。警察藉由語言與民俗來瞭解被殖民者的心裡，以形塑被殖民者民族性的瞭解，是一種實用性知識。〔註121〕

　　總的來說，在殖民政府精心設計的知識體系之架構，政策、行政機關、官吏三者環環相扣，形成一個完整的知識體的運作，雖然臺灣警察制度的設計是一致性的，但軟體「人」的部分，並不會僵化於制度之上，地方官吏仍有彈性之因應作為，而制度也會隨需求而有所改變，因此，在此知識體系架構下，官吏發掘問題，行政機關反應問題，進而影響政策。

　　臺灣語言政策以國語（日語）為主，總督府以國語教育為基礎，內以「智」、「德」做為神精綱目，即以「文明引導」、「同化於民族」將臺灣導向日本民族，日人學習臺灣土語並非基於尊重臺灣人的基礎來學習。〔註122〕日語做為同化臺人的基本政策始終沒變，而臺灣土語學習的政策，看似與國語政策相互矛盾，從日治五十年的的時間光譜看，臺灣土語政策與國語政策的消長，即可清楚的看到，臺灣土語不曾影響國語政策，因為「臺灣土語」只是一個過渡性學習工具、是寄居在臺灣教育下的一小部分、隨日人政權的穩定而逐漸遞減臺灣土語的重要性。〔註123〕臺灣總督府藉由「土地調查」與「人口調查」掌握地與人的知訊，加上日人運用了警察、派出所、保甲形成了穩固的鐵三角治安網，完成以「以圖統地」、「以地統人」的完備統治工程。〔註124〕

〔註121〕陳偉智〈「可以了解心裡矣！」：日本統治臺灣「民俗」知識形成的一個初步的討論〉，《2004年度財團法人交流センター——協會歷史研究者交流事業報告書》（臺北：財團法人交流協會），頁2～3。
〔註122〕陳培豐，《同化的同床異夢：日治時期臺灣的語言政策、近化化與認同》（臺北：麥田，2006），頁86～67。
〔註123〕從明治30年「國語學校規則」公布至1910年國語學校改為師範學校，23年間的規則改革中，看到臺灣語的趨向邊緣化。參閱陳恆嘉，〈以「國語學校」為場域，看日治時期的語言政策〉，《臺灣近百年史論文集》（臺北市：吳三連基金會，1996），頁24～25。
〔註124〕施添福，〈地域社會與地域社會的空間結構及其發展機制——以民雄地方為例〉，《臺灣史研究》，卷8期1（2001.10），頁1～3。

那麼如何落實在地方統治之上，成為要筆者下一步探討之議題，接著將進一步觀察警察如何將「知識」結合「行政力」落實在客家地區統治上。

第四章　官方臺灣土語刊物及《警友》雜誌的客語知識體系運作

　　日人對客家的統治實際上是如同一般的臺人，但最為明顯的是臺灣土語政策，日人客語的學習進程及官方的客語學習的推動，都是緊接著閩南語的步伐。值的注意的是，相較於日人客家語學習，閩南語的學習總督府挹注了大量的經費、時間以及營造多元的學習環境，在《語苑》與《臺灣警察時報》雜誌等即可明顯發現。然而新竹地區性雜誌《警友》，則呈現了客家社會的地域特質，客語學習以及官方統治之社會現況。

　　國語（日語）雖然在國家層次上掌握了社會語言市場，但在其他場域，例如，庶民生活、經濟場域等，亦存在掌握象徵權的一群人，在各自的場域中占有優勢，各場域的語言交換也處於不斷同化與異化的過程，〔註1〕客語亦非僅存於客家之間，也被日人使用於各場域之間，和國語維持某種關係之中，然而此過程中，仍可見不對秤之天秤傾向殖民者。在不平等的語言場域中，警察所使用之客語乃基於其階級與權力關係基礎上。〔註2〕新竹州警務部為應因該地客語之需，也在機關報內《警友》開闢客語教學單元，檢視語學教材之語彙表達方式、詞彙、使用場域等，其語言背後所代表的價值觀、階級關係等，有助分析殖民者如何透過客語強化統治之作為。

　　總督府藉由各項警察業務來改造臺灣成為適合日人生活的環境，尤其是

〔註1〕李偉俠，《知識與權力》（臺北：揚智文化，2005年），頁211～212。
〔註2〕冨田哲，〈統治者が被統治者の言語を學ぶということ：日本統治初期臺灣での臺灣語學習〉，《殖民地教育史研究年報》，3（2000.11），頁6～8。

臺灣的公共衛生，另外藉此帶領落後臺灣傳統社會步入現代文明的進程，營造日本先進的形象合理化殖民臺灣的要件。〔註3〕本章試圖以爬梳日人的客語語彙的編排與客家社會現況的關連性，以及警察具體執行，做出較全面之整理與說明。

第一節　臺灣土語刊物客語教材

日治時期有關臺灣土語之刊物以《語苑》發行最早具最長久，主要適用對象為日人官吏之臺灣語學習。而警察的雜誌以《臺灣警察時報》與《警友》是目前留下最完整的警察文獻，前者為以警察協會為名發行，實為臺灣總督府警務局意志的延伸，主要著眼於警政方針及確立警務運作統一化的輔助性雜誌，並開放論談空間使官警或學者可以針對警政現況優缺提出看法；後者《警友》雜誌於大正 12 年（1923）創刊，除了《臺灣警察時報》〔註4〕外，是臺灣唯一州立發行的警察機關報刊。

一、《語苑》行政官吏用語

總督府對於臺灣土語學習企圖不僅於臺灣，其更大的野心即志在中國以及南洋。明治三十二年（1899）所創刊的《臺灣土語叢誌》，從其創刊祝詞內看大約可以看到四個要點，日本內地人對臺灣事情的求知慾、日本人利益的擴張、日本語普及的過渡手段及向南支與南洋的準備。

> 一、臺灣的執政者，對於臺灣的施政向來都是暗中探物，無法清楚的了解本島的風俗，徒加虛構未能審察臺灣的真相，或臺政協議者亦有對臺灣現況不明之虞，…欲根絕此弊之手段即研究彼我之語言，方何達疏通情事之利，而臺灣土語叢誌發行最大的功用即在此。〔註5〕

> 二、領臺五年，現今尚有內地商人在臺灣的商業區以外者，主要是語言不通之因，…因此，研究土語有其必要，就如政治上、經

〔註3〕參閱黃文弘，《政經框架、典範碰撞與知識位移——臺灣醫學典範轉折的系譜溯源》臺北：陽明大學衛生福利研究所碩論，2001；董惠文〈行政監控與醫療規訓：談日治初期傳染病的防治〉南華大學社會學研究所碩論，2004 年。

〔註4〕原名為《臺灣警察協會雜誌》大正六年（1817）發行，昭和 5 年（1931）改名為《臺灣警察時報》，暫以「臺灣警察時報」代替稱之。

〔註5〕大東學人，〈祝辭〉，《臺灣土語叢誌》，首刊（1899.12），頁 2。

濟上，惟籍由土語研究才可了解臺灣現況。〔註6〕

三、研究臺灣語可做為感化的手段，以此為同化的先鋒軍，蓋臺灣
　　語的研究不僅了解臺灣，更可以此準備翱翔南支。〔註7〕

四、以往臺灣語言不同，動輒動亂煩累國家，此語言不統一之因，…
　　今叢誌所研究的臺灣土語，將有助臺政的治理，況此土語與對
　　岸南支脈出一系，有利未來南支發展。〔註8〕

歸納《叢誌》的初刊祝詞，發現日人學習臺灣語的重點在於實用性，日本人為了自身的利益不得不學習土語或使用臺灣語，日本更放眼於未來在中國大陸的利益，臺灣語的運用得當將是鞏固日本未來在南中國發展的契機。而臺灣總督府民政局文書課長木村匡的祝詞更露骨的指出日人之野心，日人對臺灣土語的學習企圖超越臺灣本地放諸華南及南洋，在後續的三十年以後確實一一的體現，說明了日本當時之企圖與野心：

　　然則雄飛東亞之帝國，即未領有臺灣，亦當努力研究臺灣語，況已
　　領有。做為感化之手段，當知研究臺灣語是傳邦語之準備，而臺灣
　　語屬南支那語係，故學之得以利用翱翔於南支，不可不知。〔註9〕

《語苑》的前身為《臺灣土語叢誌》明治四十二年（1909）才改名《語苑》，以臺灣土語介紹為主，初期以閩南語為主，項目包括簡易警察用語、行刑用語、警察官語學模擬試題等，但為了增加讀者閱讀的趣味性，後來也添加了臺灣風俗甚至四書白話解說。而客家語之部分直到昭和二年（1928）五月，第五號第二十卷才開始有「廣東語（海陸音）會話」與「廣東語（四縣音）捷徑」兩單元，陸續刊載其中，前者為日人中廣生；後者為臺人溫子衡與官元末。其中以溫子衡所設計的客語會話單元，刊載時間較長，內容也較豐富。然而觀察溫子衡的客語教材，除客家語學原理之說明外，很難明顯的看出客家社會性，其客語話會教材的編列，在環境上多數是臺北市之地理描述，例如，總督府、新公園、醫學院、甚至出現李春生等用語，看起來似乎是仿造閩南語會話之教材。〔註10〕而官元末為臺北地方法院之通譯，其所編輯之「廣東語會話」在內容上仍然沿襲福建語之會話內容，多數為戶口調查、問候語、

〔註6〕石川源一郎，〈祝辭〉，《臺灣土語叢誌》，首刊（1899.12），頁5。
〔註7〕木村匡，〈祝辭〉，《臺灣土語叢誌》，首刊（1899.12），頁1。
〔註8〕佐佐木安五郎，〈祝辭〉，《臺灣土語叢誌》，首刊（1899.12），頁4。
〔註9〕木村匡，〈祝詞〉，《臺灣土語叢誌》，首刊（1899.12），頁3。
〔註10〕「廣東語會話」，《語苑》，第6號21卷（1929.8），頁14～16。

警察業務語等，但其仍有一些客家社會之用語，例如，採茶用語，探病用語、客家風俗用語等，例如：「打桶個風俗也真唔好」〔註11〕即提及客家洗骨二次葬之風俗，但在會話內容上可以明確區別客家之會話並不多見。各而是「甲、乙科警察廣東語講習資料」反而較為貼近實際生活，例如，村落巡邏、高等警察與農作災害訪問等，但仍然無法彰顯具體的客家生活。〔註 12〕

二、《臺灣警察時報》語學概況

　　《臺灣警察時報》創刊於大正六年（1917）原名《臺灣警察協會雜誌》1930 年改名《臺灣警察時報》，其刊物主旨在於教育全臺之警察，提升警察之素質。整體而言，《臺灣警察時報》做為中央警察部門的機關報，可以從雜誌對照時事、政治、濟經等，看到總督府當時所重視之議題。其反映的是警察在當時所肩負的任務及業務推動的重點方向，但無法看到具體地看到地方警察的執行面。臺灣警察協會雜誌發行的目的主要在於提升警察專業知識，面對社會快速及多變的發展，警察訓練所的教育就顯的十分的基礎性。警察協會會長在首刊的致辭中引用後藤新平的訓示：「本島警察一日的生活，實為日本二三千年生活價值的實踐…，本島警察實為二十世紀文明精緻的呈現。」從警察雜誌的外行規約看，其主要的著重的內容為，專業論文、演講、寄書、研究資料、判例、法令、雜錄、雜報、辭令、協會記事等。〔註 13〕茲將重要部分概略說明：

　　論文：以專業領域的學者研究為多，列如在語學方面，司獄官練習所教官東方教義、臺北地方法院的高山喜全等。前者研究的領域主要在於臺灣土語學習研究，以及語學獎勵的方案，東方孝義認為應該以實質的津貼做為鼓勵，並每月定期召訓測檢，合格者給於名譽的獎勵，並擴及到各郡警察機關，提升機關整體榮譽感；〔註 14〕高山喜全在戰時持續編輯大量日本對外情事、社會輿論、敵情分析與愛國精神等，將之刊載於雜誌內。〔註 15〕

　　演講：對有助於提升警察精神修養或精進職能的演說。列如，警察本職教育以外的專業領域，將這些專家演講刊行在雜誌中，茲將大正七年（1918）

〔註11〕官元未，「葬式の改善に就て」《臺灣警察時報》，號 252（1934.10），頁 170。
〔註12〕「廣東語譯乙科警察講習資料」，《語苑》，第 7 號 21 卷（1929.8），頁 1～8。
〔註13〕「祝詞」，《臺灣警察協會雜誌》（臺北：臺灣警察協會）首刊（1917.1），頁 1。
〔註14〕東方孝義，〈語學〉，《臺灣警察協會雜誌》，號 113（1926.11），頁 252～253。
〔註15〕高山喜全，〈廣東語的研究〉，《臺灣警察時報》，號 308～328（1941.8～1942.3）。

雜誌所報導之相關演說，整理如下表 4-1：

表 4-1：警察官練習所科外演講

演講課目	講師資歷	姓名
臺灣宗教	總督府翻譯文學士	丸井圭次郎
臺灣土木事業	總督府技師工學士	堀見末子
臺灣糖業	總督府事務官法學士	藤野幹
鐵道事業一斑	鐵道部技師	管野忠五郎
臺灣習慣就	臺北地方法院民事調停係	小林里平
組織的犯罪搜查就	臺北廳部警司法係	室屋萬兵衛
消防就	警察官練習所教官	岡野才太郎
監獄制度	警察官練習所教官	小野賢治

資料來源：「警察官練習所科外演講」，《臺灣警察協會雜誌》，號 10，(1918.9)，頁 68。

演講課目概要可以看到，該雜誌對於警察資訊提供，並不會僅限於警察業務，而是廣泛的將臺灣社會的各個層面做概括式的介紹，有助提升警察各層面的知識能力。

徵文：有關警察專業領域的投稿。對於徵文的類別主要集中在法律、警政、警務、警察精神、衛生、保甲等。參與投書者多為地方警察幹部或巡查。

法令：律令及府令、訓令、訓達等，警察職務上必要傳達的法令。主要是進一步的解釋法律的適用性，從法理要實際裁判結果。

雜錄：海內外有關警察狀況提供警政參考，地方官及警察會議決議的施行方針，並將各地區的社會狀況做即時報導。

從上述警察雜誌的內容概要介紹可以看出，該雜誌設立的宗旨在於協助警察機關及人員，能落實業務推展及勤務運作，清楚看出總督府統治政策以及整體執行面。對於區域面的報導較不完整，但警察時報雜誌仍提供清晰的警察勤務概況。

複製的客語想像社會：

《臺灣警察時報》提供了臺灣土語的學習，初期以閩南語會話為主，以東方孝義為主要之編輯，初期之內容以人身人名稱謂、機關衙門名稱、問候語，接着開始有簡單的生活會話例如，市場買賣、洽公等，之後緊接著是警察的勤務用語，這個部分幾乎佔了語學主要的篇幅，且內容上適時的反應臺

灣當時的社會情況。而有關客語會話的推行則是到了昭和中期，才開編輯客語會話，由日人高山喜全編輯客語會話，其會話內容與閩南語之方式無異，首先介紹客家語學之特質與發音之方法，同樣加註日本片假名，以利日人發音並對照日文譯文，在客語內容之分析上，並無法觀察客家的特殊性，推測編輯者僅模仿閩南語會話方向，將其轉變為客語而已。

會話內容的擴張本質性：

《臺灣警察時報》之語學會話，仍有其時代之特質，尤其是昭和年間，日本對外關係緊張時，雜誌所編輯之會話更間接的反應出殖民者焦慮的內在，特別戰爭期間。警察客語教材的安排，可說是有計劃性安排會話用語，一步一步的驅使民眾，將私人的金錢存入銀行或郵局，更重要的是推動民眾購買公債，一切的行為都是被冠上成為皇民的要件。戰事在末期殖民政府財政更加吃緊，警察在募集國防獻金的對話，更可以看出殖民政府近乎強取的口吻會話。

> 警：你個家庭我都知知仰仔（知道），講愛寄附三十個銀正相當。
> 民：我無錢，你看我係有錢人係麼？
> 警：我有調查來，你唔使講按細膩個話。
> 民：三個銀，愛你就挈去哪。
> 警：三個銀太少哪，你受日本帝國個保護，今哺日正有按平安。
> 警：內地人愛當兵，本島人唔使當兵尚有按好個。
> 警：你莫講三個銀到少都愛出二十個銀正好。
> 民：我無二十個銀仰奈何？
> 警：無算十個銀就好哪。〔註16〕

昭和十六年（1941）年太平洋戰爭開始後，殖民政府投過各種管道讓臺人知道日軍在南洋的戰績，《臺灣警察時報》即刊載有關日軍戰績的客語會話教材，旨在於將日本所引發的戰爭神聖化、合理化並藉此營造臺日同舟共濟的情境，其內容：

> 警：開戰無幾多日，英美兩國個軍艦、飛行機被日本打破真多，瓜姆大島、香港、馬尼喇此等要個所在，一概被日本占領來。
> 警：西洋人對植民地個人，無一點仁慈個心肝，準豬狗來款待。
> 警：實在無良心，元來西洋人總係顧自家，別人仰仔艱苦都無相干。

〔註16〕高山喜全，〈廣東語研究〉，《臺灣警察時報》，號324，（1942.12），頁16～17。

警：總係此次被日本打到按敗，唔使幾久西洋人噲走了了。

警：無幾久東亞共榮圈噲成主。東亞共榮圈個主係日本。

警：東南亞戰爭，係為着東亞民族個幸福，日本對蔣介石政權、英
　　國、米國、和蘭四國開個戰爭，東亞各民族愛同日本協力正好。
〔註17〕

此外，隨著戰事與佔領地的擴張，末期《臺灣警察時報》亦開始出現臺灣土語以外的語學習講義，隨著中日戰爭日軍佔領中國廣大的土地，總督府也開始引進新中國新式ㄅㄆㄇㄈ發音法稱為北京語，並開始推展在高等學校內。〔註18〕《臺灣警察時報》也開始刊載新式ㄅㄆㄇㄈ的學習法，並就各種語言學的母音、子音、複母音等開始做一係列的介紹與說明。參閱圖4-1

<table>
<tr><td colspan="4">左欄</td><td colspan="4">右欄</td></tr>
</table>

日本假名	羅馬字	注音符號		日本假名	羅　馬　字	注音符號	
アイウエオヘオイ	a i u e o ê û	ㄚㄧㄨㄝㄛㄜㄩ	單母音	ㄩㄝ ㄝ	yüeh(üeh)	ㄩㄝ	結
アイイオウアエアオ	ai ei ao ou	ㄞㄟㄠㄡ	複母音	ㄩㄢ アン	yüan(üan)	ㄩㄢ	合
アンエンアゥンオゥン	an ên ang êng	ㄢㄣㄤㄥ	附聲母音	ㄩㄣ イン	yün(ün)	ㄩㄣ	母
				ㄩㄥ オん	yung(iung)	ㄩㄥ	音

（註）複母音四種は單母音の合成せるもので

（註）本表のㄩㄝㄩㄢㄩㄣㄩㄥの四は

第四表（結合母音四種）

圖4-1：中式ㄅㄆㄇㄈ學習表

資料來源：種村保三郎，「中等北京語講座」，《臺灣警察時報》，期214（1943.1），頁2～5。

對於語彙及句型的介紹也可以看到，中日譯文的發音與解說以中文、ㄅㄆㄇ、日文假名與日文四者同時介說，會話內容初期以寒喧問候語為主。日治末期總督府才在臺灣警察機關的推展北京語，接著即面臨日本的戰敗，因

〔註17〕高山喜全，〈廣東語研究〉，《臺灣警察時報》，號328（1943.3），頁15～22。

〔註18〕民國100年訪談臺北縣三峽居民柯傳義老先生（民國12年出生，畢業於讀臺北高等商業學校主修貿易及東亞經濟），其指出大約在昭和15～17年間（1940～1942），其開始接受中國語的新式ㄅㄆㄇㄈ發音法及馬來語課程。

此北京語在臺的學習成效不彰。參圖 4-2

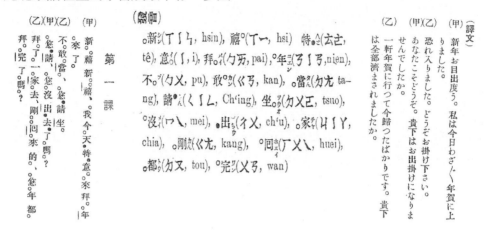

（乙）（甲）（乙）　（甲）

拜完了嗎？
拜了、一家去、剛回來的、您年都
不敢當、您請坐。
您請、您沒出去了嗎？
來了。
新禧新禧、我今天、特意來拜｜年

第一課

○新彡(ㄒㄧㄣ, hsin)，禧°(ㄒㄧ, hsi)　特ˋ(ㄊㄜˋ, tê)，意ˊ(ㄧ, i)，拜ˊ(ㄅㄞ, pai)。年ˊ(ㄋㄧㄢ, nien)，不ˊ(ㄅㄨ, pu)，敢ˋ(ㄍㄢ, kan)。當ˋ(ㄉㄤ ta-ng)，請ˋ(ㄑㄧㄥ, Ch'ing)，坐ˋ(ㄉㄨㄛ, tsuo)。沒ˊ(ㄇㄟ, mei)，出ˊ(ㄔㄨ, ch'u)。家ㄓ(ㄐㄧㄚ, chia)。剛ˋ(ㄍㄤ, kang)，回ˊ(ㄏㄨㄟ, huei)，都ˋ(ㄉㄡ, tou)。完ˊ(ㄨㄢ, wan)

（乙）（甲）（乙）　（甲）（譯文）

新年お目出度う。私は今日わざ〳〵年賀に上
りました。
恐れ入りました。どうぞお掛け下さい。
あなたこそどうぞ。
貴下はお出掛けになりま
せんでしたか。
一軒年賀に行つて今歸つたばかりです。貴下
は全部濟まされましたか。

圖 4-2：中日ㄅㄆㄇㄈ譯文發音

資料來源：種村保三郎，「中等北京語講座」，《臺灣警察時報》，期 214（1943.1），頁 6。

　　日本於昭和十六年（1941）12 月 8 日發動珍珠港事件後，日軍南進狂掃東南亞諸島國。昭和十七年（1942）2 月 15 日，日軍擊敗當時殖民馬來半島的英軍，順利佔領馬來半島，並將半島南方的新加坡城市改名為「昭南特別市」。日軍佔領下的新加坡的教育與語言政策，初期主要是為了鞏固南方國防資源的確保，次要長期目標則是灌輸南島民日本大和思想，將南島人民比照臺灣納入類日本民係成為可以用的人力資源。〔註 19〕

　　日本佔領南洋地區的時間並不長，而且至終戰南洋地區始終處於軍政管制狀態，日人如何的學習馬來語目前尚未掌握詳細的資料，但昭和十七年（1942）一月《臺灣警察時報》刊載了馬來語講座，則提供了一窺日人學習的概況。第一講主要介紹馬來的起源、種類及現在適用範圍，並說明馬來語現與華語之間的關係。語學內容的介紹以初級實用為主從數字、人稱代名詞、年月日期、簡單的馬來語文化法解析等，以及簡單的句型。參閱圖 4-3。從其馬來語教學內容看，這種學習方式如日治初期日人臺灣土語的學習模式如出一轍，藉由各類專用語單字、應用句型等，連串所需要表達的句型，雖然無法清晰表達意思，但足以做簡單的溝通。整體而日人在學習殖民地語言中，警察機關與警察可以說是長期接受殖民地語言訓練最有成效的機關與官吏，

〔註 19〕宮脇弘幸，〈日本軍政下シンガポールの教育、言語政策〉，《植民地教育史研究年報》（東京：皓星社，2000 年），頁 103～104。

馬來語教學用語出現在《臺灣警察時報》中，推論殖民者試圖複製臺灣警察的土語學習成效，將其放置在南洋的統治。

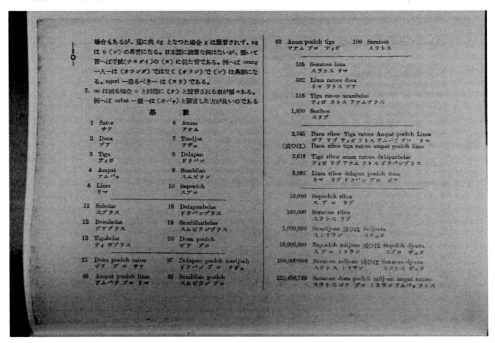

圖 4-3：馬來語日語假名發音

資料來源：中賀終造，〈馬來語講座〉，《臺灣警察時報》，號 316（1942.3），頁 101。

　　對照當時本日之對外政策作為，《臺灣警察時報》語學會話內容的概況，似乎呼應了日本帝國主義思想的前哨作為。昭和十七年（1942）二月十二日帝國議會永井柳太郎發表「大東亞教育體制確立建議」，其主旨：「對原住民施於興亞教育理念、在精神上必需歸依於日本，以日本為盟主統合大東亞民族，同時，應將宣揚日本驅逐英美帝國解放大東亞民族之事蹟，並以科學、技術、勞動來協助大東亞民族。」〔註20〕昭和十七年（1942）五月文部大臣橋田邦彥文在第三回審議會報告「大東亞建設的文教政策」針對南方佔領的教育方針提出「大東亞諸民族的化育方策」其本方針如下：

　　一、以皇國為核心建設大東亞是世界史之意義，是諸民族努力共同
　　　　之責任。

〔註20〕石井均，《大東亞建設審議會と南方軍政下の教育》（東京：西日本法規出版，1995），頁 40。轉載於宮脇弘幸，《日本軍政下シンガポールの教育、言語政策》，頁 93。

二、闡明排除以往以歐美及英美世界為優先的世界觀，宣揚各民族固有文化並尊重其傳統。

三、規劃以大和民族日常生活做為依循的典範。〔註21〕

昭和十九年（1944）九月七日，日本帝國會議第 85 回小磯國昭內閣總理大臣，更將日本在所各地所發動的戰爭視為解放歐美百來的剝削的解放戰爭。〔註22〕總的來說，《臺灣警察時報》所呈現的是殖民當局所試圖規劃的警察統治方向，整體來說觀察雜誌臺灣土語內容從 1920 年創刊到 1944 年，分析其語學內容概要，反應了當時所欠缺的警察能力或需加強社會現況，提供筆者宏觀的視角來檢視日本殖民政府的語言政策。

第二節　《警友》雜誌內容分析

相對於《臺灣警察時報》所代表總督府的整體性警察方針，《警友》雜誌則更能夠聚焦在客家地區，補充前者之不足。《警友》雜誌是大正十二年（1923）創刊，除了《臺灣警察時報》外，是臺灣唯一州立發行的警察機關報刊，目前無法收集首刊資料。因此，較無法看出該雜誌刊行的原由，但從大正九年（1920）創刊的《臺灣警察協會雜誌》來看，其較《警友》雜誌早 3 年發行，《警友》許多內容編排都是仿照《臺灣警察協會雜誌》。因此，從《臺灣警察協會雜誌》發行規約看，其目的是企圖樹立警界資訊傳播的龍頭角色，而《警友》的架構大致也是模仿《臺灣警察協會雜誌》架構，其作法也是意圖營造新竹州內警察資訊權威角色。因此，綜合上述的討論，推測《警友》雜誌的發行，除了是應因新竹州警務的需求外，志在於成為州警務部中的示範機關，並藉深化地方統治。

有關「客家」的部分有「廣東族研究」與「講義資料廣東語研究」兩大類；前者是客族的生活及文化的研究，後者是以語言學習為主的語彙教材。以目前所蒐集到的資料，所能掌握的最早史料是大正 14 年（1935）第 3 年第 10 號零星資料，較完整的資料是從昭和 9 年至 16 年（1935〜1941），整理如

〔註21〕企画院編，〈大東亞建設基本方策〉，《南方軍政関係史料 23 大東亜建設審議会関係史料》（東京：竜渓書舎，1995.5），第 1 卷，頁 9。

〔註22〕「日本政治・国際関係データベース」（東京大学東洋文化研究所：田中明彦研究室）http://www.ioc.u-tokyo.ac.jp/~worldjpn/documents/texts/pm/19440907.SWJ.html，2010 年 10 月 1 日下載。

下表 4-2。

表 4-2：《警友》雜誌現存號次

年份	號次	年份	號次
1925	34	1937	167～170、172～174、176～178
1926	42～48	1937	179～180、183～190
1932	118～130	1939	202
1935	147、149、151～154。	1941	215
1936	155～165	計	62 號

資料來源：筆者整理。

一、地域性特質

　　《警友》雜誌主要的報導以政令宣導、法規的說明及警察研究議題等探討，此外警察實務見解、國勢分析、武學與「廣東語研究」等。文章來源並不僅止於新竹州警察或官吏，亦有來自總督府各課室或日本學者對警察探討，但在地性的報導仍有佔一半之篇幅。

　　1. 政令宣導：總督之訓示、各機關首長之或知事等訓示，成為雜誌每月的頭刊文物，這些訓示內容主要以警察精神的鍛鍊為主，旨在強化警察紀律與服從性、強調振興警察精神之作為，或警察教養觀念之革新等。此等警察精神教育之文章，多數出自警務局局長、部長，地方知事、各業務室主管等。換言之，多數為高階官吏所形成的警察論述體系，從這些訓示的共同點即為鞏固中央領導，以犧牲小我完成警察志業之論述。〔註23〕

　　2. 各郡現況分享：地方通訊主要在報導各郡，所面臨的困難及執行現況，其中警察外勤事務對地方影響甚鉅，透過「受持區」（警勤區）內的警備、巡邏、交通、警衛、理蕃、衛生、戶口調查、保甲監督及其他相關事項，掌握地方治安狀況，各郡也針對外勤事務提出看法及意見，這個部分多數為地方中階警官，針對地方治安情況所提出的處置作為，此外，亦可增加單位或個人自身在長官面前曝光的頻率。而《警友》雜誌也會計對這些問題，不定期的舉行各項治安主題的徵文比賽，藉此，將先前發表的各項議題，有進一步探討的空間，並藉此提升警察對事物處置之能力，各地方官廳也研究適

〔註23〕警務部長高原逸人，〈訓示〉，《警友》，號 152（1935.11），頁 4。

合巡查的方法，以增進警察執勤效能。〔註24〕整體而言《警友》雜誌提供了新竹州警察一個較完整即時的資訊，藉以提升警察執勤技巧，其概況整理如下表，參閱表 4-3：

表 4-3：警友雜誌內容簡介表

類別	內容
政令、訓示	政令的公布，總督或其他上級官長重要訓示。
人文地理	新竹州地方的人文、地理、產業等介紹。
時事解說	英美、滿州、中國近情近況，新竹州客家社會風氣解析等。
各郡統訊	州廳、各郡重要事件公布，武道競賽報告、各項宣導工作等。
警察偵察	犯罪現場、指紋、法醫、偵訊技巧等。
警友論壇	警察精神的提升、執法精進方案、各項業務的執行優缺等。
講習資料	廣東語教材、刑法、判例、質疑問答、升等考題解析等。

資料來資：筆者理自警友雜誌。

就上表以各郡通訊、廣東語教材來進一步說明，《警友》雜誌在內容上也提供了警察勤務執行經驗的分享，及革新的建言，例如，「質疑應答」各郡警察提出法律或執勤疑問於雜誌中，編輯針對所提之問題，請專人解說，不論是法理或實務都有明確的回答。從雜誌的內容可以看清楚看的到，新竹州警部提供了一個廣泛平臺做為警察的政令宣導、教育訓練、法規解釋、州內各郡情事分享、州警武技競賽報導、各郡警官對時事政策的看法與評論、以及升等考試資訊及廣東語（客語）學習教材。

二、客語編輯者概況

「廣東語（客語）」教材的刊行，每期都由囑託劉崧生編輯相關與警察勤務的客語會話。劉崧生是新竹橫山大肚村人，本身母語為客家語，也會閩南語、北京語、廣東語和日語，曾任新竹廳和地方法院翻譯，中日戰爭期間曾被徵調到廣東擔任翻譯官。〔註25〕參閱圖 4-4。

〔註24〕芳賀紋次郎，〈外勤事務刷新と能率增進上巡視區監督の教養及至會議の開催に就て〉，《警友》，號 170，（1937.5），頁 48～49。
〔註25〕潘國正，《竹塹思想起──老照版說故事》（新竹：新竹市政府，2003 年），頁 74。

圖 4-4：《警友》客語教材編輯劉崧生

資料來源：潘國正，《竹塹思想起──老照版說故事》（新竹：新竹市政府，2003 年），
　　　　頁 74。

　　《警友》雜誌中所有的客語教材幾乎全出自劉崧生之手，舉凡警察的調
查、保甲、衛生、賭博、刑案、違警、選舉到末期的經濟警察用語、思想、
皇民化等，教材的內容編輯是因應時事而改變，即結合警察業務而設計，目
的在於使日警可以快速的將客語學的落實在勤務上。但內容纂寫的自主性是
否出自劉崧生之想法，《警友》數十年的客語教材中，並沒有出現什麼警察業
務以外的客語會話教材，尤其是劉崧生所編輯的客語教材，幾乎沒有出現對
於客家生活文化的關懷用語。

　　雖然客語教材為臺人所編輯，但從客語教材內容看，譯者似乎只能在警
察所規定話會範本內做中日語的對譯，並沒有任何主導客語教學方向的權
力。從各警察業務的客語會話上看，劉氏的自主性可能並不高，其任職法院
及警察機關翻譯囑託，在業務上較熟悉業務用語。劉氏所編輯的警察客語會

話，有很大的比例上，應為日警實際遇到的問題，另一方面也可能反應出當時代的客家社會狀況。

三、客語教材之分析

《警友》雜誌亦可視為是警察資訊的傳遞與再利用，做為在地即時資訊更新與廣東語教材的學習，其方式以實用、簡易為主，並以業務法規、客語會話、社會現況等，三者做為編輯警用客語會話的依據，內容則圍繞着警察的業務範圍，運用在警察的勤務上，例如，保甲、衛生、思想等，前兩項議題是日治初期的施政重點，末期思想的形塑及控制是警察的重要工作，以法規為主，語言為輔，從人民的生活管理以至思想，都能徹底控制。這個方式一直被警察機關沿用，隨著時代演變及政策異動，亦可在客語教材中找到與事時或政策的相關連性。有趣的是，在所有客語教材中，其會話在警察看來，皆為有效用之會話，至於增進警民關係的閒話家常會話卻付之闕如，顯示出殖民者將學習被殖民者言語純粹視為一種工具的心態。參閱圖 4-5。

圖 4-5：警友雜誌封面

資料來源：「封面」，《警友》，號 10，（1926.6）。

客語教材方面強調以新竹州地方的人文、地理、產業等介紹，及長期刊載「廣東語」（客語）教材的雜誌。客語教材主題豐富，從戶口到市販等都有多元的設計，茲整理如下表 4-4：

表 4-4：《警友》雜誌客語會話內容簡介

類別	項目
環境改正	道路清潔、騎樓整理
習慣	個人生理衛生、水肥處理、棉被曝曬、養狗須知
市場衛生	生理牌（營業牌）、度量衡、攤販取締、稅印、看板
家戶	傳染病防制、養狗須知
交通取締	牛車禁止項、渡船、左側行車
廟會	戲棚、秩序、禁赤剝
飲食	禁生水、魚生（生魚片）、
違警	人別偵訊、賭博、強盜、戶口查察、開業醫、

資料來源：筆者整理自《警友》雜誌。

在學習的方法上，是以客語漢字為主，外加日文假名為發音，並分別以四縣音及海陸音來注明區分。參閱圖 4-6。

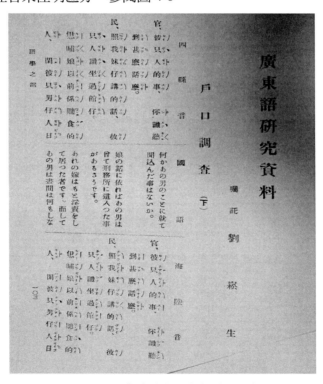

圖 4-6：廣東語日文假名發音

資料來源：「廣東語日文假名發音」，《警友》，號 160（1936.7），頁 103。

　　就大正 14 年（1925）新竹州警察語學講習內容分析，其所採用的教材是
《日臺語典》教材，其方式以福建語、廣東語（客語）與國語（日語）三方
對照，內容為日常生活各事項的用語，例如，飲食、交通等，但內容不只是
簡單的會話，而是針對各項事務細部的介紹，例如，酒的用語：

　　問：愛敬汝一杯酒。

　　答：酒我不敢食。

　　問：酒是百藥之長，飲較多就有害，飲一口曾不是無要緊麼。

　　　　全然無飲亦是對汝不住無就與我酌一點仔，汝食菜。

　　問：敬汝一杯，請汝飲落去。

　　問：今不飲咧是無。

　　問：溫燒個，更食一杯。

　　問：更較仰般仔都飲不落咧，若是按樣我與汝添飯好無。

　　答：飽又醉咧，今我愛來去咧，真愛惠。

　　問：真怠慢就是咧，汝請。〔註26〕

從在職警察的常年「客語」講習教材中出現有關酒的會話用語看，對話的角
色應是日警與民眾，日警主導會話動向，所營造出的是日警親切豪爽的形象。
似乎反應出大正年間社會開放民風自由的氣象，這類的警察會話用語，在日
後似乎很難再見。由於新竹州複雜的族群歷史民情，警察的執行技術必須巧
妙的避開不必要的困擾，而最好的方式即是「客語」的運用。新竹州《警友》
雜誌則提供了警察即時的資訊與客語教材，從警察統治的角度來對照客語教
材編輯，警用客語會話建立在警察業務及勤務執行之需求下，所衍生的崎形
語言學習，對日警而言，警察業務的推動及勤務運作是首要任務。

　　從上述日警勤務要求看，警察成了殖民政府的地方資訊「蒐集者」與「執
行者」，在警勤區所負責的事項不僅龐雜也深入民間，除了相關地理環境、衛
生等，以現代化科學方式做統計、歸納等獲得相關的數據外，甚至於深入了
解族群、家戶親族關係及民心歸向等，日警本身必需具備一定程度的「臺灣
土語」能力，才能真正觸動臺民的問題核心。總督府以警察來兼理行政事務，
可說一舉兩得，不只節省經費，更可以將警察的視野深入民間。由於警察兼
理其他行政業務，1903 年以後甚至進一步擴大兼理業務，包括：「國稅、學租、

〔註26〕〈講習資料〉，《警友》，號 16（1924.5），頁 23～25。

砂糖檢查、稻作改良、水利量水標識、命令公醫緊急出差等」。〔註27〕這樣的情形在臺不斷的擴張，形成警察支廳行政化，民眾的生活幾乎無法脫離警察的掌控。日警面對鋪天蓋地的主兼辦業務，「臺灣土語」的學習成為警察不可獲缺的工具。

第三節　客語與警察勤務

　　所謂警察殖民知識，就是警察尋常對被殖民者社會日常生活監視記錄之成果。〔註28〕布爾迪厄（Pierre Bourdieu）認為官方語言市場能力的合法性，必須具備經濟與社會條件，才能逐漸建立起來，並營造統一的語言市場與一致的社會論述，官方並非訴之暴力手段達成，而是藉由各種方式迂迴前進達成目的。〔註29〕而警察使用客語即是一種迂迴手段，面對無日語感的廣大臺人之語言、習慣、文化等，如何透過使用客語，直接的強化警察業務之推行。警察如何籍由各項法規、業務等來形塑臺人外在與內在是重要課題。例如，衛生、違警取締、交通等，要求民眾履行法令規章，也就是殖民者權力的表徵，其目的在於透過強制的規約—形成習慣—馴服外在—內在化等系統來達成馴化臺人之手段。

一、違警取締

　　殖民者藉由俯瞰被殖民者的視角，並以調查、檢查、細查等顯性方式呈現，並以法的懲罰性痛苦加諸在被殖民者身生，目的即是要營造殖民者預先設計的社會空間以及歸順的外在。在「臺灣違警例」之規範下，不僅「人的行為」、「空間」亦為國家掌控之項目，人民不能為所欲為，違警取締也是警察公權力最直接的表現，警察無時無刻地可能出現在街庄的任何地方，民眾的而任何的違警事項也可能隨時被取締，就先暫以與民眾最密切相關的交通、屠宰肉販，以及較少提及的墓地的管理問題做說明。

〔註27〕〈支廳制度に關する變遷〉，《臺灣總督府警察沿革誌（第一編）》（臺北：臺灣總督府警務局，1933），頁 522。

〔註28〕姚人多，〈認識臺灣：知識、權力與日本在臺之殖民理性〉，《臺灣社會研究季刊》，42（2001.6），頁 142。

〔註29〕Pierre, Bourdieu., *Language and symbolic power*. Trans.Gino Raymond and Matthew Adamson. UK: Polity Pree.1991, p44-45.

（一）交通

「市街改正」代表著「現代性」的重要指標，將傳統狹窄彎曲的道路拓寬、拉直，形塑具有強烈現代都市空間的意象，成為殖民地社會的新公共空間。新式的市街所營造出的整齊、寬敞的空間，街上的各種「事物」（人、動物、車、物品等）也成管制的對象，警察成了市街秩序的管控者。臺人傳統生活習慣也成了警察取締的事項，例如，靠左通行、禁行牛車、貨品不准堆方在亭仔腳等。更重要的是新竹州新式交通工具（汽車）日益發達，市街上的人、車、物充斥在無秩序的街道上，形成交通的障礙。因此，新竹州保安課長對於交通違規主張三項改善交通的方案，一是交通取締，二危險物取締，三、風俗上的取締。〔註30〕上述所謂風俗上的取締，乃是要求臺人改變傳統的生活方式，去因應現代的交通模式。例如交通取締警用客語會話。

> 警：牛喇、馬喇、轎喇、車仔、樹木、石頭、尚其外的東西橫等，
> 　　也係積歸堆在路項，做倒嚇妨害人往來的事做不得。
> 警：無緣事故妨害船隻、竹椑的通行做不得。
> 警：火車路用的土地內項，濫糝奔頭生（牲口）入去做不得。
> 警：火車路、鐵路專用的線路，也係道路的附近等，係無相當人掌
> 　　等時節，不好放牛、馬去食草。
> 警：路等、水溝仔、也係別人管理的所在界內等，濫糝放頭生去討
> 　　食，也係奔伊走入做不得。
> 警：車仔拖對無遮蓋的公眾共用的水溝仔穿過去做不得。〔註31〕

從警察的會話用語可以看到，殖民者將所有的規定及要求都立基在公共安全的前提下，看似合理了警察行政命令的要件，但從另一角度看警察所營造的地方交通秩序，無理的要求弱勢的農工犧牲其權益所造就的殖民社會榮景的假象。在農業社會的當時，農民所仰賴的大多是獸力，而廣闊原野地或河川地即是農民最佳的免費放牧場所，從警察的會話用語上看，民眾的生活空間正不斷的在壓縮中，例如：「無受許可的時節，道路、愛做路的所在、水溝仔、河瀾、也係用水的路的原形拿來變更做不得。」〔註32〕對於隱藏性交通危險也是警察工作重點，講習教材也編列預防性交通用語，從對話的描述中可以

〔註30〕友田藤太原，〈年頭に際して責任の重大なる痛感す〉，《警友》，號 154（1936.1），頁 6～7。
〔註31〕劉崧生，〈廣東語研究資料〉，《警友》，號 201（1940.1），頁 217～219。
〔註32〕劉崧生，〈廣東語研究資料〉，《警友》，號 146（1935.5），頁 193。

看到，日治時期的交通建設並無法完全的普及偏遠地區，一些較偏遠的地區仍然依賴早期傳統工具，也說明一般民眾對於危險概念的薄弱。

警：唉！扛轎的，恁的轎有人坐無。

警：此條橋真危險，愛喊人客下來行正好。

警：唉！撐渡船的，人客不好載微多，係沉船就費氣呵。

警：今晡日真多人出來看鬧熱，單淨一隻船不罅（不夠），所以愛再加一隻。

警：唉！緊緊開船呵，剩的人等下二次的船正載去啊。

警：你大家，等此隻船到轉來正坐過去係。

警：不好按仰相尖，船噲入水呵。〔註33〕

警察不只在「交通」方式上祭出取締手法，甚致對一般民間私行為也大加干涉。例如，看板或一般文書的書寫方式，即強迫要求臺人在寫文書時必須從左邊開始：「不遵守左片寫等的事項的人，愛罰拘留或係科料。」〔註34〕

（二）屠宰肉販

臺灣日在治以前並無屠宰場之設備，多為私人簡陋的屠宰處所，明治33年（1900）鑑於私宰處所在衛生上許多的缺點，公布「環境衛生法規」。為了決解衛生經費不足問題，後藤創設「公共衛生費」，將民營市場、屠宰場及渡船頭等事業移歸公共衛生費下管理，明治34年（1901）訂定屠宰場設置規程，改善共公理境衛生。〔註35〕大正6年新竹廳各街庄共設立了34處屠宰場。〔註36〕屠宰場被納入管理，所有牲口屠宰都設有一定的收費標準，為了鼓勵業者配合政策，新竹官廳甚至把屠宰收費標準調降，牲口每雙收費，牛收費1圓50錢、豬80錢、羊15錢，比起臺北牛的收費2圓50錢、豬1圓20錢、羊20錢都要便宜。〔註37〕即便如此，一般民眾對於幸勤一年所販買的牲口，仍必須透過層層手續與稅金扣除，即使是1圓對民眾而言也是不少的負擔。

民眾對於屠宰場的管理最大的爭議點仍然是稅金問題，至昭和年間仍然

〔註33〕劉崧生，〈廣東語研究資料〉，《警友》，號181（1938.4），頁25～26。

〔註34〕劉崧生，〈廣東語研究資料〉，《警友》，號146（1935.5），頁193。

〔註35〕井出季太和著，郭輝編譯《日據下的臺政》，（臺北：海峽，2003年），頁33。

〔註36〕〈新竹廳告示第52號〉，《新竹廳報》，號307（1917年5月8日）。

〔註37〕「指令第一七四九號新竹州屠場使用料變更認可指令案」第10類，卷4，永永保存，1936年12月1日。

沒有完成改善，為了規避稅金徵收，私宰情況仍然不少。新竹州街庄協會議員吳鴻森在議會中即指出，養猪是一般農民重要的副業，歲末或家用急需時重要的收入來源，販買屠宰所付稅金少則五、六圓，多則九、十圓，不可說對農民無影響，希望簡化手續及降低稅金。〔註 38〕但對於稅金徵收事項，官方並沒有調降念頭。因此，市面上私宰的情況不少，查緝也成警察重要工作項目。警察編排了詳細偵訊會話用語，隨時可以在市場應用：

> 警：無檢印的猪肉，賣不得的事，你的確正着，仰般敢同人買來乃。
>
> 民：我謂有檢印的正同人買來，此下奔你罵我正知無過驗的。
>
> 警：有檢印亦係無檢印，一下看就知，你無看猪肉同人買來係麼。
>
> 民：實在係承勞（偃人）去割來的得事。
>
> 警：去喊彼個承勞來此位。若你講虛詞就不放你息嗬。
>
> 民：不係，我講不着咧，承勞係去同交關人（主顧）彼收數，着到的係我老弟得事。
>
> 警：您老弟昨暗晡犯到賭繳案奔警察拘留你知係麼。
>
> 警：你自頭先專專講虛詞真信不得。不管伊仰般，無檢印的猪總賣不得就係。你擔此的猪肉同我共下來去警察課。〔註 39〕

不僅是查私宰會話用語，一般的市販用語也列為警察的教材：

> 警：彼晡日，此隻賣猪肉個，拿壞猪肉來賣我，尚今晡日再過斤聲無秤䥯（撮秤星）。
>
> 民：彼回賣分伊的猪肉有多少臭風，所以賣伊較便宜。今晡日的猪肉，係盡好的，所以較貴，我都不敢撮人喇。
>
> 警：恁的營業牌（生理牌）拿分我看下咧。
>
> 民：此個喇，你看哪。
>
> 警：你用的秤仔不公道，來去警察課。
>
> 民：不係，此係驗過的秤仔，若係無公當，我隨時嚐換過。
>
> 警：係公當的，也係不公當的，來去警察課就知，做你恬恬來去。
>
> 〔註 40〕

〔註38〕 「指令第一七四九號新竹州屠場使用料變更認可指令案」第 10 類，卷 4，永永保存，1936 年 12 月 1 日。

〔註39〕 劉崧生，〈廣東語研究資料〉，《警友》，號 154（1936.1），頁 80～82。

〔註40〕 劉崧生，〈廣東語研究資料〉，《警友》，號 156（1936.3），頁 16～19。

（三）墓地的管理

漢人對墓地選擇往往因風水地理之說，而任意選擇田地或山丘安葬先人，或隨地安葬影響環境，清領時期官府對於居民的埋葬事宜採放任態度，未加以規範。明治 29 年（1896）總督府發布訓令第 32 號「墓地及埋火葬取締標準」，並要求各地官廳首長嚴格加強取締。〔註41〕明治 38 年（1905）總督府制定「墓地及埋火葬取締規則」，更明確的規定墓地及火葬場的地點限制。新竹官廳為了取締墓地的濫葬，規定埋葬場、火葬場、道路、鐵路、河川、水源地及居地的距離等。〔註42〕墓地也是傳染病的散播地，為此，新竹官方在各街庄內都規劃指定的墓地，尤其是傳染病墓地，大正初期新竹廳（現新竹縣）劃定 21 處傳染病墓地，整理如下表，參閱表 4-5：

表 4-5：新竹地區傳染病墓地

街庄	墓地名稱	街庄	墓地名稱
竹北	新庄仔	橫山	九甲埔
	新社		南河
	下山		橫山
峨嵋	石硬仔	寶山	新城
	月眉		草山
	富興	竹東	樹杞林
北埔	北埔		三重埔
新埔	樟樹林		員崠仔
	汶芋		上坪
湖口	波羅	芎林	九芎林

資料來源：〈新竹廳告示第 11 號〉，《新竹廳報》，第 38 號，1923 年，2 月 16 日。

墓地是一般人所忌諱談論及管理的地方，對於官廳要求民眾改善墓地安葬事宜，並無顯著成效。新竹州警察機關也在警察的常年訓練中安排墓地埋葬取締的相關「客語」教材，以法規執行及觀念的規勸，試圖改變居民的習慣。

〔註41〕臺灣總督府，《臺灣總督府事務成績提要》（臺北：成文，1985 年），頁 47～48。

〔註42〕「新竹廳廳令第五號墓地及火葬場取締規則」，《臺灣總督府公文類纂》，卷 1，永久保存，明治 38 年（1905）。

警：愛做風水的時節，無受官廳（官衙）的許可做不得。

警：別儕（別人）的所在，無同伊參詳，恬恬做風水做不得。

警：作當（雖然）自家的所在，若係愛做風水，仍然無受許可做不得。

警：膾碍到衛生的所在，做風水不得。估風水，警察等調查了正許可。

警：人若係死徹（過身）愛添醫生的診斷書，去警察等稟正做得。

警：警察等膾出埋葬的許可證。若無領到許可證過後埋不得。

警：死徹的人無經過二十四點鐘久埋不得，總係若着到膾人的病（傳染病）死徹的着時埋正做得。

警：着傳染病死徹的，在一般的塚埔等，埋不得。

警：埋着傳染病死的塚埔，豫前（打早）官項膾指定。

警：若無照指定的所在等埋，埋在別位就膾奔官項罰。〔註43〕

對於防治墓地傳染病的「客語」教材，可以看到警察會話用語沒有民眾解釋的空間，似乎不在乎民眾任何的反應，純粹是單方的要求用語。換言之，即以另一個方式將墓地管理規則宣導於民眾之中。從下列墓地法規可以看見會話的本質：

一、新設、擴大或廢止墓地必須經由管轄廳的許可。

二、新設、擴大墓地有下列限制須經由廳長或臺灣總督之許可方得設立。

（一）街、庄、社的共同經營事業。

（二）道路、鐵道、河川或沿家舍距離 60 間以上。

（三）水源飲水用地。

四、火葬場的設立、改建或增建有下列限制乃須經由廳長或臺灣總督之許可方得設立。

（一）距家舍及公眾輻輳之地 120 間以上。

（二）處市街、村落上風處。

（三）須有防臭煙之烟筒設施。

〔註43〕劉崧生，〈廣東語研究資料〉，《警友》，號 177（1937.12），頁 87〜90。

六、墓地由街、庄或社長管理之。

七、墓地的管理者須劃制墓籍圖。

八、墓地、火葬場的管理者或營業者須打掃之〔註44〕。

上述法規實際上與臺灣的風俗有很中的差異，火葬的觀念對當時的臺灣而言，無異是侮逆尊親的做法。尤其是客家洗骨再葬的風俗，更是強烈反對火葬的做法。總督府似乎也察覺到法規的設計與臺民的風俗有異，恐招民怨短時間也無法達成。因此明治三十九（1909）四月十九日發布府令27號「墓火葬場及埋火葬取締規中改正」，即增修有關洗骨再葬規定「前項死體埋葬後三年後，經管轄廳之許可者，可洗骨再葬。」〔註45〕但官方仍無法接收臺人墓地零亂現象，新竹州內務部長更進一步的要求墓地的綠化，使往者能在悠靜之地安息，並營造清淨整齊的空間。〔註46〕從內務長的要求似乎反應出當時墓地管理可能不如現在想像的整潔。雖然警察業務包羅廣萬項，但實際上一般民眾對於到警察派出所或其他的公務機關洽公，還是敬而遠之能省則省。從下列警用會話範本更可以進一步看到民眾對一般行政手續的漠視。

　　警：生細人仔或係有人死的時節，愛隨時去報正做得，桌仔的樣式
　　　　你知麼。

　　民：我曉得。

　　警：知知！你仰般好清清采采放到幾時。

　　民：實在係因為此按久真無閒續唔記得去喇。

　　警：彼按仰做唔得，私事放徼來講，規矩有命令的事愛隨時做正好。

　　民：從令以後（下二次）我的確（一定定着）嘈照規矩行，求你此
　　　　回赦罪。〔註47〕

從上述的警用客語會話顯示，一般民眾對於行政手續的漠視，應來自於對警察的敬畏，報戶口對於一般家戶而言，並沒有什麼有利於民眾條件，只是讓

〔註44〕府令8號，「墓地火葬場及埋火葬取締規則」《臺灣總督府府報》明治39年2月7日，http://140.115.130.200.ezproxy.lib.ncu.edu.tw/LiboPub.dll?Search1#2010/11/18下載。

〔註45〕府令27號，「墓火葬場及埋火葬取締規中改正」《臺灣總督府府報》明治39年4月19日，http://140.115.130.200.ezproxy.lib.ncu.edu.tw/LiboPub.dll?Search1#2010/11/18下載。

〔註46〕中島覺之，〈墓地綠化的急務〉，《臺灣時報》，1931年2月30日。

〔註47〕劉崧生，〈廣東語研究資料〉，《警友》，號170（1937.5）頁95～96。

殖民管理者更清楚的掌握家戶狀況，若非有特別事務，不會輕易到公務部門洽公，而且繁忙的農務或各人的生計才是民眾所關注的日常重心。從下一段警民會話可以看到，這種現象一直普遍存在著。

> 警：細人仔的名無上家甲簿，彼係幾時生的。
>
> 民：彼個係前只月廿三生的。
>
> 警：仔姐丈按做蘇添發個現時去那位。
>
> 民：伊，五月初過身咧。
>
> 警：你此個人實在真無割殺，生細人仔亦無報、人死亦無報，真麼
>   道理、仰般不照規矩行。〔註48〕

民眾對於一般沒有直接影響自身權益的行政手續的漠視，出生死亡時有遲報數月的情形，更不用說為繁文縟節所困的喪家，更沒有心力前往辦理手續。另一方也可以看到警察對於地方的掌握，可能因管區大小或人口的多寡而有不同程度的差異性掌握。

（四）選舉取締

臺灣總督府在昭和十年（1935）十一月二十二日舉辦臺灣第一次的地方選舉，新竹州政府為因應此次選舉，積極的加強臺人的選舉規則宣導與教育，警察在這場重要事件中亦扮演重要角色。新竹州警察機關將選舉施行法規宣達於基層，並於選前編列相關選舉客語教材：

> 警：藉講減租谷喇、愛用的水裝奔人利便喇、借錢的期間有限喇、
>   愛寄附喇、利用婚姻彼項的人事關係喇、也係利用其外幾下樣
>   的利害關係，奔人勸誘投票並運動或係奔人拜託講不好投票，
>   並運動若有應承就噲犯罪。
>
> 警：利用自家有干涉的神社「廟」也係寺院「齋堂」，也係學校、也
>   係會社、也係組合、也係對市街庄像前項的利害關係奔人勸誘
>   投票，並運動或係奔人拜託講不好投票並運動時節，若係有承
>   諾亦噲犯罪。
>
> 警：對選舉人或議員候補者或運動員或火當選人，不好亂來（暴行）
>   或係恐嚇或拐帶。
>
> 警：妨害人的演說，也係阻碍人的往來，或聚會的利便（便利）或

〔註48〕劉崧生，〈廣東語研究資料〉，《警友》，號157（1936.4），頁93～94。

其外用不正的方法（手路、手段）阻當人的選舉運動棚做不得。

　　警：因為想愛奔議員候補者當選也係為着阻碍人的當選，講無影無

　　　　跡的事情做不得。〔註49〕

新竹州高等警察課長在昭和十年（1935）通過地方選舉後，同年的七月即針
對「臺灣地方選舉取締規則及同施行細則」簡稱（選舉取締法），對照上述的
客語會話即可以發現，警察所著重的防制項目即是，買票、地方或結社關係、
恐嚇、抹黑等妨礙選舉的行為，而這此也正是新竹州警察所要防範的事項，
其取締規則概要為：

　　一、選舉運動員的資格、數量限制以及運動員的解任。

　　二、選舉運動的法定行為。

　　三、選舉運動行為以文書圖畫為限。

　　四、有關選舉事務所及休憩場所的限制。

　　五、有關選舉演說語言的限制。〔註50〕

下列有關選舉的警察客語會話，甚至直接的將相關規定譯成客語：

　　警：選舉的期日未有出告示以前，絕對不好周旋（鋪排）或係勸誘

　　　　（招人）投票的事。

　　警：選舉的期日雖然有出告示了，議員候補者並選舉運動員以外的

　　　　人，除演說或係用推薦狀的運動以外攏總不好選舉運的事。

　　警：左記各項無去報做不得，稟仔的樣式，係去警察署或係警察課

　　　　等問就嬒教咱裡。

　　一、自家想愛立候補的時或係薦候補者的時。

　　二、選任運動員的時。

　　三、公告或係告示文書並圖畫的時。

　　四、設選舉事務所的時。

　　警：不好用項各欵的錢銀、東西、職務、請酒其外的利害關係來做

　　　　選舉運動的原頭。〔註51〕

〔註49〕〈選舉愛知的事項（下）〉，《警友》，號 152（1935.11），頁 71～74。

〔註50〕小澤太郎，〈臺灣地方選舉取締規則及同施行細則解說〉，《警友》，號 148
　　　　（1935.7），頁 6。

〔註51〕〈選舉愛知的事項（下）〉，《警友》，號 151（1935.10），頁 71～74。

新竹州警察對於選舉取締的重點在於候選人的買票以及國語（日語）演說的規定。對於第一次體驗西方選舉的制度的臺人而言，整體上秩序上是良好的。新竹州警察高等課即認為臺灣第一次選舉的順利，要歸功於警察先前完整法規訓練與瞭解，並分析未來要改善的方向。例如，候選人與選民個別的接觸、選舉運動資金的限制、買賣票的處罰等。〔註52〕本田穗村投票當日擔任各地選務督導，其更具體的指出各郡投票率與教文化程度的高低有明顯的因素，事前警察的選舉法規教育以及事前選舉客語宣導，也有助於選舉事務的推動。文化程度高者，中壢、桃園、竹南、苗栗等投票率高，而閩庄大溪郡，過下午四時後即有97%的投票率；偏僻鄉村地方棄權率高，其中就指出桃園大園庄轄內六百多人，廢票就高達一百二、三票。〔註53〕對日人而言，在臺灣第一次的選舉是日人的第一次臺灣經驗，如何防範選舉的弊端，日人在內地的經驗供其參考，行政機關與警察先前的準備也決定初次選舉的成果。參閱圖4-7。

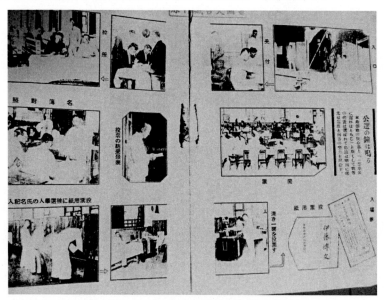

圖 4-7：新竹州選舉投票流程

資料來源：《警友》，號 152（1935.11），無頁號。

二、衛生教化

日本對臺的衛生政策，是基於兩大目的，一是日本人的生活適應考量，

〔註52〕生田目謙，〈地方選舉取締回想〉，《警友》，號 154（1936.1），頁 96～99。
〔註53〕本田穗村，〈處女選舉に關する感想〉，《警友》，號 154（1936.1），頁 115～117。

以提昇官員、日人來臺之意願；二為儲備良好的殖民勞動力。〔註 54〕黃蘭翔從日治初期的臺北市區改正看，日人居住的地方優先的規劃完善的都市排水建設，而緊距城內區萬華、大稻埕等臺人密集的地方則未次要規劃之地。〔註 55〕為了營造適合日本人居住及生活的空間環境，總督府規劃符合日本人的生活習性硬體（市街）空間，為確保日人衛生不受影響，並進一步以警察、行政或其他強制的方法要求臺人去改變舊有生活習慣，是建築在差異的歧視基點上。〔註 56〕此外除了硬體的規範外，地方警察官署亦經常舉辦各種型態之衛生展覽會、演講、映畫、活動等方式來教化民眾。

　　明治二十九年（1896）臺灣總督府發佈律令 8「傳染病預防規則」，主要是以國家的實力來控制傳染病的發生、民眾衛生環境的改善及習慣的改正，更重要的是警察如何充分運用保甲制度進防疾改善民眾生活習性。日治初期整體臺灣的衛生條件不佳，染病人數眾多，同年制定「公醫規則」，全臺設立駐點，傳染病檢查事項，新竹即設有三名公醫。〔註 57〕從其明治三十年（1898）新竹縣轄內有重大疫情通報，就北部三縣為例，整理如下表 4-6。

表 4-6：明治三十年（1898）衛生課業務成績報告

疫名／地區	鼠疫		傷寒		赤痢		天花	
新竹縣感染及死亡人數	共 1 人	日人 1 臺人 0	共 8 人	日人 8 臺人 0	共 24 人、死 1 人	日 24 臺人 0	共 2 人	日人 0 臺人 2
臺北縣感染及死亡人數	共 2 人	日人 1 臺人 1	共 3 人、死 3 人	日人 2 臺人 1	共 8 人、死 10 人	日人 6 臺人 2	共 8 人、死 3 人	日人 0 臺人 8
宜蘭縣感染及死亡人數	0	日人 臺人	共 7 人、死 1	日人 3 臺人 4	共 10 人、死 2	日人 9 臺人 1	0	日人 臺人

資料來源：統計自「明治 30 年 9 月份衛生課業務成績報告」，《臺灣總督府公文類纂衛生史料彙編（2）》（南投市：省文獻會，2001 年），頁 142～143。

〔註 54〕董惠文，〈行政監控與醫療規訓：談日治初期傳染病的防治〉，南投，南華大學社會學研究所碩士論文，2005 年，頁 77。

〔註 55〕黃蘭翔，〈日據初期臺北市區改正〉，《臺灣社會研究季刊》，18 期（1995.2），頁 190～191。

〔註 56〕蔡素貞，〈日據時期臺灣人對日本化之迎拒：殖民性、現代化與文化認同〉，臺北：中國文化大學史學研究所博士論文，頁 55～58。

〔註 57〕《臺灣總督府第八統計書》（臺北：臺灣總督府官房文書課，1909 年），頁 726。

從上述疫性統計數看，日人感染疫疾的情形遠高於臺灣人，臺人除了天花外對於臺灣的風土病有效佳的抗體，這顯示出日人對於臺灣風土病迫切的壓力。疫情使總督府施行更嚴格的防疫措拖「預防重於治療」，加強地方環境消毒，新竹縣即派遣三名公醫來負責，其形式意義大於實質意義，依據「公醫規則」第六條之規定，主要功能在於公醫責任區域內，共公衛生提出及意見陳報監督之責。在於建立地方疫情的通報，防止疫性擴散。

為了因應龐大的衛生醫療，並建立近代化的衛生制度所需的支出，明治三十三年（1900）以律令15號「臺灣污物掃除規則」做為向臺人徵稅的依據，主要的對象以民營市場、屠宰場、渡般頭等公共事業以及地方稅，以支應衛生防制費用。該法明令土地的業主有區域環境清潔之責，地方官廳認為有衛生之虞時可令業主清掃，或由地方官廳清掃並向義務人徵收費用，逾時不納者依法處滯納費，若無義務人徵收則由地方稅支出。〔註 58〕從法規的設計似乎看到殖民者對於衛生環境的焦慮，從明治三十三年（1900）總督府所公布的日本在官吏患病數為例，更可以看出在臺官吏患病情形。參閱表4-7。其中患病率與死亡率最高的是麻剌利，此疫情主要源自於環境的髒亂所致。因此，在作法上新竹地方警察以規訓、建築法規宣導與範例示範等方式推行衛生業務。

表 4-7：臺灣各官衙職員患病數

病名	總督府	其他官衙	計	死亡人數
鼠疫	0	0	0	0
傷寒（腸窒扶斯）	1	1	2	0
赤痢	2	3	5	1
麻剌利	24	969	993	6
呼吸病	43	262	305	2
消化病	25	305	330	1
其他	92	447	534	2
計	187	1,988	2,175	12

資料來源：「各官衙職員患病數」《臺灣總督府府報》http://140.115.130.200.ezproxy.lib.
ncu.edu.tw/LiboPub.dll?Search1，2010/11/20 下載。

〔註58〕「臺灣污物掃除規則」》《臺灣總督府府報》http://140.115.130.200.ezproxy.lib.
ncu.edu.tw/LiboPub.dll?Search1，2010/11/20 下載。

（一）規訓

明治三十八年（1905）總督府訓令第 234 號「大清潔法施行規則」即規定廳長每年固定舉辦二次清潔，並且授權地方長官認為有必要時可以依法再施行，以春秋二期為主，訓令持別規定傳染病預防及目明定具體的打掃方式。〔註 59〕執行之方式由保正督導，且須待警察到場方可執行，且過程皆在警察監視下進行。另外依據總督府訓令第七號「臺灣總督府地方廳衛生事項報告範例」，第一條即規定：「地方長官應依此報告範例，向民政局長報告所掌衛生相關事項。」第二條更明定報告方式分為：「即報、旬報、月報、季報、半年報、年報等六種。」〔註 60〕對於公共衛生，公醫的角色相較於警察是被動的，對於訪察「民疾」還是以警察為主。警察戶口調查的工作除了戶口查察勤務外，舉凡大小事都被列查察的項目，包括家戶生病的人，新竹州《警友》雜誌則編輯了相關警用客語會話：

　　警：老伯姆，有甚麼名樣麼。

　　民：並無仰仔名樣。

　　警：我聽隔壁個人講，您老公此按久不鬆爽，喻係着到甚麼流行病
　　　　麼。

　　民：係，遇到此回的天時真愁慮所以諸先生看（看醫生），講不係惡
　　　　症頭，不使愁。

　　警：屋下人若係有人着到時行症，隨時愛去警察等報正做得，若藏
　　　　着喻染到別儕，後來全庄的人都喻着到流行症，所以無較細膩
　　　　做不得。

　　民：係喲，我妹仔嫁去彼街項，近時真流行腸仔病並屙嘔症，伊公
　　　　並伊婆亦着到續死徹。

　　警：着着（對啦），您妹仔嫁去大平街呵，近時彼街有彶（搬）來此
　　　　位人汝知麼。〔註 61〕

上述的對話中，警察似乎想藉由親切的對話營造警察親民愛民的形象。但從感

〔註 59〕〈大清潔法施行規則〉，《臺灣總督府府報》，號 1870，1905 年 11 月 28 日。http://140.115.130.200.ezproxy.lib.ncu.edu.tw/LiboPub.dll?Search1#下載日 2011/5/30。

〔註 60〕國史館，《臺灣總督府公文類纂衛生史料彙編（衛生 2）》，（南投：國史館臺灣文獻館，2003），頁 8。

〔註 61〕劉崧生，〈廣東語研究資料〉，《警友》，號 183（1938.6），頁 99～110。

冒或生病症狀等，一般居家生活私密性質看，警察對民眾的生活可瞭若指掌，可見警察對民眾的監視控制情形。在管區警察的轄內警察藉由權威，不斷的對民眾進行口頭的規訓，使民眾感受到生活的壓力，迫使民眾改善生活的習慣。警察對於患病的家戶做法是如何呢？以地方發生傳染病的處置會話看：

> 警：今此下愛度（帶）病人來去，你大家的確不好出去外背。加一下仔辦此號事情的官吏噲來消毒，等到伊來，不好走別位去，恬恬在彼位等正做得。此間病人睡過的間房，無等到消毒清楚不好入去。
>
> 警：檢採入去病人睡過的間房，亦係摸到病人用過的衣裳，就隨時噲着倒病。不論甚麼東西手不好去摸到。尚吐及屙（瀉）的東西等到伊來消毒將本按仰放等伊。
>
> 警：病人用過的尿桶屎桶愛另外放，你等儕的確不好用正做得。曉得麼，此下講的話不好不記得喃，若無照按仰行，你大家又嗎噲着倒屙嘔症喃。此屋下有人着倒流行病（時行症）所以對今哺日起一禮拜，不準人出入。
>
> 民：米、柴、油及其外每日用東西，亦不好去買係麼。
>
> 警：一概（通體）出去做不得，買每日用東西，愛擇適好的支理的人正拜託彼儕正做得。〔註62〕

上述的警察會話可謂是衛生法規的處置準則，但對照相關的衛生法規，警察行政命令做為似乎多於法令規章。依「臺灣總督府地方廳衛生事項二關スル報告例」該法主要規定各項傳染病的分類等級、通報處置以及事後醫理檢驗等。對於傳染病的處置依第二條、第三條第四項則規定，前者規定「虎列剌（虐疾）、鼠疫、痘瘡及傷寒者，前項除旬報外，應加註患病者日期、死亡人數做急報。」後者「八種傳染病有幾項後續處置方式，調查病毒發生的起因、病勢劇易經過的長短、預防消毒實施方法。」以及第十三條則規定警察對當事家戶的事後調查報告。〔註63〕然而，從《臺灣民報》報導看來，警察對於染疫之臺人似乎不像警用客語會話那樣溫和：

> 不知道瘟疫的屬害要用什麼方法可以消毒預防，不過知道若有了疾

〔註62〕劉崧生，〈廣東語研究資料〉，《警友》，號194（1939.5），頁188～192。

〔註63〕「臺灣總督府地方廳衛生事項二關スル報告例」，《臺灣總督府府報》http://140.115.130.200.ezproxy.lib.ncu.edu.tw/LiboPub.dll?Search1#，2010年11月24日下載。

病較異於普通的病症的時，就被嚴酷的警官禁斷了種種的自由，身
體上就要吃苦，或被罵、或被辱，照這樣看起來，當局的意雖好，
因下級官吏不會體貼，以致防疫的對於民心不但無功且反成有害，
這樣事不但中埔庄，全島是處處皆然的，這樣的防疫警察是真真了
不得的。〔註64〕

這樣諷刺的描述說明警察對臺人染疫的處理態度，警察衛生防疫做法明顯地
看出，除了依規定通報專業醫事人員前來處理外，相關的衛生預防措施的宣
導及具體做為，出自警察之口則成為臺人必須遵循的守則。此外，新竹州的
傳染病在經過地方政府及警察的管理防制下，在眾多的傳染病流行中，共有
十項是被列為法定傳染病為：霍亂、赤痢、傷寒、副傷寒、痘瘡、發疹、猩
紅熱、白喉（Diphtheria）、流行性腦髓膜炎與鼠疫等，〔註65〕有幾項疫情例如
流行腦炎、沙門氏 B 等被有效控制。但傷寒、白喉症、赤痢等，一直無法有
效控制尤其是傷寒，參閱表 4-8。

表 4-8：大正 11 年到昭和 3 年（1922～1928）新竹州傳染病統計數

疫情＼年分	傷寒		白喉症		赤痢		流腦炎		沙門氏 B	
	患者	死亡	患者	死亡	患者	死亡	患者	死亡	患者	死亡
大正 11 年	53	7	26	7	1	--	--	23	12	3
大正 12 年	15	2	16	5	5	1	4	3	1	--
大正 13 年	25	6	17	8	--	--	1	1	1	--
大正 14 年	13	1	24	8	--	--	--	--	2	--
大正 15 年	50	8	33	6	2	0	--	--	2	--
昭和 2 年	42	13	29	4	2	1	--	--	1	--
昭和 3 年	87	19	26	4	2	2	--	--	--	--
昭和 4 年	37	6	22	8	2	1	1	1	--	--
昭和 5 年	89	13	17	5	2	--	--	--	1	--
昭和 6 年	45	12	30	4	1	--	--	--	4	--

資料來源：《新竹州警務要覽》（新竹：新竹州文庫，1932 年），頁 251。

　　從上表可知，傷寒及白喉症嚴重的威脅新竹州民的健康，從傷寒的病理分
析即可以得知與週邊環境的密切關係。傷寒亦為沙門氏桿菌所引起疾病中最嚴

〔註64〕〈防疫警察是真了不得〉，《臺灣民報》，號 95（1926 年 2 月 21 日），頁 10。
〔註65〕〈傳染病防豫法〉，《警友》，號 183（1936.6），頁 2～3。

重的。傷寒由傷寒桿菌、副傷寒桿菌所造成。其經由污染之食物與飲用水之食入，到腸道後侵入血流擴散至全身，經一到三週的潛伏期，病患產生發燒、寒顫、腹瀉、血便、便秘、腹痛等症狀，若延誤治療，少數患者甚至會造成腸出血、腸穿孔、腹膜炎，而造成死亡。〔註66〕而沙門氏B更是廣泛的散佈在我們的日常中，少門氏菌在許多的動物身生可以發現，例如，家禽生畜牛、羊、豬等身上。〔註67〕感染的途徑也十分廣泛可藉由人或動物的體表或排泄物，或與動物的接觸即可能感染。上述疾病都是無法根絕在我們生活中的病菌，惟有保持居家環境及個人衛習慣方可免於感染。為此，新竹州衛生課為了有效執行衛生業，制定了清潔的方法，主要分為兩個方式一為患病者家的清潔及一般清潔。

第一、患病家有人死亡者，依清潔方法規則第十七條規定相關疫情環境清潔的因應做法：

> 一、有赤痢、傷寒、白喉症等疫情場所週邊的水井、洗手臺、下水溝、污水池、側所等場所都必須撤底打掃，以阻絕老鼠、蚊、蠅等傳染媒介，從病理形成來看，環境衛生是阻絕流行病的最佳防疫政策。

> 二、痘瘡、猩紅熱、白喉症（チフテリア）、流行性腦脊髓膜炎等場所，衣類、寢具、玩具、床墊、敷被等要加強清潔。

> 三、傷寒（チフス）疫情的場所，清洗衣物及清除虱的生存空間。

> 四、鼠疫的場所、阻絕老鼠及南京虫寄生在寢具、床墊、敷被或床下等滋生的空間。

> 五、一般的注意，在完成除疫工作之後，要保持室內採光以及空氣循環。〔註68〕

第二為一般清潔方式，依據清潔方法第十九條，知事或廳長得命令環境的清潔，依十八條之規其清潔的方式如下：

> 一、家屋內外的清掃。

> 二、室內保持採光及通風良好。

〔註66〕「傷寒與副傷寒」疾病管制局全球資訊網，http://www.cdc.gov.tw/ct.asp?xItem=6467&ctNode=1733&mp=1，2011/5/4下載。

〔註67〕陳宗佑，〈臺灣地區鼠傷寒沙門氏菌之分子流行病學研究1998～2002〉，臺北：中國醫藥學院環境研究所碩論，2002年，頁6。

〔註68〕衛生課，〈防疫衛生（4）〉，《警友》（新竹：新竹州警察文庫），號186（1938.9），頁24～25。

　　三、床墊、敷被的日光曝曬。

　　四、床下保持通風，改善潮濕處環境。

　　五、有污水或潮濕滯留處所，應加強排水或掩埋凹地。〔註69〕

針對發生疫情的場所，新竹州警察也會動員保甲在疫情場所施行消毒。參閱
圖 4-8。

圖 4-8：桃園郡的蚊蠅消除作業

資料來源：《警友》，號 207（1940.7），無頁碼。

　　一般民眾對於清潔法規的規定，應該不會很清楚，而警察要如何將法規
宣導於民眾之中呢？從清潔的相關警察客家用語即可以看到，警察將這些法
規融入在客語會中，不論是共公空間或是私人家戶，警察的客語會話實為法
規的另一個呈現。從警察清潔衛生會話用語看，在私人家戶的衛生用語部分
則佔了多數：

　　警：恁門口，有屎在彼位，怕係細人仔屙的，緊緊去掃淨來。

　　警：恁門口的水溝仔真污穢，仰般不清清下唎。

　　警：糞掃喇，閑其外的污穢東西，定着的位所。

　　警：愛裝一集箱仔張等好勢，接接愛柄淨，莫奔伊醃臭氣正做得。

　　　〔註70〕

〔註69〕衛生課，〈防疫衛生（4）〉，《警友》，號 186（1938.9），頁 25。
〔註70〕劉崧生，〈廣東語研究資料〉，《警友》，號 142（1935.1），頁 81～84。

警：屋後背堆等的糞掃，愛擔去在那位嚙碍衛生的所在，亦係燒徹
　　伊正好

警：屙屎屙尿，不時都愛去屎岡等屙正好，係屙在此位時，就愛罰嚙。

警：你擔的屎桶無嵌蓋做不得，臭到嚙死不知係無蓋拿來嵌等正好
　　擔。〔註71〕

民眾個人的衛生習慣，可能是警察所面臨最煩惱的事，所有公共衛生條件的提昇全仰賴民眾的配合，因此面對層出不窮的衛生問題，警察的用語所表現的是具體的指正以及命令的口吻。宣導居民衛生的觀念及良好的生活衛生習慣成了警察另一項重要的業務，而這些客語會話正是減少傳染病防制的方式，民眾生活所產生的糞便、污水、垃圾及環境維持都是直接影響衛生憂劣的要件，警察依據清潔法規要求民眾貫徹法命要求，警察的客語用語則成了警察口中的法條。主要是動員保甲以及平時勤務時直接對民眾宣導，在規定的清潔日期活動時，家家戶戶都必須盡全力完成警察的衛生活動要求，圖 4-9 即為楊梅地區的寢具及敷被日曬消毒活動，每戶家門口都曝曬棉被以日光消毒。

圖 4-9：楊梅日間曝曬消毒活動

資料來源：《警友》，號 207（1940.7），無頁碼。

後藤新平設計一系統性列的行政手段，透過衛生行政，以衛生、健康等

〔註71〕劉崧生，〈廣東語研究資料（中）〉，《警友》，號 130（1934.1），頁 15。

文明要素，做為改造「不潔」的臺人，在教育、與衛生觀念的提升下，臺人從警察管理與學校教育中獲得公共衛生的概念，也符合了殖民者「國家衛生原理」的要求。〔註72〕從上圖整齊一致的街道打掃畫面，可以看到殖民政府對於貫徹法規的毅力，也為日後老一輩的臺人營造民眾共同記憶與習慣的態度。然而警察的強制力也可能是重要的因素，大正15年（1926）《臺灣民報》刊行「『大清潔』日下雨人民就要受罰」，即顯示警察強勢的作為：

> 桃園街上月25日施行大清潔，是早天氣清朗，家家戶戶皆依命令將
> 家具盡搬出，並洗掃家屋內外，及至午前十一時忽然天氣變了，黑
> 雲密佈，沛然下雨，街民不得不將搬出的家具搬入來，某巡查看著
> 清掃不完全，便告發了三十多民，翌日召喚至警察課司法警部的說
> 諭又各處以罰金，若能即刻繳納便罷，不然就立刻拘留。〔註73〕

殖民者對於公共衛生的推展目的上是為了建立良好的公共環境，但是在這個良善的制度下，亦有著殖民者歧視與欺壓的工具性做法，「大清潔」日的活動甚至成為警察各項活動經費的「開源」的來源：

> 大溪神社建築的寄附金很多不得不納付，以登前報。其後街役場竟
> 藉警察的權力，於街民演戲的時候起了種種刁難。這回又再利用秋
> 季大清潔日，以某警部補和巡查部長為先導，一行五六名像要捕緝
> 凶犯的樣子，到人家就問神社費納完否？因此小老百姓怕被罰金，
> 多向鄰右借來繳納，然無處可借的不計其數云。因此本季大清潔被
> 告發的件數比往年多得很。〔註74〕

此外，警察暴力性的執法也彰顯殖民性的權力手段，《臺灣民報》另一則報導是如記錄：

> 竹東郡小埔庄大湖字尾賴綢妹（五十餘年），因行清潔之日，受北埔
> 庄巡查痛打一場（今已轉任龍潭坡派出所），幾至於危殆，當日因懼
> 巡查之勢，醫師不肯為之證明，被害者賴氏不得已赴新竹醫院，請
> 醫師診察，並入院治療，須經過三週間，始得痊安。〔註75〕

〔註72〕 莊永明，《臺灣醫療史：以臺大醫院為主軸》（臺北：遠流，2005年），頁88～89。

〔註73〕〈『大清潔』日下雨人民就要受罰〉，《臺灣民報》，號105（1926年5月16日），頁6。

〔註74〕〈利用清潔法，迫納神社建築費〉，《臺灣民報》，號333（1931年10月31日），頁8～9。

〔註75〕〈不平鳴〉，《臺灣民報》，號113（1926年7月11日）。

綜觀上述，借用傅柯的概念來看，這些語彙內容僅是「細緻的規則」、「嚴刻的要求」與「挑剔的人身監督」等，已經不再是單純的警察業務的推行，而是不斷「加強活動」與「節制」等方式，藉此塑造軀體進而內化臺人。〔註76〕

（二）建築法規宣導

日治時期建築管理之相關業務，仍歸屬於衛生警察之業務範圍，〔註77〕日治初期臺灣一般市街衛生環境不佳，市街無排水溝渠，污水四散，易形成蚊蠅滋生。〔註78〕明治二十九年（1896）總督府發佈第三號訓令第131號，其中條文規定相關污水滋生蚊蠅的防止：「凡有食物等件必要用蓋掩之，不致蚊蠅仔毒類等沾足。」、「房間床下各處必須時時灑拂清潔，令其清氣通流以免滯濕。」〔註79〕明治三十二年（1899）制定「臺灣下水規則」規定建築物所排放的廢水必須排入溝渠，細則更規定下水道所使用的材質及施工方法，確保不會污染地下水，第五條：「私人建築竣工後必須接受政府檢查水上道工程。」〔註80〕官廳認為有害環境可以許消其許可或限期改善。

這些法規的要求似乎並不只是單純的建築法規的要求，其背後隱藏了殖民者對臺人愚昧的觀感，以及彰顯日人統治性的優異性。鷲巢敦哉曾提及，臺灣傳統家屋之門面與窗戶狹窄或深進，皆肇因於政府治安能力之不足，反映臺人迫於現實之居住方式。〔註81〕《臺灣日日新報》即曾就此議題描繪了當時街屋之狀況「行人之詬誶，多起於相逢狹路，肩摩轂而互競奔馳」。〔註82〕江廷遠亦認為臺灣傳統家屋之陰暗潮濕之不衛生狀況，乃肇致於治安之因素。〔註83〕

〔註76〕傅柯著，劉北成譯，《規訓與懲戒：監獄的誕生》（臺北：桂冠，1993年），頁76〜78。

〔註77〕「衛生警察活動」，《臺灣日日新報》，號3,364（1909年7月17日），版4。

〔註78〕德國領事魯華爾德以私函向衛生課長提出忠告，謂中國人在大稻埕內數地點堆積垃圾，滿潮之際與河水相混而成傳染誘因之虞。這說明連較常與外界有接觸的臺北城皆如此，莫說一般地區。傳載國史館，《臺灣總督府公文類纂衛生史料彙編（衛生1）》，（南投：國史館臺灣文獻館，2003），頁176。

〔註79〕國史館，《臺灣總督府公文類纂衛生史料彙編（衛生1）》，（南投：國史館臺灣文獻館，2003），頁64。

〔註80〕律令第6號「臺灣下水規則」府報502號，1899年4月19日；府令第48號「臺灣下水規則施行細則」府報542號，1899年6月20日。

〔註81〕中島利郎、吉原丈司，《鷲巢敦哉作集3臺灣保甲皇民化讀本》（東京：綠蔭書房，2000年），頁309。

〔註82〕「市區改正論」，《臺灣日日新報》，1901年10月6日，版5。

〔註83〕江廷遠，《現行保甲制度叢書》（臺中：保甲制度叢書普及所，1937年），頁136。

　　昭和十年（1935）四月二十一日新竹州發生大地震，由於臺灣傳統「土磚屋」結構不耐地震，各郡都有嚴重的災情傳出，事後新竹州警察課定訂新的建築防震規定，主要是建築結構的建造要求，詳細的規定鐵條粗細、砂石、工法、混泥土比等，有關衛生的部分也在律令第 34 號「臺灣家屋建築規則」第四條規定中要求，新建築物亭仔腳（騎樓）外側必須建下水溝。〔註 84〕為因應新的法規發布，除了相關警察「客語」教材提出應用會話外，也編列到警察的語學試題中，說明警察機關對於時事或相關重要法規的重視，試題如下：

> 自今年四月初一起，實施臺灣都市計劃令了後，關係家屋建築此等
> 的事，過去愛多手續所以望你大家較研究不好做差就係。〔註 85〕

在經歷了新竹大地震之後，新竹州政府針對災區重建有新的建築規定，對於災後幸存的房舍也加強建構安全的宣導，警察也編排相關勤務客語：「受官衙的催迫要整，驚怕噲崩壞的屋舍或係受疊過，驚怕噲覆了的東西的事不好懶屍。〔註 86〕」警察對於私人宅第的結構有安全之慮時會向屋主提出警告「恁的屋簷噲壞咧，係無緊緊去修理，就不係息嘀。」〔註 87〕對於屬於共公使用的騎樓私人產業，若有損壞警察也會向屋主要求修繕。客語成為展現警察權力的一種表現的工具。

（三）範例──生活環境的改正

　　大正元年（1912）新竹廳內舉辦「衛生講演會」，廳長邀請高木稻垣博士演講衛生保健，並為與會的閩客聽眾安排閩客通譯現場解說。〔註 88〕但這種場合警察似乎無勝任專業翻譯工作，還是得委外派任，但仍不影響警察對於該業務執行。在警察強力介入衛生環境改善活動後，昭和七年（1932）已有一些具體的改善，新竹郡「衛生模範部落」是新竹州做為對外宣導的範例，〔註 89〕其主要的宗旨為部落民眾衛生思想的徹底普及，在方法上從兩個對象着手，一為指導者（警察）的自覺，其二為住民的自覺。〔註 90〕

〔註 84〕友田藤太郎，〈震災地施行州令〉，《警友》，號 150（1935.9），頁 68～69。

〔註 85〕〈語學試題〉，《警友》，號 172（1937.7），頁 4。

〔註 86〕劉崧生，《警友》，號 186（1938.9），頁 205。

〔註 87〕劉崧生，《警友》，號 130（1934.1），頁 7。

〔註 88〕〈新竹衛生展覽會〉，《臺灣時報》1915 年，5 月 4 日。

〔註 89〕〈新竹郡に模範村設置〉，《臺灣日日新報》，號 11,634（1932 年，8 月 18 日），3 版。

〔註 90〕金田匡哲，〈衛生模範部落的建設成就〉，《警友》，號 163（1936.10），頁 68～69。

　　警察的部分：新竹州警務部要求警察對於衛生業的執行，必須要有一個積極熱誠的心，上下對外號令做法一致。管區警察必須負責自己轄內的衛生指導，依據轄內的土地狀況、貧富、衛生思想高低來做為考量，並做好詳細的計劃，依序推行衛生業務。〔註91〕衛生課認為公共衛生業務層面廣泛，其他保安警察、刑事警察在業務上遇有衛生事務時也必須一同加以執行。警察對衛生業務的作法上，是整體性的規劃，警察雖有業務的劃分，但對於公共衛生問題，所採取的方法則是無間隙的警察勤務作法，其他類別警察遇衛生問題也要適時的加以處置。

　　民眾的部分：警察對於教育程度低或衛生思想較落後的民眾，警察若直接要求民眾遵行衛生規定，可以反而遭致誤會警察對民眾的刁難，衍生不必要的困擾，因此，衛生課要求遇此狀況，警察可以先行透過保甲會議、主婦會等，詳細說明理由及作法，讓民間組織機構主動的去推動衛生事務。〔註92〕

　　衛生改正作法上；主要是改善家戶週邊環境，住宅週邊的竹林凹陷地面必須填平以免積水滋生蚊蟲，為改善村落之間的交通，有礙交的竹林全數鏟除，個人住宅必須設下水管，並建立部落的共同下水設施。由新竹州衛生課的模範部落建設方案看，從業務計劃到執行有定訂一套標準，以警察對公共衛生的積極來影響動員民眾並藉由保甲會議、主婦會等宣傳公共衛生的理念於民間。昭和 7 年（1932）已有一些具體的改善，新竹郡「衛生模範部落」是新竹州做為對外宣導的範例，其主要的宗旨為：

一、部落民眾衛生思想的徹底普及。

二、各住家附近的環境整理以及各家戶內的清潔。

三、部落內主要道路的開通必須有利衛生、保安、刑事警察的便利執行。

四、個人及共同下水溝的新設及改繕。

五、浴場的設備普及。

六、牛、豬柵的改造計劃、飼養方式及臭氣的防止。

七、薪蒿底座要架高保持通風，防止蚊蠅滋生。〔註93〕

〔註91〕金田匡哲，〈衛生模範部落的建設成就〉，《警友》，號 163（1936.10），頁 68。
〔註92〕金田匡哲，〈衛生模範部落的建設成就〉，《警友》，號 164（1936.10），頁 69。
〔註93〕〈新竹郡に模範村設置〉，《臺灣日日新報》，號 11,634（1932 年，8 月 18 日），
　　　　3 版。

而新竹州警部是如何實際的推動衛生改正活動呢？日治末期單純的衛生業務也被官方移接至日本精神與愛國之表徵，我們以官方所舉辦的健康週來進行討論。

1. 健康週

日治末期大體上新竹州的衛生建設大致完備，而一般民眾的衛生習慣在警察強力的介入下，整體上已步入軌道，傳染病的患病率也有效的控制在一定的數量下。為何新竹州仍大費周章的在末期動員各郡臺人從事衛生健康週活動，從下列健康週的每日實際活動來分析，似乎清楚地看到殖民政府的企圖。新竹州衛生課為了因應戰爭，進一步的配合日本帝國所規劃的東亞新秩序遠景，新竹州的健康週可說是未來的各殖民地的種子示範計劃，目的是營造臺人的精神的歸向，培植臺人對日本的愛國思想，以健康、活力、衛生做為出發點，將正面的生活習慣導入國家意識。換言之，將一切正面的生活形態都被擴大視為是愛國的行為。總督府所提出的口號，似乎合理了警察對民眾的要求，也使臺人被迫接受或不自主的去配合政結策，而這正好符合了殖民者預期的期待。

（1）警察的前置作業

為落實計劃的運作昭和十四年（1940）4 月 28 日，新竹州各郡警察事前也做好了先前的準備，該業務以警察為主軸各其他公部門被要求配合，區役所、銀行社長、會社組合長等出席與會，聽取配合事項，同年 5 月 1 日警察署更要求各派出所，召集臨時保甲會議做細部實施任務分派。從警察署的實施要領看，警察無異將健康週活動比照民間廟會熱鬧的方式來舉辦，但民眾大多為出於被動。

警察在宣傳活動的方式上，可以說全力動員所有與衛生有關公務機關或事業機構。警察動員保甲在車站及人潮多的地方樹立看板，以廣播車在廟宇週邊廣播衛生守則。警察署與役所印製四萬多分小傳單，齒科醫師會也讚助印製二千五百分小傳宣單隨日報夾送到學校、壯丁團、市場、及各共公場所，各公部門都樹立衛生宣導看板。轄內的開業醫 18 人、齒科醫生 4 人、產婆 2人等也應警察的要求，在診所門口樹立衛生看板，並為無料（無償）為民眾設立相談所。〔註94〕

（2）一週實施項目

昭和十四年（1939）4 月 24、25 日，新竹州警務部召集了各郡警察署長、

〔註94〕衛生課，〈健康週間實施狀況〉，《警友》，號 207（1940.7），頁 31。

各課課長定訂該週的健康週實施三要領，一是國民榮譽的養成、二母性乳兒的體力向上、三結核及性病的預防撲滅。這三項為一週實施的重點，會議中還附帶幾項規定其中，第一項更令人啼笑皆非，每朝實施前有幾項前先作業，一神宮及皇居的遙拜，二出征將兵的武運長久祈願，三健康祈願，四勵行早睡早起及廣播體操活動，五職場的清掃整頓等，這幾項被列為警察重要的督導項目。〔註95〕從一週每日的活動項更可以看出警察積極作為，其所包括項目可說是集警察業之精要於週期內，其每日具體做為如下：

第一日「環境衛生改善運動日」

第二日「接客業者自制日」

第三日「防疫強調運動日」

第四日「母性乳幼兒保健運動日」

第五日「營養改善運動日」

第六日「心身鍛鍊運動日」

第七日「結核預防運動」〔註96〕

新竹郡所提出的衛生模範部落方案，的確獲得新竹州政府的肯定，透過《警友》的報導及州務會議的討論，其他郡也陸續跟進舉辦相關活動。參閱圖4-10。

圖4-10：新埔分駐所健康遊行

資料來源：〈竹東郡衛生活動宣導〉，《警友》，號60（1930.7），無頁碼。

〔註95〕衛生課，〈健康週間實施狀況〉，《警友》，號207（1940.7），頁30。

〔註96〕衛生課，〈健康週間實施狀況〉，《警友》，號207（1940.7），頁31～32。

　　這些活動主要就是藉由警察勤務來動員民眾，或機關主動辦理活動宣導，以強制或誘導的方式改變臺民的習慣，其衛生的要求不再只是硬體的改善，更着重在民眾內在思想的改變，尤其是學生，學校經常舉辦衛生健康繪畫比賽，藉以耕植衛生理念於新生代，〔註97〕參閱圖 4-11。殖民者所設計的衛生改善運動，並不僅僅改善臺人的健康，殖民政府將衛生習慣的養成，視其為文明的象徵，並將固定舉辦的清潔運動形塑成帝國子民共同的記憶，健康的體魄、衛生的習慣成為報效國家的一種方式。

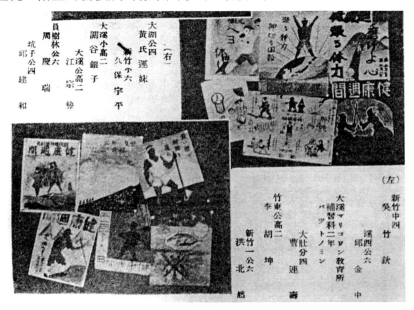

圖 4-11：新竹州衛生活動學生作品

資料來源：《警友》，號 60（1930.7），無頁碼。

　　對於新竹州衛生環境的提升，金田匡哲認為這完全要歸功於警察，長期的溉輸居民衛生理念、指導生活習慣、以及耗時的設計相關具體可行計劃，使貧富思想高低之人都可以接受的方案，警察署課長以下的警察依此計劃徹底努力的結果。〔註98〕臺灣人的衛生習慣對於日人衛生而言，可能是僅次於傳染病疫情。總督府制定相關的衛生法規，地方州廳就各地性質的不同而訂定因應的作為。警察對於衛生問題以保甲為領頭羊，動員民眾致力於公共環境的改造及維護。

〔註97〕「郡署實施事項」，《警友》，號 60（1930.7），頁 39。
〔註98〕金田匡哲，〈衛生模範部落的建設成就〉，《警友》，號 163（1936.10），頁 69。

綜合上述，從日人警察作為「指導教化」的基礎著眼，呼應了總督府當局強調日人警察必須學習臺灣語，不僅期許「取締不法」亦並著重警察以臺灣土語「宣傳政令」與「指導教化」，其所謂宣傳指導之作為甚致超過警察能範圍。此外，藉由警察的客語會話教材，隱約的透露了殖民管理者無處不介入的痕跡，警察不僅代表國家意志及法規的執行，其本身在執法的過程，經由各項業務推動亦營造了警察權威的形象。而這形象來源基礎則是「知識」，透過對人的掌握與法規的運用，由上往下的對臺人進行規訓。以小野西洲曾在台灣通信研究會發表的文章看亦呈現其背後所隱藏殖民者權力性：

> 如何將一視同仁與內地延長的真意義，講俾全島的臺灣人聽，俾恁十分了悟此個意思是第一要緊…（略）。第一有功效就是靠警察官的氣力，親像本島內警察官諸君，不時與本島人親近，本底有指導教化的責任，尚亦各個大概攏能曉講臺灣話，所以警察官諸君若有機會，講此個意義俾恁明白是真正要緊。〔註99〕

〔註99〕小野西洲著，《警察官對民眾臺語訓話要範》（臺北：臺灣語通信研究會，1935年），頁 178～179。

第五章　新竹地區的社會變化

　　從上一章可見，警察推展各項業務，除精實自我知識之訓練與養成外，經常藉由保甲、壯丁團或其他社會團體組織等，來輔助業務之推行。一般而言，臺人對於官方的各項生活文化的改革，底層民眾態度較為冷漠，但從日人的統計資料看，客家街庄對於官方所推動的各項社會改革活動參與率高，主因為地方領導人的積極推展。從殖民政府的各項行政統計看，新竹州客家族群不論在治安、教育、經濟及衛生方面都有明顯的進步，這代表了客家族群對殖民者的順從嗎？從經濟、教育及衛生等，生活模式角度來看，依循殖民者所設計的生活模式可以為生活帶來更好的條件。日人的各項統計數字亦代表著，殖民者對地方掌握的細緻度，換言之，亦可檢視被殖民者的日本化的熟成度，然而在文化的認同上，整體上來說客家仍遵循客家傳統文化。因此，就新竹州官方的統計書來看，社會變化，並就現有的統計料史來觀察閩客街庄社會異同。

　　日治時期士紳階層為日人拉攏之階層，並在一定程度上，影響地方民眾配合行政事務，並做為示範之用，而士紳階層亦從中獲取官職或專賣事業累積財富，此外，在新式教育上亦有帶領臺人跟進「文明」之作為以及鞏固自身地方領導人之用。在日治後期日人所推動的各項社會改正活動中，都可以看到其極積之身影。警察亦肯定新竹地區之客庄在參與官方所推行的社會活動，並彰顯客家文化的優點，將其併入在皇民化運動中。因此，本章藉由官方統計資料，著眼於新竹地區風俗、衛生與健康、臺人對官方社會活動配合與警察客家印象的轉變等，做進一步的探討。

第一節　風俗與宗教信仰

　　新竹地方的族群人口別雖然以客家為主，但日治時期新竹州政府鮮少就閩客族群各別的生活文化調查，僅能就新竹州所做的各項調查依地方閩客人數之多寡來推論實際的生活樣貌，例如新竹州衛生課刊行的《新竹州衛生概況》。但就實際以閩客地區別所做的調查以昭和九年（1935）所出刊的《新竹州保健衛生調查書綜合表（9～12 回）》可以較清楚的看到閩客生活文化的差異，以目前所能掌握的資料僅有昭和六至九年間的史料。因此，無法一窺整體新竹州日治時期的閩客生活差異，但日人的報告書仍然詳細的描述閩客之間的生活差異，可以看到客家生活樣貌。該項查調主要以新竹州各郡的地理、氣象、宗教、教育、產業、有關風俗習慣的疾病與醫療機關的分佈等，作為調查的方向，但調查的項目隨次數的增加而有更細部分類。新竹州保健衛生調查的區域，參閱表 5-1。

表 5-1：新竹州保建衛生調查區域

調查次第	調查地區	
9	苗栗郡	通霄、北勢、南勢
10	中壢郡新屋庄	新屋、東勢、北勢、九斗、埔頂、十五間、大坡
11	新竹郡香山庄	內香山、牛埔、浸水、虎子山、楊寮
12	新竹郡	油車港、十塊寮

資料來源：筆者整理自《新竹州保建衛生調查書綜合表（9、10、11、12 回）》（新竹：新竹州衛生課，1931～1934 年）。

　　表 5-1 日人調查域區多數為閩庄、除中壢郡新屋庄可以較清楚顯示為多數客家聚落外，其他的區域多數為閩人居住聚落，在日人的這份報告書看，區別閩客生活異同以風俗、宗教部分來探討。

一、風俗習慣

　　新竹州保健衛生調查，主要是由衛生課規劃調查方向，並由衛生課職員以及各郡衛生警察、街庄役員、保甲等協助調查事務。所呈現的調查結果以敘事性為主，少有探討各區的成形，多數討論未來各郡施政的建議。由於沒有過多的評論，藉此可以觀察當時各區域間發展異同，接著我們來觀察警察對這些區的調查是如何。

（一）通霄、北勢與南勢的調查

　　昭和六年（1931）衛生警察對苗栗郡的通霄、北勢與南勢地區作了生活習慣的調查，對於該地區的民風是這樣描述：「調查區域內多數為廣東族（客家），但也使用福建語，並有相互通婚的情形，住民一般而言勤勉，但近來有部分年青人惰弱。住民喜穿洋服，婦女無纏足，上層部民布鞋或草鞋，下層人士赤腳。」對於疾病的概念是這樣：「對患病時常問卜或飲符水情形漸少。」[註1]又指出居民的衛生思想缺乏，由於近年來教的的普及，衛生觀念漸漸發達，通霄地區下水道增建。然而，飲水的問題惡劣是未來要改善的項目。[註2]在民生經濟上該區內製帽業興盛，機器加入生產女工勞力價值下滑，一般下層階級家庭收入短縮。個人健康質數不高，男性 1,435 人採樣檢查有寄生蟲者有 1,210 人高達 78.12%，而女性也有 79.75% 的比率。參閱圖 5-1。

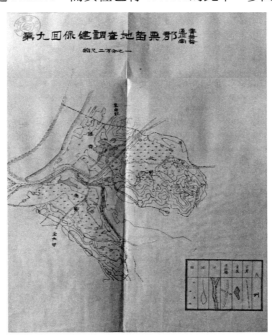

圖 5-1：苗栗郡調查地區

資料來源：新竹州衛生課編，《新竹州保建衛生調查書（9 回）》（新竹：新竹州衛生課，1931），無頁碼。

〔註 1〕新竹州衛生課編，《新竹州保建衛生調查書（9 回）》（新竹：新竹州衛生課，1931 年），頁 6。

〔註 2〕新竹州衛生課編，《新竹州保建衛生調查書（9 回）》（新竹：新竹州衛生課，1931 年），頁 3。

（二）中壢地區的調查

　　中壢郡轄內的新屋庄各大字東勢、北勢、頂埔、九斗、十五間、大坡等地，對於教育觀念十分發達，當局推動新式教育，該區居民多數讓子弟就學，中等學校畢業在升學高等者眾，甚至負笈日本就學者有二十五名，該區學齡兒童就學率高，新屋地區更達 73.53%。除此，在新屋庄大坡所設的國語練習會亦有百餘人參與。〔註3〕日人對於新屋客家族群的風俗描述是，客家大部分農耕生產，性個素樸勤勉，一般風俗及習慣與島內各地稍異，但新屋地區的生活方式有很多接近內地式居室設計，男女服裝衣著有內地化傾向，但有關於疾病的風俗還是習慣於問神、服神水、神符或坊間草藥偏方，而智能低者尤之。〔註4〕從這些日人的描述，大致的可以看到客家族群對於子弟教育的態度，但在個人的衛生保健以及風俗仍與時下一般臺人無異。參閱圖 5-2。

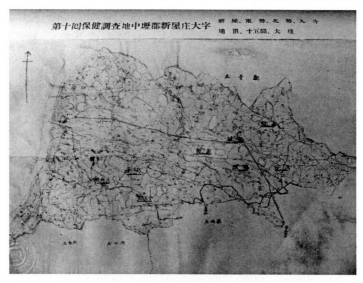

圖 5-2：中壢郡調查地區

資料來源：《新竹州保建衛生調查書（10 回）》（新竹：新竹州衛生課，1932 年），無頁碼。

（三）香山庄的調查

　　昭和六年（1933）四月二十七日，新竹州衛生課聯合牛埔保甲事務所，動員居民作各項的調查。整體而言，日人對於香山庄閩人的看法是衛生觀念低落，要改善衛生狀況要先掃除各種迷信思想、養成良好的衛生習慣、改善

〔註3〕《新竹州保建衛生調查書（10 回）》（新竹：新竹州衛生課，1932 年），頁 3。
〔註4〕《新竹州保建衛生調查書（10 回）》（新竹：新竹州衛生課，1932 年），頁 5。

飲水用水的方式以及改善側所的硬體環境。〔註5〕但對於居民對於教育的看法則認為，隨文化的發達也影響該區居民向學風氣盛，在公學校就讀的學童有增加的趨勢，畢業後再就讀中等教育者眾多。〔註6〕日人評論居民的個人健康質數不高，在 6,991 人的抽樣調查中 6,545 人檢測有寄生蟲，此外該地區的地方疾病甲狀線腫罹患以及肝病比率高。〔註7〕

（四）油車港、十塊寮調查報告

　　新竹州保建衛生調查在昭和七年（1934）的調查，是這樣的描述閩人聚落的人文環境，新竹舊港庄內的十塊寮、油車港、楝榔庄等主要為閩人聚落，在宗教的信仰上以儒教、道教所形成的宗教信仰，對於宗教很迷信。在教育的接受程度上，普遍接受教育，而高等教育的人口有成長的跡象。國語的推行從大正五年以來在十塊寮三王爺廟舉行，經大力推展四個月，一期有三十名到四十名會員參與研習，昭和三年油車港也陸續開辦成效不錯。〔註8〕參閱圖 5-3。從日人的簡易描述大致可以看出，該地區的社會情況大致上已步入日人所規劃的社會軌道。參閱圖 5-3。

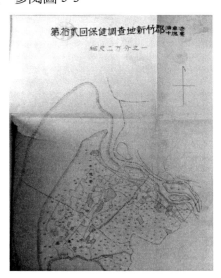

圖 5-3：新竹郡調查地區

資料來源：《新竹州保建衛生調查書（12 回）》（新竹：新竹州衛生課，1934 年），無頁碼。

〔註5〕《新竹州保建衛生調查書（11 回）》（新竹：新竹州衛生課，1933 年），頁 100。
〔註6〕《新竹州保建衛生調查書（11 回）》（新竹：新竹州衛生課，1933 年），頁 3。
〔註7〕《新竹州保建衛生調查書（11 回）》（新竹：新竹州衛生課，1933 年），頁 75。
〔註8〕《新竹州保建衛生調查書（12 回）》（新竹：新竹州衛生課，1934 年），頁 1～3。

　　住民在日常上缺乏衛生思想，這些多數來自於慣習。這裡的居民全數為閩人，質朴勤勉，然而，每遇疾病重輒趨於慣習迷信，祈神問卜或迷信偏方。〔註9〕另外，住民生活環境習慣上，圳路、河川等不潔，住宅內外食物、器皿、衣物不潔時有滋生蠅蟲之虞。由於該地多數為農漁業者，並依靠密集勞力，在居民健康上帶寄生蟲比率偏高，在 1,520 名男性與 1,330 名女性抽樣調查，帶寄生蟲者男性有 988 人，女性 973 人，分別是 94.49%與 95.06%。〔註10〕雖為閩人地區，但纏足者少，在八千七百人中的調查中，僅有二十五人，且為高齡者。日人在評論該地區的衛生情況時認為，居民的衛生思想頗幼稚，應該增進各項的衛生改善活動的推展，以寫真、通俗衛生講話、衛生展覽等來啟發並營造自治衛生的觀念。〔註11〕參閱圖 5-4。

圖 5-4：新竹郡調查地環境照

資料來源：《新竹州保建衛生調查書（12 回）》（新竹：新竹州衛生課，1934 年），無頁碼。

　　從上述衛生警察的地方風俗簡介中可發現，日治時期硬體環境有明顯的提升，但在民風思想上仍然充斥著一些迷信的作為，其中以患病時有歸咎於鬼神之說，個人衛生概念也不佳，因此臺人罹患寄生蟲比率高，但對於教育的接受度以已有大幅的提升，尤其是客家地區。藉此可以推論日治時期閩客街庄的風俗概況。

〔註 9〕　《新竹州保建衛生調查書（12 回）》（新竹：新竹州衛生課，1934 年），頁 8。
〔註 10〕　《新竹州保建衛生調查書（12 回）》（新竹：新竹州衛生課，1934 年），頁 52。
〔註 11〕　《新竹州保建衛生調查書（12 回）》（新竹：新竹州衛生課，1934 年），頁 87。

二、信仰的變與動

　　日本領臺初期由於各地反抗激烈，總督府為緩和臺人反日情緒，進而採取尊重舊慣的政策，依據府令 59 號「舊慣之社寺廟宇建立廢合手續」〔註 12〕臺人的宗教信仰也被列為包容的項目之一。〔註 13〕但基本上日人認為臺人的信仰「迷信」成分居多，在日治後期 1938 年，總督府開始大規模的施行宗教改革政策。臺人對皇民化運動的反應，因項目的不同而有不同的反應。一般而言，臺人對宗教改正最不熱衷，表面上雖然被迫接受神道信仰，骨子根本不信。〔註 14〕總督府以宗教改革壓抑臺人固有宗教，並企圖透過整理、裁併地方寺廟來達到消滅臺灣固有宗教的最終目的，警察在這項活動中也扮演了重要的角色。

　　日人對於臺人的宗教信仰評論負面居多，新竹州警察機關對轄內居民的宗教信仰不論閩客多為負面描述，以迷信、愚昧來評論一般民間的信仰。〔註 15〕宗教改正政策下，警察也成為該政策的執行者，期間新竹州警務部更明定神棚安置的標準作法，刊行在《警友》雜誌上，其中敘明了神棚安置的場合、祭品、神棚的祭拜方法。〔註 16〕昭和十二年（1937）總督府舉行「神宮大麻」頒授典禮，既意味著國家行政的意志，臺人被要求在家中設置日式神龕，每日早晚禮拜。〔註 17〕新竹州政府對於臺人宗教改革的成效如何呢，從新竹州的統計數看，不論臺人是否真正信仰日本神道，殖民政府初步仍獲得不少的成果。官方透過儀式，學校行活動、培養皇民精神，使臺人體認國民精神之所，即是以學校一切訓練為基礎，使學校成為當兵即是良民的皇民道場。〔註 18〕參閱表 5-2。

〔註 12〕「舊慣二依ル社寺廟宇等建立廢合手續」，《臺灣總督府府報》，府令 59 號，1899 年 7 月 11 日。http://140.115.130.200.ezproxy.lib.ncu.edu.tw/LiboPub.dll?Search1#，2011/11/24 下載。

〔註 13〕「舊慣二依ル社寺廟宇等建立廢合手續」，《臺灣總督府府報》，府令 59 號，1899 年 7 月 11 日。http://140.115.130.200.ezproxy.lib.ncu.edu.tw/LiboPub.dll?Search1#，2011/11/24 下載。

〔註 14〕周婉窈，〈臺灣公學制度、教科和教科書總說〉，《臺灣風物》，第 53 卷 4 期（2003.12），頁 169。

〔註 15〕新竹州衛生課編，《新竹州保建衛生調查書（2 回）》（新竹：新竹州，1932～1934），頁 8。

〔註 16〕「神棚と其のまつり方」，《警友》，號 152（1935.11），無頁碼。

〔註 17〕何義麟，〈皇民化政之研究──日據時代末期日本對臺灣的教育政策與教化運動〉，臺北：中國文化大學日文研究所碩論文，1986 年，頁 98～99。

〔註 18〕杜武志，《日治時期的殖民教育》（臺北：臺北縣立文化中心，1997），頁 261。

表 5-2：新竹州民風調查表

郡別	街庄	戶數	大麻（祀拜）戶數、%*		備有國旗戶數、%*		神棚數	瞭解日語比率
新竹郡	舊港庄	2,470	1,500	0.6	2,278	89	3	36.87
	紅毛庄	1,468	880	60	836	56	3	29.12
	湖口庄	2,238	1,350	60	2,150	98	5	32.09
	新埔庄	3,829	2,200	57	2,481	64	3	33.96
	關西庄	4,402	2,050	46	3,402	77	0	33.32
	六家庄	1,033	650	62	950	91	2	31.25
	香山庄	2,228	1,400	62	2,200	98	5	29.05
	總計	16,668	10,030	60	14,297	85	21	33.22
中壢郡	中壢街	4,354	3,125	71	3,964	91	6	26.38
	平鎮庄	1,782	1,332	74	1,780	99	10	31.29
	楊梅庄	4,020	2,920	72	3,133	80	9	30.14
	新屋庄	2,893	2,135	73	2,300	79	17	23.83
	觀音庄	2,371	2,001	84	2,214	93	5	23.40
	總計	15,420	11,513	74	13,391	86	47	27.01
桃園郡	桃園街	4,780	3,692	77	4,780	100	3	41.69
	龜山庄	2,633	2,076	78	2,598	98	5	29.59
	蘆竹庄	2,171	1,879	86	2,171	100	4	39.04
	大園庄	2,861	1,260	44	2,861	100	4	31.43
	八塊庄	1,399	1,243	88	1,299	92	3	28.93
	總計	13,844	11,150	80	13,809	99	18	35,28
大溪	大溪街	4,819	1,565	32	4,325	89	3	24.55
	龍潭庄	2,862	949	33	2,570	89	1	37.96
	總計	7,681	2,514	32	6,895	85	4	29,32
竹東郡	竹東街	2,997	2,713	90	2,997	200	6	31.53
	芎林庄	1,665	1,000	60	1,640	98	4	31.74
	橫山庄	1,857	1,000	53	1,857	100	2	35.94
	北埔庄	1,523	900	59	1,523	100	5	32.44
	峨眉庄	904	871	96	892	98	2	28.32
	寶山庄	1,356	1,325	97	1,356	100	10	24.74
	總計	10,302	7,809	75	10,265	99	29	31,83

竹南郡	竹南庄	2,916	2,040	69	2,193	75	2	36.60
	頭分庄	3,010	2,164	71	2,960	98	5	39.74
	三灣庄	1,171	834	71	1,129	96	0	28.16
	造橋庄	1,226	870	70	1,042	84	0	22.87
	南庄	1,534	1,046	68	1,156	75	8	39.33
	後龍	3,919	2,766	62	3,919	100	6	27.00
	總計	13,776	9,721	70	3,399	24	21	34.97
苗栗郡	苗栗街	3,589	2,555	71	3,050	84	9	35.08
	頭屋庄	1,140	912	80	1,126	98	11	34.57
	公館庄	2,705	2,085	77	2,651	98	10	44.82
	銅鑼庄	1,900	1,737	91	1,840	96	17	43.65
	三叉庄	1,140	984	86	912	80	9	36.56
	苑裡庄	3,627	2,824	77	2,632	72	20	39.28
	通霄庄	3,156	2,514	79	2,952	93	7	40.19
	四湖庄	1,132	788	69	1,094	96	0	43.37
	總計	18,389	14,399	78	177,157	96	83	39.69
大湖郡	大湖庄	2,140	1,000	46	2,107	98	23	41.37
	獅潭庄	947	500	52	814	85	2	23.96
	卓蘭庄	1,256	700	55	1,201	95	21	38.24
	總計	4,343	2,200	50	4,122	94	46	36.37

資料來源：《新竹州教育統計要覽》（新竹：新竹州教育課，1938 年），頁 74～75。
　　　　　*筆者換算數字。

　　從日人的統計表看，首先可以看到一個共同的現象，就是臺人日本國旗的自備率，整體看起來都有近九成五的比率，這種外在象徵性的順從行為，符合了日人整體的一致性要求。在不影響臺人生活內涵的前提下，自備日本國旗成了臺人普遍的社會行為。另外日人統計的大麻祀拜人數上，閩客地區都有近 9 成的施行率，但實際上在家中安置神棚的比率以上表總戶數 111,245 中僅有 269 戶安置神棚看，僅佔不到 0.2%比例。

　　由於「正廳改正」、「寺廟改正」運動是在總督府的默許下，由地方官吏為主導的情形。因此，各街庄可能因主事官長的態度而作法上有鬆緊的差異，中壢郡守宮崎直勝為最積極者，其著作《寺廟神昇天—臺灣寺廟整理覺書》就這樣的紀錄中壢郡的執行情形。宮崎直勝集合了郡內街庄長、協議會員、寺廟管

理人、地方領導人等，決議以寺廟全廢為原則，過渡方案為一庄留存一寺，其他則廢除，保留者為中壢街的仁海宮、平鎮的建安宮、楊梅的錫福宮、新屋庄長祥宮、觀音庄的甘泉寺等。〔註19〕因此，中壢郡在大麻祀拜戶數上，成為新竹州最高的地區，其總戶數 15,420 有 11,513 戶參拜，有近七成五的比例。

有趣的是以閩客地區來區分不易看出神棚的比率數，以郡為單為看，可以明顯看到各郡的差異，以大湖郡來看，在總戶 4,343 中有 46 戶安置神棚數比例高達 0.1%，而閩人聚落為多的桃園郡以總戶數 13,844 中僅有 18 戶的神棚數只有 0.01%。到了日治末期 1942 年日人統計全臺臺人約 997.251 戶，其中安置神龕者有 727,859 戶，約佔 73%。〔註20〕但這並不代表總督府在神道的推展上有一定的成果，而是日本的「繰出式」牌位，能被保留使用，是這種牌位比傳統漢人公媽牌方便且不占空間〔註21〕。

第二節　衛生習慣與健康

就日人在新竹州所做的閩客庄的調查來分析，在看似微不足道的各項生活作息上。例如，沐浴、廁所、廚房、飲水以及與職業相關之疾病等深入調查，藉此作為了解整體臺人之健康值。整體而言，衛生習慣及風俗影響了居民的健康值數。日人的各項衛生統計亦可作為檢視閩客街庄臺人，在警察一致的治理下，是否呈現一致性，而這些差異是來自於警察之治理，或肇致於本身生活習慣。而這些經過調查收集的訊息，如何對這些訊息進行編整各種監控，成了行政的基本要件，是一種知識與權力的相互指涉的過程。而殖民者在些泛個人習慣之健康調查，其所指涉之部分已非如早期之治安監控，而是個人日常生活形態的調查，也意味著殖民者對於臺人之掌控有更細緻的操作。而日人改造新竹州民之內涵，基本上可分為「強制」與「取代」兩項，〔註22〕新竹州民的日常生活、宗教習俗以及醫病關係皆成為行政監控及滲透的對象，並以表格與數據呈現出新竹州民之現況，進而以這些訊息進行細緻的統治。

〔註19〕守宮崎直勝，《寺廟神昇天——臺灣寺廟整理覺書》（東京：東都書籍，1942年），頁35～38。
〔註20〕江間常吉、白井朝吉合著，《皇民化運動》（臺北：野田書房，1939 年），頁110。
〔註21〕蔡錦堂，《戰爭體制下的臺灣》（臺北：日創文化，2006 年），頁36～37。
〔註22〕陳君愷，〈光復之役：臺灣光復初期衛生與文化問題的鉅視性觀察〉，《思與言》，31：1（1993.3），頁117。

一、個人衛生習慣

（一）沐浴

衛生警察的調查書是這樣描述新竹州民的沐浴方式:「臺人的沐浴方式通常以水桶或洗臉器,盛溫水沖洗或拭洗身體,沐浴次數夏季多於冬季,而客家地區沐浴頻率多於閩人地區。」〔註23〕以中壢地區為例,在總數 6,848 人的抽樣中,夏季每月沐浴次數 30 次者有 6681 人高達 97.56%。而南寮地區在 2,325 人的抽樣調查中,夏季每月有 30 次者有 1,896 人佔 81.55%。〔註24〕香山地區夏季 7,808 人的調查中每月沐浴 30 次者 7,539 人佔 96.63%。〔註25〕通霄地區在 2,542 人的調查中每月沐浴 30 次者 2,347 人佔 95.72%。〔註26〕整體上看閩客地區沐浴習慣並沒有大幅的差異,中壢地區僅多出香山地區 0.93%。參閱表 5-3。

表 5-3：夏季沐浴次數

次 地區	30	25	20	15	10	8	6	5	1	0	計 %
新屋 （人）	6,881	71	82	11	3	-	-	-	-	-	6,848
	97.56	1.04	1.20	0.16	0.04	-	-	-	-	-	100%
香山 （人）	7,539	18	73	81	32	4	8	-	4		7,803
	96.62	0.23	0.19	0.94	0.62	0.05	0.09		0.24		100%
通霄 （人）	2,347	64	41	-	-	-	-	-	-	-	2,452
	95.72	2.61	1.67	-	-	-	-	-	-	-	100%
南寮 （人）	1,896	120	285	22	-	-	-	1	-	1	2.325
	81.55	5.16	12.26	0.95	-	-	-	0.04	-	0.04	100%

資料來源：筆者整理自《新竹州保建衛生調查書（9、10、11、12 回）》（新竹：新竹州衛生課,1932~1934 年）。

（二）廁所的衛生狀況

廁所是影響個人居家健康的重要因素,日據時期廁所的設置及家肥的處置

〔註23〕新竹州衛生課,《新竹州保建衛生調查書（10 回）》（新竹：新竹州衛生課,1932 年）,頁 74。

〔註24〕新竹州衛生課,《新竹州保建衛生調查書（10 回）》（新竹：新竹州衛生課,1932 年）,頁 73。

〔註25〕新竹州衛生課,《新竹州保建衛生調查書（11 回）》（新竹：新竹州衛生課,1933 年）,頁 84。

〔註26〕新竹州衛生課,《新竹州保建衛生調查書（9 回）》（新竹：新竹州衛生課,1931 年）,頁 116。

妥當與否，不只攸關個人健康也影響居家週遭環境，日據時期臺人普偏感染寄生蟲，這個現象可以從地區、年齡、職業別等有不同程度的感染率。我們從各地區臺人的廁所設施來看，各地區對於個人衛生觀念。一般看來農材臺人的側所多數設置在豬舍旁與畜肥共置，衛生條件一般而言不甚理想，日人將廁所分三個級數來評論，良、中、不良，並將日人一同列為評論之列，在日人的調查中日人的側所多數被列為良，少數中，不良者幾乎沒有出現在統計數字中。

在日人調查的四處地區中壢區農牧性質高，養殖豬牛成為農家重要的副業，在豬舍旁設置簡易的廁所是一般農家慣習有 49.32%戶是以這種模式除理個人生理衛生，將人肥與畜肥共置一處，並將堆肥施於農作之上，在這種農耕的模式上，肥料的堆積與處理成了影響衛生環境的因素。〔註27〕總督府事務官森島庄太郎從全臺的衛生統計來分析，其認為臺人衛生知識不足，尤其是偏遠鄉村民眾，時有任意放養豬隻隨地排泄污染環境，或飲用不潔地下水，時而發生重大疾情。〔註28〕而通霄、南北勢地區閩人廁所設置，多數與豬隻共同於豬舍，時有糞便滿溢造成污染。〔註29〕這種情況在當時的農村社會社是非通普遍的，也是造成傳染病持續漫延的因素之一。參閱圖 5-5。

圖 5-5：新屋地區客庄的豬舍

資料來源：《新竹州保建衛生調查書（10 回）》（新竹：新竹州衛生課，1932 年），無頁碼。

〔註27〕 新竹州衛生課，《新竹州保建衛生調查書（10 回）》（新竹：新竹州衛生課，1932年），頁 105。

〔註28〕 森島庄太郎，〈統計上見臺灣衛生狀態〉，《臺灣警察時報》，第 470 號（1921.4），頁 20～22。

〔註29〕 新竹州衛生課，《新竹州保建衛生調查書（9 回）》（新竹：新竹州衛生課，1931年），頁 132。

豚　　　　　　　舍

圖 5-6：通霄閩庄地區豬舍

資料來源：《新竹州保建衛生調查書（9 回）》（新竹：新竹州衛生課，1931 年），無頁碼。

　　除中壢外其餘三處調查地區臨近海濱畜牧養殖不興盛，在日人的統計資料並沒有明顯呈現與客家地區相同的情況，但在廁所自有設置率上，以香山的 65.31%戶為最高，中壢地區有近 50.68%戶為次之，但以數量上來看中壢地區最高。參閱表 5-4。

表 5-4：廁所自有率與良率

地區、良率　　　戶數、人口			戶數		人口	
			數	%	數	%
新屋	良	內地人	7	100	19	100
		本島人	10	0.11	67	0.98
		計	17	1.9	86	1.25
	中	內地人	0	0	0	0
		本島人	76	8.56	803	11.73
		計	76	8.49	803	11.69
	不良	內地人	0	0	0	0
		本島人	352	39.64	3,568	52.10
		計	352	39.33	3,568	51.96

香山	良	內地人	19	86.36	55	80.88
		本島人	11	2.12	91	2.75
		計	30	5.54	146	4.31
	中	內地人	3	13.64	13	19.12
		本島人	51	9.86	482	15.60
		計	54	9.96	495	14.60
	不良	內地人	0	0	0	0
		本島人	270	52.12	1,776	53.59
		計	270	48.82	1,776	53.59
通霄	良	內地人	18	81.82	55	80.88
		本島人	31	5.92	294	8.86
		計	49	9.04	349	10.29
	中	內地人	2	9.90	11	16.18
		本島人	245	47.57	1,723	51.90
		計	247	45.57	1,735	51.15
	不良	內地人	0	0	0	0
		本島人	236	45.56	1,283	38.64
		計	236	43.91	1,283	37.85
南寮（油車港、十塊寮）	良	內地人	10	50.00	25	55.36
		本島人	3	2.86	342	0.26
		計	12	3.78	367	0.69
	中	內地人	10	50.00	0	44.46
		本島人	32	2.86	869	4.38
		計	43	3.78	869	4.71
	不良	內地人	0	9.30	0	11.14
		本島人	104	9.13	869	11.14
		計	104	9.14	869	11.06

資料來源：筆者整理自《新竹州保建衛生調查書（9、10、11、12 回）》（新竹：新竹州衛生課，1931～1934 年）。

二、職業與健康

健康與職業的關係：

　　在日據時期臺人的個人衛生習慣，不僅是個人健康也是整體國家健康值數的觀查值，個人清潔習慣及衛生設施更直接的影響個人健康，我們從上述日人的衛生調查可以看到臺人的衛生習慣雖然比以有往改善，但到了昭和七、八年新竹州民臺人的健康值數仍然偏低。參閱表 5-5。

表 5-5：寄生蟲抽樣調查數

地區	抽樣人數	男	女	有寄生蟲者	男	%	女	%
新屋	6,513	3,421	3,092	5,592	2,902	92.49	2,688	94.72
香山	6,991	----	----	6,545	----	50.27	----	49.73
通霄	3.360	1,547	1,713	3,360	1,210	78.12	1,316	81.18
南寮	2.850	1547	1330	1,961	988	94.49	713	95.06

資料來源：筆者整理自《新竹州保建衛生調查書（9、10、11、12 回）》（新竹：新竹州衛生課，1931～1934 年）。

　　新竹地區臺人的寄生蟲比率十分普遍，這與生活型態有關，歸納日人的臺人健康統計數看，農牧生活型態愈高罹患寄生蟲比率愈高，其中以蛔蟲、蟯蟲、便蟲與東洋毛樣線蟲等最為普遍。在統計樣本上看，通霄的南勢地區為農耕生活型態，罹患寄生蟲比率高達 84.76%，在 466 人的抽樣中有 395 人患染寄生蟲染患率最高。〔註30〕而以農業為主的中壢地區患染寄生蟲比率也高達 94.72%。其次臨近海濱從事漁業其染患寄生蟲率也不低。這樣高的寄生蟲染患率，不僅有礙個人健康發展，也影響整體國民健康值，在日人的調查中，被感染寄生蟲者，與其人種、職業性質、性別、年齡、教育等有密切關係，日人曾以 61 種職業別作為調查樣本，整體而言新竹州民，各行各業染患寄生蟲的情況十分普遍，在低劣的大環境下，臺人感染寄生蟲的比率十分高，而臺人社經地位愈低者感染率愈高，甚至多重感染多種寄生蟲。整理如表 5-6。

〔註30〕新竹州衛生課，《新竹州保建衛生調查書（9 回）》（新竹：新竹州衛生課，1931年），頁 77。

表 5-6：感染寄生蟲地區職業別

職業別	感染寄生蟲人數、地區別											
	新屋（人）			香山（人）			通霄（人）			南寮（人）		
	抽樣數	患染數	%	抽樣數	患染數	%	抽樣數	患染數	%	抽樣數	患染數	%
田畑作	1,695	1,602	94.51	2,598	2,458	94.79	426	348	81.92	470	401	94.73
田畑手傳	822	781	95.01	---	---	---	---	---	---	---	---	---
漁業	---	---	---	215	208	96.74	15	13	86.67	133	124	95.49
去勢業	4	4	100	---	---	---	---	---	---	---	---	---
瓦製業	7	7	100	14	14	100	---	---	---	---	---	---
鍛冶業	4	3	75.00	2	2	100	6	5	83.33	---	---	---
糖子製造業	2	2	100	---	---	---	24	19	79.17	---	---	---
豆腐製造業	11	10	90.91	---	---	---	---	---	---	---	---	---
裁縫業	7	7	100	---	---	---	---	---	---	---	---	---
竹細業	10	8	80.00	16	15	93.75	---	---	---	6	5	83.33
製衣業	---	---	---	406	393	96.80	607	489	80.56	85	83	97.65
果物商	4	4	100.	---	---	---	---	---	---	---	---	---
雜貨商	27	22	81.48	115	111	96.52	226	167	73.89	37	36	97.30
藥種商	11	11	100	---	---	---	---	---	---	---	---	---
吳服商	9	9	100	---	---	---	---	---	---	---	---	---
米穀商	19	18	94.74	---	---	---	---	---	---	---	---	---
肉商	4	4	100	---	---	---	---	---	---	---	---	---
理髮業	5	5	100	---	---	---	---	---	---	---	---	---
飲食店	3	3	100	52	46	88.46	---	---	---	2	2	100
旅宿業	1	1	100	12	12	100	28	20	70.73	1	1	100
信用組合	2	2	100	---	---	---	---	---	---	---	---	---
郵便配達	1	1	100	---	---	---	---	---	---	---	---	---
駕駛車掌	3	3	100	39	35	89.29	41	29	70.73	10	10	100
轎夫	2	2	100	---	---	---	---	---	---	---	---	---
埤圳監視員	1	1	100	---	---	---	---	---	---	---	---	---
教育事業	9	7	77.78	4	1	25.00	10	7	70.00	---	---	---

僧侶	3	3	100	7	5	71.43	16	9	56.25	---	---	---
醫生	1	0	0	---	---	---	4	2	50.00	---	---	---
日傭	350	337	96.29	---	---	---	111	90	81.08	---	---	---
貸地業	45	41	91.11	---	---	---	---	---	---	---	---	---
公校生學	440	417	94.77	441	419	95.01	256	217	84.77	143	143	100

資料來源：筆者整理自《新竹州保建衛生調查書（9、10、11、12 回）》（新竹：新竹
州衛生課，1931-1934 年）。

第三節　客家族群對官方社會活動的配合

　　總督府在治臺的五十年中，其教育政策採「菁英教育」原則，以中上層
社會階級之子女為對象，培育皇民化領導階層。〔註31〕從這個觀點看，官方
所推行的活動與外圍組織即可見殖民者的操作手法。各項社會活動皆可視士
紳或地方菁英份子參與領導。臺灣在 1941 年 4 月成立皇民奉公會，表面上
是由民運作組織，其組織可分為中央、地方以及外圍組統三個系統，中央本
部設置於臺灣總督府，各州、廳、市、郡、區、庄等設位分會，方法上透過
組織活動、書籍、報紙、影片等來型塑民眾的思想。奉公會又有許多外圍團
體，例如，「救國會」、「奉公班」等作法上以實踐「臣道」，為國家奉獻心力
財力，因此在日治時期「奉仕」（服務、効力）兩字，可謂實踐臣道的具體
行動。〔註32〕

　　推行各項社會活動，區、庄長、社會團體成為殖民政府重要的領頭羊，
而警察在這過程中亦藉地方知識快速的進入到地方的社會結構鏈，並藉其固
有之權威性，直接或間接的影響臺人，其切入的手段不外乎以披上社會教育、
國語學習等，帶領臺人學習新知之名，行思想改造之實。Peattie 觀察日治時期
的臺灣警察發現，警察的角色不亞於殖民決策者，「尤其是無所不在的警察，
對於維持秩序、改正、改編與那些可視為現代化活動之任務，都熱烈、無情
的進行著。」〔註33〕地方士紳階層亦時有兼任地方公職，具雙重身份，因此，

〔註31〕楊建成，《臺灣士紳皇民化個案研究：日治時期 450 位臺灣士紳改換日本姓氏
　　　之個案統計分析》（臺北：龍文，1995 年），頁 C7。
〔註32〕黃昭堂著、黃英哲譯，《臺灣總督府》（臺北：自由時代，1989 年），頁 176～
　　　179。
〔註33〕Peattie Mark R., *japanese colonial empire 1895-1945*, New Jersey: Princeton
　　　University Press. (1984), pp44.

在生活改革活動上，在某種程度上亦成為殖民政府依重之對象，同時也是臺人理想生活模式的模仿對象，士紳階層之象徵資本不僅累積自身在權力分配的地位，亦累積其社會資本。而處於底層之臺人成了被殖民政府所收編、被教育與追隨者之角色，在這不對秤社會結構中，身處底層之客家族群，其公民性充斥矛盾與認同的混亂。

一、警察與社會教育

（一）君國思想

日人對臺灣的認識與論述，除了藉由地方警察與其輔助機關保甲組織外，更利用外圍次級社會團體來推行社會活動，其對於閩客人民對於教育的看法，原則上不是以族群別作為觀察的指標，方法上以城鄉及地區開發作為依據，目的上以「忠君」與「愛國」為主軸。松下安喜在入選警察一等獎之論文中曾提及，強化民眾國民精神之方為民眾警察化，而其所謂警察化指的是，如同警察一般之信念，並以保甲會議、壯丁團、團體參拜神社等時機，宣揚皇道思想，並從行政法理論來探討警察如何強化國民精神教育。〔註34〕新竹警察課渡邊義二也指出，國民精神教育是更高層次的鍛練，唯有藉此方得體驗日本精神之真諦，而警察對於民眾而言，則須肩負重責。〔註35〕而署名 A 生者更以〈文學線上的警察官〉作為故事敘事之對象，描述警察如何提升國民皇道精神而犧牲奉獻。〔註36〕高等警察課於保昌也認為，以思想監控業務來看臺人，監控只是治標的手法，若能在更高層次之國民精神來教育臺人，則有助於愛國思想的一致性。〔註37〕這些論述的共同性即是，教化臺人於「忠君愛國」之體制下。

然而，從新竹州各郡的教育統計數看，閩客族群都重視教育，但這些仍然著重在學齡之教育，另外以總督府的廣義教育視角來看，成人的社會教育也是殖民政府重視的一環，而各業務警察也將各項政策植入社會教育上。例如，國語講習所、國語講習會、公民講習所、男女青年團、青年團、映畫教

〔註34〕松下安喜，〈論民眾警察化具體之對策〉，《警友》，號 155（1936.1），頁 110～112。

〔註35〕渡邊義二，〈國民精神之維持者〉，《警友》，號 156（1936.2），頁 22～24。

〔註36〕A 生，〈文學線上警察官〉，《警友》，號 154（1935.12），頁 93～96。

〔註37〕於保昌，〈就高等警察〉，《警友》，號 154（1935.12），頁 20～21。

育等，警察雖然沒有直接的主導這些會所，但經常藉由會所講習時宣導國家政策及規定。日人推行社會教化運動目的為推廣日語、推行風俗同化、培養青年皇民精神為主。〔註38〕

　　總督府的教育政策在 1930 年以後因日本國內軍國勢力的擴張也有明顯的改變，學校的教學宗旨，著重在國民意識的灌輸。〔註 39〕訓練臺人投入經濟生產的行列，總督府對於廣義的「教育」從小學校（公學校）、中學校、高等學校到青年訓練所、青年團、圖書館、公民講習所、家長會、主婦會、國語講習所、國語練習會、生活改善會等都是總督府所重視的教育環節。透過奉讀的儀式，從內面的潛移默化培養對天皇的畏敬，以支撐近代日本天皇制國家的形成外，於初等教育修身教科書中登載有關教育勅語之內容，亦是攸關學生「國民精神涵養」、培養「忠教之念」、「忠君愛國」情操的方法之一。〔註40〕這種學校公民教育的概念也可以看到被沿用在社會公民教育上。

（二）日本精神之形塑

　　營造良好的社會安治安只是殖民政府治理臺灣的第一步，但其最終的目的是要將臺人教育成具有日本人的想法，做個道道地地的日本臣民、對日本天皇忠心。〔註41〕學校教育體系是訓練學生從小培育「日本化」精神的基礎，但日人也發現家庭教育若無法配合，將削弱了學校教育的成果，日人認為臺人所保有的傳統風俗、習慣和天性等，對學校公民教育的實施具有後大的阻礙。〔註 42〕為了更有效率的教化臺人，社會教化運動將施教的對象集中於成人或未入學之人，其目的在使整個臺人所處的社會生活環境更接近學校內的氛圍，這種概念初步在 1920 年開始執行，以各地的成人團體教授日語，通常由教師或警察主持的夜學，但初期成效不佳。

〔註38〕何義麟，〈皇民化政之研究——日據時代末期日本對臺灣的教育政策與教化運動〉，臺北：中國文化大學日文研究所碩論，1986 年，頁 162～165。

〔註39〕日本在進入戰爭時期，國民公校的修身書內容反映戰時體制的精神。參閱王錦雀，《日治時期、臺灣公民教育與公民特性》（臺北：臺灣古籍，2005 年），頁 179。

〔註40〕蔡錦堂，〈教育勅語、御真影與修身科教育〉，《臺灣史學雜誌》，期 2（2006.2），頁 142。

〔註41〕王錦雀，《日治時期、臺灣公民教育與公民特性》（臺北：臺灣古籍，2005 年），頁 182。

〔註42〕歐用生，〈日據時代臺灣公學校課程之研究〉，《臺南師專學報》，期 12（1979.12），頁 96。

　　新竹州警務部也成經要求各警署加強推展學夜學，要求學生家長和婦女團體參加學校校長、政治人物、或他他地方官員的演講或談話，但與會演講者都以日語發表，但經過翻譯後內容變的笨拙。昭和三年（1928），總督府挹注了更多的金經，補助並獎勵支持日語的社會教育事業。〔註43〕補助的作法多了一個讓地方領袖參與的動機，另外，總督府的補助形成了一個政策，地方警察也成了另一個推動政策的推手。新竹州務部更要求各郡警察加強推展，新竹州巡查認為要撤底改善居民的衛生習慣，除了配合法規的要求外，強調居民社會教育的實施，及「日本精神」養成方有治本之效。〔註44〕

　　昭和六年（1931）年，九一八事件之後，總督府為了強化對臺統治，制定了「十年計畫」，全臺遍設「國語講習所」以推動普及日語。〔註45〕新竹州政府將國語練習所的課程生活化，例如，藉由女子裁縫、手工藝等吸引臺人參與，並利用每年在農閒時期密集辦理活動，由學校老師、警察與地方有志人士為講師。〔註46〕1941年成立的「皇民奉公會」，依各地行政區域，由下至上在臺灣各地設立支部、支會、分會、部落會、奉公班，所有社會團體都編入奉公會組織。〔註47〕

二、國語學習與生活改革

（一）警察與活動規劃

　　整體而言，昭和時期總督府所建立的國民教育體制日趨完備，但仍有許多早期未受教育的成人以及因故無法就學的成人。因此，設置成人教育課程可以增加臺人教授日語的機會，以資其日常生活，並灌輸日本國民精神。這些社會講堂的設立成了官方再度握失學者以及「無日語感」的臺人，重新灌輸日本國民精神的機會。昭和四年（1929）北埔庄依據國語練習會規定，於北埔、大坪、南埔及大湖等處舉辦國語練習會。四年後依新竹州訓令第八號，

〔註43〕中越榮二，《臺灣の社會教育》（臺北：臺灣社會教育刊行所，1936年），頁10。

〔註44〕遠藤惇雄，〈衛生實施關最效果的認方策〉，《警友》，號147（1935.6），頁26。

〔註45〕何義麟，〈皇民化政策之研究〉，臺北：中國文化大學，1986年，頁127。

〔註46〕菅野秀雄，《新竹州沿革史（中）》（新竹：新竹沿革史刊行會，1939年），頁370。

〔註47〕吳文星，〈日治時期統治政策與體制〉，《臺灣開發史》（臺北：國立空中大學，1996年），頁201～220。

將北埔國語練習會改成國語講習所，以北埔區域內因故不能參加正規教育的子女，列為招收對象。﹝註48﹞從國語講習所的規程來看，其目的教育失學者授予國語及日本精神的涵養，其規程如下：

一、目的：對於不常用國語而又不能參加正學校教育者，予以傳授國語，兼授公民應有之教養為目的。

二、名稱：本講習所稱為北埔國語講習所，設於北埔公學內。

三、講習期間：自四月起至次年三月止為一學年，講習滿二學年後結業。

四、講習日數及時間數：每一學年之講習日數為 150 日以上，分為三學期，學期之起訖日期比照公學校，一日之講習時數以二小時為標準。

五、講習生年齡：講習生年齡訂為 10 歲以上 25 歲以下。但有持別事情者，雖逾 25 歲亦可准予入所。

六、講習生定額：每班定額以 60 人為標準。

七、講習科目：修身及公民、國語、唱歌、體操及其他必要之科目。修身及公民 50 小時，國語 200 小時，唱歌、體操 50 小時，共計 300 小時。

八、職員：講習所置主事一名、講師若干名。

主事掌理所務並從事講習。

講師承主事之指揮從事講習及所務。

講師為專任，自持有教員證書或具有教育經驗者中遴選之。但亦得委請公學校職員或其他適當者擔任。

九、講習費：不收講習費。﹝註49﹞

昭五年新竹州即發布訓「國語練習會設置標準」，其中警察也名列國語練習講師之列。

一、主旨：本會國語練習所兼涵養國民精神。

﹝註48﹞島袋完義著、宋建和編，《北埔鄉土誌》（新竹：新竹縣文化局，2006 年），頁100。

﹝註49﹞島袋完義著、宋建和編，《北埔鄉土誌》（新竹：新竹縣文化局，2006 年），頁100～102。

二、名稱：以什麼什麼國語練習會稱之。

三、設置區域：按市、街、庄各字號來設置。

四、設署者：市、街、庄等教化團體。

五、練習日數時數：一年共 90 日，180 小時以上。

六、會員數：每會場 40 人為標準。

七、練習科目：以國語（日語）為主、公民、算術、唱歌、裁縫以
及實業等。

八、講師：專任講師設置原則以學校職員、市街庄職員、警察以及
地方有識之士得委以囑託。〔註50〕

警察除了執行法律所賦予之業務外，其勢力也影響到一些社會的外圈組織團
體，從現有的資料來看大正年間到昭和六年間，官方對於臺人參與官方改革
活動有功者，經常會利用各項名目的來表彰，其中值得注意的事，在一片以
臺人官吏為主表彰的場域中，亦有日警行原幸喜、宮原豐次、岩淵幸次等三
名巡查也同列其社會教育功勞者表彰中〔註51〕。

（二）士紳之動員

大正二年（1914）年總督府下令各廳設國語夜學會，即著手社會教育，
大正 9 年（1920）地方制度改正後，各州或郡相繼有國語練習會或國語講習
會之設置，致力於普及日語。昭和五年（1930）年各地共有日語普及會 1,900
餘所，昭和十年（1935）一年制以上的日語講習所高達 1,600 餘所，結業生突
破 10 萬人。〔註52〕為了推展日語早在昭和三年（1928）總督府即挹注了金費，
並獎勵支持日語的社會教育事業。〔註53〕地方政府也經常利用各項看似不同
性質的活動來推展這項活動，這些演講主題範圍很廣，包含衛生、納稅、道
路維修與教育等，但有時語言的隔閡在透過翻譯後，內容通常變的生澀無趣。
〔註54〕

〔註50〕新竹州教育課，《新竹州教育要覽》（新竹：編者，1931 年），頁 14～15。
〔註51〕新竹州教育課，《新竹州教育要覽》（新竹：編者，1931 年），頁 109～112。
〔註52〕吳文星，《日據時期臺灣師範教育之研究》，臺北：國立臺灣師範大學歷史研
究所碩士論文，1983 年，頁 61。
〔註53〕中越榮二，《臺灣の社會教育》（臺北：1936 年），頁 64～65。
〔註54〕中越榮二，《臺灣の社會教育》（臺北：1936 年），10～11。

　　新竹州衛生課所舉辦的健康週活動，各郡警察署活動前除了召集各相關公務部門外，同時也在各派出所舉辦臨時保甲會議，動員保甲人員參與活動。此外警察機關也會舉辦警民茶會，昭和十一年（1936）中壢郡警察即舉警民茶會中壢保甲事務所即動員保甲，並邀請「有識階級」與會數十名，楊梅庄庄長劉金標也大力動員民眾參與，會後獲得警方的讚賞。〔註 55〕在各項日人推展的活動中，客家地區參與人數踴躍，並不能因此認定客家民眾熱衷參與，地方的臺籍官吏、領導人、警察的動員才是重要關鍵。參閱表 5-7。

表 5-7：新竹州各郡臺人參與國語練習會人數

郡別	新竹市	新竹郡	中壢郡	桃園郡	大溪郡	竹南郡	竹東郡	苗栗郡	大湖郡
會員數	67	1,654	989	951	151	491	562	1,469	6,683

資料來源：《新竹州教育統計要覽》（新竹：新竹州教育課，1932 年），頁 123～134。

　　從上表看，一般而言客家地區參與國語練習會人數較閩人踴躍，主要是客家在地士紳或領導人熱衷日人各項事務的推動。從各國語練習會的代表人看，代表人其身份多為庄長、協議員或地方領導人，以新竹郡為例，閩庄只有許三全與徐慶旺作為代表人，以閩人聚落較密集的新竹郡舊港地區與客庄竹東郡來看其異同。在閩庄地區多為庄長或任職公部門人士作為代表動員民眾進修日語，例如許三全、徐慶旺等，前者舊港庄校長出身的許三全，大正元年（1912）年樹林頭公學校畢業後，考入總督府國語學校師範部，大正七人（1918）年擔任樹林頭公學校槺榔分校主任。〔註 56〕許三全早年接受日式教育因而獲得向上流動的機會，並成為地方重要的領導人；後者為地主階級早年接受漢學教育，之後藉由任職保甲長、助役、庄長等。

　　新竹郡舊港地區較沒有較強勢的傳統地方領導人來帶領活動，而客家庄地區除了庄長、任職公部的日人外，地方士紳或領導人成了勸進臺人學習日語重要的成員，例如，湖口的庄長傅任，竹東地區的彭錦球、劉家水、黃換彩、姜瑞昌等，都是兼具地方士紳家族、庄長、大資產者、對地方有影響力者，〔註 57〕或是重視教育的知識份子，例如橫山庄長溫安禎，客家地區在傳統地方領導人積極的推展下，居民參與國語練習會，明顯的多於閩庄的官職身份代表的臺人。參閱表 5-8。

〔註 55〕〈新竹州中壢郡警察茶話會〉，《臺灣警察時報》，號 61（1922.6），75～76。
〔註 56〕黃旺成，《新竹縣志（卷七教育志）》（臺北：成文，1982 年），頁 76。
〔註 57〕林進發，《臺灣官紳年鑑》（臺北：民眾公論社，1935 年），頁 72。

表 5-8：閩庄國語練習會

郡別	練習會名	所在地	教師	會員	經費	維持方法	代表人
新竹郡	豆子埔國語練習會	舊港庄豆子埔	3	78	200	新竹郡振興會舊港庄支會費	許三全
	新社國語練習會	新社	3	78			
	舊港國語練習會	舊港	4	52			
	楝榔國語練習會	楝榔	2	17			
	油車港國語練習會	油車港	3	38			
	猫兒錠國語練習會	猫兒錠	3	25			
	紅毛國語練習會	紅毛	4	20	12		徐慶旺
	下北勢國語練習會	湖口庄下北勢	1	70	800	新竹郡振興會湖口支會	傅任
	下北勢夜學國語練習會	湖口	6	61	30		傅任
	上北勢國語練習會	上北勢	1	34	15		張添
	北窩國語練習會	北窩	1	32	5		黃捷錦
	羊喜窩國語練習會	羊喜窩	1	28	5		吳元德
	和興第一國語練習會	和興	1	36	5		蔡瑞祿
	和興第二國語練習會	和興	1	38	5		黃德椅
竹東郡	竹東國語練習會	竹東庄竹東	5	65	70	庄費補助	彭錦球
	芎林國語練習會	芎林	2	40	10	教化團體費	劉家水
	鹿寮坑國語練習會	鹿寮坑	3	40	19		
	石壁潭國語練習會	石壁潭	1	35	10		
	橫山國語練習會	橫山	6	30	60	教化團體費	溫安禎
	沙坑國語練習會	沙坑	5	30	60		
	大山背國語練習會	大山背	2	30	60		
	北埔國語練習會	北埔	2	21	25	教化團體費	姜瑞昌
	大坪國語練習會	大坪	2	25	15		
	峨眉國語練習會	峨眉庄峨眉	4	80	35	教化團體費	黃換彩
	中興國語練習會	峨眉庄中興	1	25	12		
	赤柯坪國語練習會	峨眉庄赤柯坪	2	30	15		
	富興國語練習會	峨眉庄富興	3	36	18		
	大壢第二區夜學會	寶山庄大壢	1	35	60	教化團體費	古稽堯

資料來源：筆者整理自《新竹州教育統計要覽》（新竹：新竹州教育課，1932 年），頁 123～129。

　　由於客家地區的士紳以及地方領導人多數接受日本新式教育，或是配合官方推展國語運動，在成效上地方士紳階級功不可沒，其中有不少漢學出身的士紳，晚年也大力的推展國語。總督府對於推廣日語有功的臺人或團員，在每二月十一日起紀元節都加以表揚。〔註 58〕於例如，九芎林庄長劉家水，早年設立私塾教漢學，之後受官方延攬任公職，大正二年（1913）更獲紳章。〔註 59〕而北埔姜瑞昌更是接受完整日式教育，任職公校教職，對於日語推廣不於餘力。橫山溫安禎也是致力推動芎林地區的教育普及甚致草創初期以自家房舍供學生充當教室。〔註 60〕

　　這些士紳與官方有些不僅公事上亦包括私誼，藉此累積了與地方官方良好的互動，樹杞林支廳長中田的調職時，竹東彭錦球特別做了一首詩，其內容為：「戴月披星已七秋，討多恩愛記從頭，臨歧父老攀轅泣，無異吳人戀鄧攸，情同惜寇別離催，惆悵長亭酒滿杯，此去宜蘭天咫尺，福星仍照杞林來。」〔註 61〕從這個詩來看，彭錦球在經營個人與官方的人際關係上，應該有不錯的成果。張素芬曾在研究北埔姜家女性的對外社群性中指出，姜家的對外社群關係不僅止於男性，女性在扮演了柔性的社會人際關係，在其研究訪談姜家後人姜良旭對日據時期的先人事蹟時，受訪者是這樣的描述：「小時候，曾祖母（鄧登妹）過年時一定帶著已煮熟的雞鴨和家中孩子，大聲向日本警察拜年，當時高呼口號祝賀日人的情景，至今仍印象深刻。」〔註 62〕從姜家後人的描述可以看，姜家不只在型式上的配合官方的政策，也建立與地方官吏的私誼。

　　在士紳、知識份子與有心人士的勸學下，在原本就重視教育的客家族群，學習日語成為求學以及獲取新知不可缺的要件，在這種氣氛下官方所推動的活動確實有增長的趨勢。我們以新竹州客家人口密度最高的竹東郡看，該郡瞭解日語的人口人數有逐年增加的情形。參閱表 5-9。

〔註 58〕臺灣總督府，《臺灣の社會教育》（臺北：臺灣總督府，1938 年），頁 36。

〔註 59〕連雅堂，《人文會萃》，1921.頁 164。

〔註 60〕陳玉蟾「沙坑沿革」，沙坑國小九十週年校慶籌備委員會。http://163.19.53.2/90 週年校慶/index.htm，2011/12/30 下載。

〔註 61〕「中田樹杞林支廳長榮轉宜蘭廳警務課長長賦此借別」，《臺灣日日新新報》，第 6780 號（1917 年 11 月 10 日），版 6。

〔註 62〕張素芬，〈北埔姜家女性研究（1834～1945）〉，桃園：國立中央大學歷史研究所研碩士論文，2006 年，頁 148。

表 5-9：竹東郡通曉日語人數比例

街、庄別	1932 年	1933 年	1939 年	1942 年
竹東街	19.53	19.15	39.56	49.99
芎林庄	14.92	22.70	37.54	43.85
橫山庄	14.73	18.58	40.24	41.22
北埔庄	22.04	24.04	40.02	45.19
峨眉庄	17.70	17.35	31.80	32.31
寶山庄	15.13	17.15	36.01	43.59

資料來源：整理自《新竹州教育統計要覽》（新竹：新竹州教育課，1932：1933：1939：1942 年），頁 123～134。

　　從上表看，竹東郡各街庄通曉日語的人數，隨日本統治時期的增長對日言瞭解的人口也來也多。臺人日語瞭解愈多意味代表著，在某些層面愈接近日本的生活性質，昭和年間警察透過各項業務來影響臺人的生活，例如「生活改善會」，警察經常的勸誘臺人加入參與日人的各項生活改善活動，並要求地方臺籍官吏出面籌辦各項活動。這些所謂的改善會，除了有明顯改善的生活項目外，對民眾而言，要將自己的「身心狀態」改變成日人許期的樣貌，是一項因困難工程，而街庄長以及地方士紳成了這類活動的代表人，依日人昭和六年（1932）「生活改善會」的統計資料看，民眾對於活動的參與熱衷度上，客庄多於閩庄，且數量上有明顯的差異，其中又以竹東地區最多其人數高達 9,352 人，傳統地方領導人對地方的影響明顯高於新竹州各郡，例如，彭錦球、劉家水、溫安禎、姜瑞昌、黃煥彩、古稽堯等，這些都是當時任職庄長或教職。參閱表 5-10。

表 5-10：昭和六年新竹州生活改善會人數表

市郡別	會名	所在地	會員	經費（圓）	維持方法	代表者
新竹郡	湖口庄生活改善會	湖口庄湖口	64	----	----	傅任
中壢郡	平鎮庄生活改善會	平鎮庄南勢	1,910	23	庄費	湯鼎佑
桃園郡	桃園街生活改善會	桃園街	56	----	庄費	內田方雄
	簝竹庄共榮會	蘆竹庄南崁	70	39	寄附	游貽德
	大園庄生活改善會	大園庄大園	34	11	會費	林呈禎
大溪郡	龍潭庄生活改善會	龍潭	2,451	20	庄費	鍾會宏

竹東郡	竹東庄生活改善會	竹東庄竹東	2,460	30	庄費	彭錦球
	芎林庄生活改善會	芎林庄芎林	1,732	50	庄費	劉家水
	橫山庄生活改善會	橫山庄大肚	1,200	50	庄費	溫安禎
	北埔庄生活改善會	北埔庄北埔	1,564	50	庄費	姜瑞昌
	峨眉庄生活改善會	峨眉庄峨眉	1,028	50	庄費	黃煥彩
	寶山庄生活改善會	寶山庄寶山	1,367	40	庄費	古稽堯
			計 9,352	計 120		
苗栗郡	向榮會生活改善會	銅鑼老雞隆	150	105	會費	邱德貴

資料來源：資料來源：《新竹州教育統計要覽》（新竹：新竹州教育課，1932 年），頁139～140。

「生活改善會」不只是表面的國語學習工具利用，而是改善臺人許多生活習慣的方式，例如祭祀習慣、宴客、送禮、公共禮節、住宅改善、改善飲食以及增加收入等。〔註 63〕目的是將臺人的生活習性修改成符合日人期待的方式，但許多生活改革事項並不符會客家的生活習性，例如在北埔，有關客家的社交習性，就被列為改正事項：

一、簡單事情應在門口洽談。

二、除宴請客人外，不可隨便招待客人酒食，糖果等。

三、訪問不認識者，應儘量請他人事先介紹。

四、非新近關係者之訪問，儘量遞交名片。〔註64〕

三、客家族群的公民特性

在家族的發展程中，建構家族的社會網路是一個重要的歷程，吳學明指出北埔姜家的發展除本身家族財力外，更藉由水利的開發、宗教祭祀活動的參與、文教的提倡等，是保持姜家成為地方的領導人的重要外在因素。〔註65〕而一般資產階級在稍有能力時，多數將子女送至國外接受新式教育，而這些接受過新式教育的留學生，日後成為掌握地方或其家族發展的重要關建人

〔註63〕北埔公學校編，宋建和譯，《北埔鄉土誌》（新竹：竹縣文化局，2006 年），頁104～108。

〔註64〕北埔公學校編，宋建和譯，《北埔鄉土誌》（新竹：竹縣文化局，2006 年），頁107。

〔註65〕吳學明，《金廣福墾隘研究（上）》，（新竹：新竹縣文化局，2000 年），頁173～175。

物。而留下來的廣大農工階層成了承受殖民府政經壓力的最底層，這些階層的生活是無奈、苦悶、憂鬱與無助，反應出客家基層民眾的社會公民性。日治時期的臺灣文學清楚地反映時代，新竹地區的客籍文學作品即反應出底層民眾的生活形態，從吳濁流的《亞細亞的孤兒》其中即明顯的反應出底層客家族群的情懷。

王錦雀分析了吳濁流當時所面對的社會情況，並以三個面向來分析臺人的公民性，感受人種差別待遇、警察的專斷與壓迫以及面對皇民化的壓力。〔註66〕論者認為對於一般底層客家民眾而言，警察即時壓力與皇民化的壓力勝於人種的差別待遇。吳濁流在〈陳大人〉的文章中即描寫了「警察制度」對人性的戕害，在描寫臺籍警察藉勢打阿舅的情節，在其故事的背後吳濁流強烈的表達控訴的對向是殖民政府，「警察制度」只是殖民政府的打手。總督府在日據末期所施行的「皇民化政策」，更是造成受日本教育知識份子內在的煎熬，選擇成為臺灣人（血統）或日本人（現實上）都是進退維谷。吳濁流在《無花果》中這樣的描述其想法：

> 我從小就在恐怖的威脅下長大的，當時，日本人發動了所謂滿州事
> 變，得手後野心就越大越大，以致有了征服全世界妄想，因此對臺
> 灣人的庇度也就愈益苛酷起來。他們想把臺灣人的性格，靠人為手
> 段打破，改造成日本人，於是有皇民化運動的推行。〔註67〕

一般而言，農村地區處於國家行政權的最末稍，多數聚落依據其傳統生活與風俗自成體系，行政機構大多不干預。〔註68〕然而在日據末期總督府所推行的各項社會活動，除了外在經濟壓力外，也造成認同的混亂，如吳濁流的〈先生媽〉即描寫出知識份子力圖在混沌的時局中，藉由日語家庭來脫胎換骨的矛盾情節，故事中的男主角錢新發，即是一名奉行官方各項社會改造事業的家庭〔註69〕。此外，龍瑛宗之著作，也一定程度的反映了知識份子的苦悶，其〈植有木瓜樹的小鎮〉之男主角陳有三，即便時常著和服，使用日語，認定自己是不同於同族之存在，但仍時有被日人叫「狸仔」（即「汝也」之臺語）

〔註66〕王錦雀，《日治時期臺灣公民意識與民間生活概況》（臺北：古灣古籍，2005年），頁304～311。

〔註67〕吳濁流，《無花果》（臺北：草根出版社，1995年），頁189。

〔註68〕紀登斯著、胡力澤等譯，《民族國家與暴力》（臺北：左岸出版，1998年），頁14～15。

〔註69〕吳濁流，《吳濁流集》（臺北：前衛出版社，1995年），頁39～40。

時，便蹙緊眉頭，顯得不悅。〔註70〕

　　在日人強勢價值觀的型塑下，不論是生活或習慣，臺人之生活文即是被殖民者評定為次等，這種認同的錯亂時有讓臺人產生原生文化之偏見，龍瑛宗筆下之主角陳有三即深蔑同族：「吝嗇、無教養、低俗的髒集團不正是他的同族嗎？僅為了一錢也非破口大罵、互相撕扯不可的纏腳婆們。生平一毛不拔到婚喪喜慶時，却不惜借錢大肆花費，多詐欺、好訴訟的人們、狹猾的商人。」〔註71〕這種對自身文化的輕蔑，不能完全歸咎於臺人的視利，應回到時代的脈絡來觀察，整體社會在殖民者舖天蓋地的同化工程下，臺人已無法主動的為自身文化找到論述的基礎，葉山嘉樹認為對於著作中之男主角輕視自身文化一事，並不能歸咎其本人，而是資本主義制度：「這不是臺灣人的悲吟，而是地球上所有受虐待階級的悲吟」〔註72〕。王錦雀在分析臺人的社會公民性，認為日據時期受日本教育的臺人受日人同化程度較深，在臺灣人與日本人的認同上，是受教育程、年齡、世代與社經地立等有關，並在矛盾的臺日間拉鋸，臺人追求「具有自決自治權利」，而殖民者期待臺人是「塑造服從天皇的臣民」這似乎是造成臺人衝突的公民性格要素。〔註73〕

　　綜觀上述，警察在單項的業務推展，可以藉由自身客語能力以及法規所賦予之權力，驅使新竹州改正或取締。然而面對各項社會革興活動，警察要動員龐大的民眾，執行上似乎有些困難，以組織的方向動員新竹州是較有效率之做法，例如警察輔助團集保甲、壯丁團或是其社會組織團集，除了掌握各組織之領導人外，士紳階層亦為重要的地方領導人，由其是客家地區之傳統士紳階層本身即為清代地方頭人，在官方委予地方官職或賣買事業之利後，士紳階層影響之層面，亦可在各項社會革新活動中出現，說明警察亦可以間接藉由士紳階層推行社會活動。

〔註70〕龍瑛宗著、張恒豪編，《龍瑛宗集》（臺北：前衛，1990年），頁27～28。
〔註71〕龍瑛宗著、張恒豪編，《龍瑛宗集》（臺北：前衛，1990年），頁27。
〔註72〕龍瑛宗著、張恒豪編，《龍瑛宗集》（臺北：前衛，1990年），頁239。
〔註73〕王錦雀，《日治時期臺灣公民意識與民間生活概況》（臺北：古灣古籍，2005年），頁371～373。

第六章　結　論

　　在寫作的過程中，沉浸在日人的史料與檔案中，在分析日人史料過程，發現日人對於臺灣現代化可謂不餘於力，整體官民投入臺灣現代化的態度亦令人敬佩，但進一步分析史料與日人研究臺灣的文獻發現，日人統治臺灣的過程中「臺灣人」如同日人所要適應的臺灣亞熱帶氣侯、疾病、食物、天然災害等，在統治臺灣時期針對各種不利日人的生活、經濟、統治等因素，制定各種因應措施，「臺灣人」與各種不利事項是等同於日人改造的項目之一。從這個角度觀看日人對臺灣的統治即清晰地呈現日本殖民主義的本質。這種殖民性的統治下，並未隨日本結束臺灣政權而結束，日本對臺灣的現化摻雜的殖民性，使得臺人選擇性保留殖民者所留下的生活模式、態度與觀感，這些前殖民者所遺留各種有利臺人生活模式，被混入在我們的生活中，容易讓表面的生活形態混淆歷史背景因素。因此，透過前述章節，共可得出一些發現，茲整理下列幾個觀點，做為本研究之研究成果。

第一節　主要研究發現

一、殖民政府對客家社會印象之形成

　　在歷史的長河中身為少數的客家族群，清代的臺灣客家族群似乎也無可避免成為政治與族群操弄下的犧牲品，清初在臺的社會族群並沒有明顯的分類問題，而是雜居共處，族群分類並非肇致於族群意識，而是為取得土地開發的利益，藉由「我群」與「他群」的分類進一步增加我群的利益，分類械

鬥成為族群分割重要的引爆點。〔註1〕

在日本的統治下，法治概念整合了社會秩序，客家不再需要依附在政治庇佑下，客家依尋其固有的生活文化發展其生計，一切為日人所推崇的產經文化，皆非因應統治者所好而營造的文化面向。但這些為殖民者所讚譽之生活文化，皆符合了殖民政府的利益，成為統治者拉攏的對象。客家義民信仰而形成的家畜事業「犧牲豚」，引起了殖民政府的重視，初期所關切的是經濟利益的產值，飼養神豬事業成為日人研究家畜的重點，以及祭祀圈內的經濟利益的收編。

後期客家義民精神的收編，殖民者對臺灣客家從「匪」到「忠義」印象的轉變，端視時代背景改變，王泰升指出：「日人對臺灣舊慣的取捨，是端視何者對日本統治較有利，非純粹出於尊重臺人，日本當局亦是為作此項評估，才開始詳盡且客觀地調查臺灣舊慣內容。」〔註2〕從中日到太平洋戰爭，日本為了確保戰爭的優勢，甚致將民心歸向、道德力列為國家掌控的一環。客家傳統公益風氣、勤勞耐苦、忠義精神等，成為戰時日人急於收編的人力資源。在日本對外戰爭之際，褒揚客家義民精神，將日本武士忠義精神與客家義民精神連結，使其符合日本固有文化之列，將客家傳統義民精神與愛國劃上等號，有助於將客家社會資源收編於軍國主義思想的一環。因此，客家固有的生活文化的負面與正面印象，端視是否符合統治者需求，來認定客家族群的價值高低與否，在封閉保守的舊時代中，客家似乎無法避免淪為權力者左右的書寫對象。

二、警察客語能力學習與勤務運作之關連

日據初期對日人而言，臺灣是個由「疾病」與「土匪」相互構成的惡劣環境，對於解決此棘手的問題初期前三位臺灣總督似乎沒有掌握到要領，而由兒玉總督與後藤所組成的殖民團隊則確立了臺灣的管理方針。臺灣總督府設計了一係列的教育課程與訓練方式，包括了知識教育、訓練與使命感，透過制度、行政機關與官吏三者相互緊扣連結，活絡了知識體系，透過實際的警察勤務使其不會流於面表功夫，為了精進警察的學習成效，警察機關以勤

〔註1〕尹章義，《臺灣開發史研究》（臺北：聯經，1989 年），頁 71～73。
〔註2〕王泰升，《臺灣日治時期的法律改革》（臺北：聯經出版事業公司，1999 年），頁 105。

務設計、在職訓練、升等考試等，做為精進警察知識增進的方式。藉由教育訓練使日人官吏擁有領先的知識優位，而學習被殖民者的語言成為首要之務，並透過共同的漢文基礎，直接向臺人學習臺灣語。

此外，在勤務規劃與在職教育之下，警察成為殖民政府資訊的先端，透過各地資訊回報予總督府，中央分析各地資訊後做出統一的決策，使殖民政府可以掌握最新的資訊，而知識的蒐集與利用則成為殖民者統治臺人的最大利器，警察則成為依據龐大知識背後的地方管理者。而在此制度下警察官吏被殖民政府賦予權力與深切的期許，而警察也自詡是時代進步的引領者，川路利良即認為「警察是人民的保母…我國之人民仍是未開化的孩子，應由警察來守護。」〔註3〕這個概念似乎更說明了，日本警察作為「引領文明」與「指導教化」的角色，呼應了總督府當局強調警察學習臺灣土語的作法，目的有二，一為警察能有效的管理臺人取締不法。二藉由日警的臺灣土語能力，推展個項業務使臺人能夠配合殖民當局的政策。殖民政府這二項目的，在日治末期的各項業務的推展上獲得了預期的成效，也就是防犯防諜，另外更積極的助長臺人的「皇民化」。

三、警察客家知識的運用對新竹地區之影響

警察與保甲制度依憑著戶口調查，逐步地將臺灣變成一個可高度全景敞視社會，在疫情發生的期間，不斷地被警察觀察、紀錄與分類。在此防疫機制下，整個地區被分割、被封閉成一個空間，以郡、街、庄、戶等不等同的空間，每個空間都有人隨時監視民眾。警察職掌的業務都有一項共同的特質，記錄與通報。在這一空間中，每個人都被鑲嵌在一個固定的位置，任可微小的活動都受到監視，任何情況都被記錄下來，根據一種連續的等級體制統一地運作，每個都被不斷的探找，檢查和分類，劃入活人、病人或死人的範疇。〔註4〕

臺人的身體不再像清治時期那樣不被重視，進入現代化社會，交通的快速流通，城市或鄉村的防疫工作，不再能獨善其身，警察透專業的訓練，將各項業務有效的結合保甲形成嚴密的監視網，藉由權力層層監視、檢查、記

〔註3〕川路利良，《警察手眼》（東京：東京警視局，1879年），頁2～3。
〔註4〕傅柯著（Foucault, Michel），劉北成、楊遠嬰譯，《規訓與懲罰──監獄的誕生》（臺北：桂冠 1992），頁 195～197。

錄民眾。臺灣總督府積極的將老百姓身體健康納入社會管理的環，有很大的因素是為了營造適合日人居住的環境。日治初期，臺灣的公共衛生的推行與原有生活習性有許多衝突，總督府如何將這些衝突的危機變成轉機？即是透過知識的優勢與行政的權力，以「公共衛生」＝「文明前進」的名義，藉由客語溝通來降低衝突。檢視殖民政府治理臺灣的方式，其主要以現代化做為啟蒙臺人之手段，但在此同時，對於認識現代化民主與自由經濟等輕描帶過，日人只是藉由現代化展現殖民者的優越與威嚴，透過知識傳播的掌握，臺人仍無法擺脫傳統社會的封閉情況。〔註5〕

在皇民化運動時期總督府全力推動國語為學習，但教育的普及率、城鄉差異使得日警仍必須藉由學習客語來推動皇民運動，警察以「客語」執行勤務，似乎使被統治者受壓制、歧視的現象變得曖昧模糊。此外，臺灣土語學習制度使之成為一種被教授的「知識」，藉由這種知識的學習，警察可以透過「土語」為中介，觀察被殖民的言行從而掌握其「心理」，當臺灣土語被當成殖民者被表現心理的承載物時，內部變的透明易以掌握。〔註6〕

〔註5〕陳芳明，《殖民地摩登：現代與臺灣史觀》，（臺北：麥田，2004年），頁112。
〔註6〕陳偉智，〈「可以了解心理矣」：日本統治時期臺灣「民俗」知識成的一個初步的討論〉，臺北：財團法人交流協會日臺交流センタ歷史研究者交流事業報告書，2004年，頁25～26。

參考文獻

一、檔案

《臺灣總督府公文類纂》

1. 「臺灣總督府假條例」，甲種永久保存，第 3 卷，1895 年 5 月 21 日。

2. 「警察官募集二關スル件」，永久追加，門 2，第 2 卷，1895 年 6 月 20 日。

3. 「警察署分署ノ設置警察二從事スル職員ノ任命及警察假規程」，久保存，門號 11，卷 1，1895 年 10 月 11 日。

4. 「現在職員ニシテ臺灣土語履修者調查」，15 年保存，卷 7，1898-04-01

5. 「臺灣土語二通スル警部巡查人員調」，15 年保存，卷 7，1898-06-01。

6. 「林久三任法院通譯」，永久進退保存，1899 年 5 月 6 日。

7. 「新竹縣弁務署長家永泰吉郎苗栗國語傳習所長心得ヲ命ス」，甲種永久保存，2 卷，18984 月 8 日。

8. 「臺中縣弁務署長家永泰吉郎外六名臨時臺灣土地調查局事務官二兼任」，甲種永久保存，13 卷，1900 年 8 月 22 日。

9. 「土地調查用廣東語集」，永久保存，第 45 卷，1900-10-1。

10. 「林久三臺灣總督府警察官及司獄官練習所教務囑託」，永久進退保存，1900 年 5 月 23 日。

11. 「廣東語及泉州語ノ通譯募集ノ」，永久保存，第 51 卷，1901-03-0。

12. 「廣東語通事任用ノ件各派出所二通牒」，永久保存，第 5 卷，1901-03-1。

13. 「苗栗廳長兼臨時臺灣土地調查局事務官兼總督府專賣局事務官從六位家永泰吉郎外數名昇等昇級ノ件」，永久進退保存，16 卷，1902 年 9 月 30 日。

14. 「新竹廳廳令第五號墓地及火葬場取締規則」，卷1，永久保存，1905年4月10。

15. 「新竹廳廳令第五號墓地及火葬場取締規則」《臺灣總督府公文類纂》，卷1，永久保存，1905年3月11日。

16. 「警察職員土語國語通譯兼掌者甲種銓衡結果各廳長へ通達ノ件」，15年保存，卷3，1906年3月1日。

17. 「恩給證書下付（林久三）」，永久進退保存，1921年7月1日。

二、調查報告、統計書、職員人名錄、法規、辭典

1. 上野專一，《臺灣視察復命》，臺北：成文，1985年復刻1894年。

2. 新竹州役所，《新竹州管內概況及事務概要》，臺北：成文，1985年復刻1935年。

3. 拓殖務省文書課，《臺灣歷史考》，東京：編者，1987年。

4. 臺灣總督府官房文書課，《臺灣總督府統計書》，臺北：編者，1899～1944年。

5. 臺灣總督府官房統計課，《臺灣總督府府報》，臺北：編者，1896～1944年。

6. 臺灣總督府官房統計課，《臺灣現住人口統計》，臺北：編者，1907～1935年。

7. 臺灣總督府官房文書課，《臺灣總督府第八統計書》，臺北：臺灣總督府官房文書課，1909年。

8. 臺灣總督府，《臺灣犯罪統計》，臺北：編者，1911～1942年。

9. 臺灣總督府編，《臺灣列紳傳》，臺北：編者，1916年。

10. 臺灣警察協會，《臺灣總府警察職員錄》，臺北：該會，1917年。

11. 臺灣總督府法務部，《臺灣匪亂小史》，東京：編者，1920年。

12. 臺灣總督府官房臨時國勢調查部，《第一回臺灣國勢調查》，臺北：編者，1922年。

13. 新竹州警務部，《新竹州警察法規》，新竹：編者，1922年。

14. 臺灣總督府警務局，《臺灣警察法規》，臺北：臺灣警察協會，1923年。

15. 臺灣總督府警務局，《臺灣警察及衛生統計書》，臺北：編者，1924年。

16. 臺灣總督府，《臺灣列紳傳》，臺北：臺灣日日新報社，1926年。

17. 內務省警保局編，《廳府縣警察沿革史》，東京：警保局，1927年。

18. 臺灣總督府官房統計課，《臺灣在籍漢民族鄉貫別調查》，臺北：編者，1928年。

19. 新竹州商工聯合會,《新竹州商工聯合會會員名簿》,新竹州:該會,1928年。

20. 新竹州內務部教育課,《新竹州教育統計一覽》,新竹:編者,1929年。

21. 臺灣總督府編,《臺灣總督府及其所屬官署職員錄》,臺北:編者,1930年。

22. 松村勝俊,《警察官實務全書》,臺北:晃文館發行,1930年。

23. 臺灣總督府編,《臺灣地方警察實務要論》,臺北:臺灣總督府警察官及司獄官練習所,1931年。

24. 《臺灣社會事業要覽》,臺北:編者,1931年。

25. 臺灣警察協會編,《警察職員錄》,臺北:編者,1932～1937年。

26. 日本警察新聞臺灣支局,《警察年代幹部職員錄》,東京:日本警察新聞社,1933年。

27. 臺灣總督府警務局,《臺灣總督府警察統計書》,臺北:編者,1934～1942年。

28. 臺灣刑務協會,《臺灣刑務職員錄》,臺北:該會,1936～1942年。

29. 臺灣總督府官房企劃部,《臺灣常住戶口統計》,臺北:編者,1939～1940年。

30. 日向須諦,《新竹州下官民官公衙、學校團體、會社、組合職員錄》,新竹市:編者,1939年。

31. 臺灣總督府警務局,《臺灣警察遺芳錄》,臺北:編者,1940年。

32. 鷲巢敦哉,《臺灣保甲皇民化讀本》,東京:日東,1941年。

33. 新竹州總務部總務課,《新竹州管內常住戶口》,新竹:編者,1942年。

34. 臺灣總督府警察官及司獄官練習所,《臺灣語教科書》(臺北:編者,1944)。

35. 臺灣總督府編,《臺灣總督府事務成績提要》,中國方志叢書臺灣地區第192號,臺北:成文出版社,1985年。

36. 臺灣總督府警務局編,《臺灣總督府警察沿革誌(1-5)》,東京:綠蔭書房復刻版,1986年。

37. 新竹州役所,《新竹州管內概況及事務概要》,臺北:成文,1985年復刻1935年。

38. 臺灣總督府編,《詔敕‧令旨‧諭告‧訓達類纂(1-2)》,臺北:成文出版社,1999年復刻版。

39. 企画院編,〈大東亞建設基本方策〉,《南方軍政關係史料23大東亞建設審議会関係史料》,東京:竜渓書舍,1995.5。

40. 臨時情報部,《南洋華僑有力者名簿》,臺北:臺灣總督府,1939年。

41. 〈歷年警察官與司獄官練習所教員與練習生〉,《臺灣省五十一年來統計提要》,臺北：進學,1946 年。

三、地方志書

1. 王良行等,《竹東鎮志》,新竹竹東：竹東鎮公所,2005 年。
2. 周璽,《彰化縣誌》,南投：臺灣省文獻委員會,1993 年。
3. 波越重之,《新竹廳志》,臺北：成文,1985 年。
4. 林柏燕,《新埔鎮誌》,新竹：新埔鎮公所,1997 年。
5. 陳培桂,《淡水廳志》,南投市：臺灣文獻委員會,1994 年。
6. 陳培桂,《新竹縣采訪冊》,臺北：大通,1995 年。
7. 陳運棟,《三灣鄉志》,苗栗：三灣鄉公所,2005 年。
8. 莊興惠,《芎林鄉志》,新竹縣芎林：2004 年。
9. 黃旺成,《臺灣省新竹縣志》,臺北：成文,1983 年。
10. 湖口鄉志編輯委員會編,《湖口鄉志》,新竹：湖口鄉公所,1996 年。
11. 宋建和,《北埔鄉土誌》,新竹：新竹縣文化局,2005 年。
12. 姜仁森,《新竹縣北埔鄉志》,臺北：國圖中央臺灣分館,1991 年。
13. 高拱乾,《臺灣府誌》,臺北：遠流,2004 年。
14. 許世楷,《日本統治下的臺灣》,臺北：玉山社,2006 年。

四、期刊報紙

《臺灣土語叢誌》(《語苑》)

1. 「祝詞」,首刊（1917.1）,頁 1。
2. 大東學人,〈祝辭〉,首刊（1899.12）,頁 2。
3. 石川源一郎,〈祝辭〉,首刊（1899.12）,頁 5。
4. 木村匡,〈祝辭〉,首刊（1899.12）,頁 1。
5. 佐佐木安五郎,〈祝辭〉,首刊（1899.12）,頁 4。
6. 木村匡,〈祝詞〉,首刊（1899.12）,頁 3。
7. 安井勝次,〈改卷臨一語〉,1 號 5 卷（1901.02）,頁 1。
8. 白帽生,〈笑林〉2 號 10 卷（1900.12）,頁 107～108。
9. 〈廣東語會話〉,6 號 21 卷（1929.8）,頁 14～16。
10. 〈廣東語譯乙科警察講習資料〉,6 號 21 卷（1929.8）,頁 1～8。
11. 中間小二郎,〈警察講習資料揭載に就いて〉,5 號 20 卷（1927.12）,頁 1。

《臺灣警察協會雜誌》（《臺灣警察時報》）

1. 「祝詞」，首刊（1917.1），頁 1。
2. 「警察官練習所科外演講」，號 10（1918.9），頁 68。
3. 「新竹廳警察土語通譯兼掌者乙種選拔試驗合格者」，號 38（1921.7），頁 54。
4. 「臺灣總督府州、廳巡查定員」，號 37（1921.6），頁 58。
5. 森島庄太郎，〈統計上見臺灣衛生狀態〉，第 35 號（1921.4），頁 20～22。
6. 「新進巡查教養課目」，號 112（1922.10），頁 134。
7. 「新竹州中壢郡警察茶話會」，號 61（1922.6），頁 75～76。
8. 「新進巡查訓練週課目」，號 112（1922.10），頁 135。
9. 東方孝義，〈語學〉，號 113（1926.11），頁 252～253。
10. 今田卓爾，〈尊重外勤〉，號 202（1932.9），頁 186。
11. 種村保三郎，「中等北京語講座」，號 214（1943.1），頁 2～5。
12. 笠原正春，〈警察與外勤第一主義〉，號 262（1937.9），頁 17～23。
13. 高山喜全，〈廣東語的研究〉，號 308～328（1941.8～1942.3）。
14. 中賀終造，〈馬來語講座〉，號 316（1942.3），頁 101。

《警友》

1. 〈講習資料〉，號 6（1924.5），頁 23～25。
2. 「附錄」，號 42（1926.6），無頁碼。
3. 〈竹東郡衛生活動宣導〉，號 60（1930.7），無頁碼。
4. 劉崧生，號 130（1934.1），頁 7。
5. T 生，〈警察官の語學研究を提唱す〉，號 135（1934.3），頁 10～11。
6. 於保昌，〈警察の威力？民眾の自覺？〉，號 135（1934.3），頁 18～20。
7. 劉崧生〈廣東語研究資料〉，號 142（1935.1），頁 81～84。
8. T 生，〈警察官の語學研究を提倡す〉，號 144（1935.3），頁 10～11。
9. 「新竹州轄內震災圖」，號 145（1935.5），無頁碼。
10. 劉崧生，〈廣東語研究資料〉，號 146（1935.5），頁 193。
11. 遠藤惇雄，〈衛生實施關最效果的認方策〉，《警友》，號 147（1935.6），頁 26。
12. 小澤太郎，〈臺灣地方選舉取締規則及同施行細則解說〉，號 148（1935.7）。
13. 友田藤太郎，〈震災地施行州令に就て（下）〉，號 150（1935.9），頁 5～8。

14. 友田藤太郎，〈震災地施行州令〉，號 150（1935.9），頁 68～69。

15. 小澤太郎，〈臺灣地方選舉取締規則及同施行細則解說〉，號 148（1935.7）。

16. 〈選舉愛知的事項（下）〉，號 151（1935.10），頁 71～74。

17. 〈選舉愛知的事項（下）〉，號 151（1935.10），頁 71～74。

18. 「神棚と其のまつり方」，號 152（1935.11），無頁碼。

19. 生田目謙，〈地方選舉取締回想〉，號 154（1936.1），頁 96～99。

20. 本田穗村，〈處女選舉に關する感想〉，號 154（1936.1），頁 115～117。

21. 劉崧生，〈廣東語研究資料〉，號 157（1936.4），頁 93～94。

22. 生田目謙，〈地方選舉取締回想〉，號 154（1936.1），頁 96～99。

23. 本田穗村，〈處女選舉に關する感想〉，號 154（1936.1），頁 115～117。

24. 友田藤太原，〈年頭に際して責任の重大なる痛感す〉，號 154（1936.1），頁 6～7。

25. 劉崧生，〈廣東語研究資料〉，號 157（1936.4），頁 93～94。

26. 金田匡哲，〈衛生模範部落的建設成就〉，號 163（1936.10），頁 68～69。

27. 芳賀紋次郎，〈外勤事務刷新と能率增進上巡視區監督の教養及至會議の開催に就て〉，號 170（1937.5），頁 48～49。

28. 劉崧生，〈廣東語研究資料〉，號 170（1937.5）頁 95～96。

29. 〈語學試題〉，號 172（1937.7），頁 4。

30. 友田藤太郎，〈保安警察と廣東種族〉，號 178（1938.1），頁 123～124。

31. 於保昌，〈語學試驗感想〉，號 180（1938.3），頁 33。

32. 劉崧生，〈廣東語研究資料〉，號 181（1938.4），頁 25～26。

33. 〈傳染病防豫法〉，號 183（1936.6），頁 2～3。

34. 馬淵貞吉，〈衛生警察與廣東族（3）〉，《警友》，號 183（1938.6），頁 131～133。

35. 衛生課，〈防疫衛生（4）〉，號 186（1938.9），頁 25。

36. 劉崧生，〈廣東語研究資料〉，號 186（1938.9），頁 205。

37. 藤木新壽，〈從刑事警察上來看廣東種族（2）〉，號 190（1939.1），頁 87～88。

38. 馬淵貞吉，〈衛生警察與廣東族（4）〉，號 190（1939.1），頁 90～91。

39. 老警察官，〈廣東種族的基礎見聞〉，號 194（1939.5），頁 101～103。

40. 劉崧生，〈廣東語研究資料〉，號 201（1940.1），頁 217～219。

41. 於保昌，〈廣東種的研究（1）〉，號 202（1939.1），頁 98。

42. 衛生課,〈健康週間實施狀況〉,號 207（1940.7）,頁 31。

43. 於保昌,〈續臺灣の社會運動史〉,號 213（1941.12）,頁 14～17。

《臺灣農事報》

1. 小野新市,〈桃園管下の養豚概況〉,號 52（1908.9）,頁 35。

2. 〈犧牲豚選種〉,號 47（1908.4）,頁 35。

《臺灣日日新報》

1. 「傷風敗俗」,號 587（1900 年 4 月 19 日）,版 3。

2. 「茶戲與唱」,號 1,508（1901 年 11 月 9 日）,版 4。

3. 「演唱採茶」,號 394（1901 年 8 月 24 日）,版 4。

4. 「犧牲豚獎勵受賞者」,號 4,161（1911 年 9 月 18 日）,2 版。

5. 「廣東部落と犯罪傾向」,號 2,872（1,907 年 11 月 28 日）,版 3。

6. 「中田樹杞林支廳長榮轉宜蘭廳警務課長長賦此借別」,號 6,780（1917 年 11 月 10 日）,版 6。

7. 「同仁會救恤──米の兼賣と施米」,號 6,689（1919 年 2 月 10 日）,版 5。

8. 「新竹兩家長會──樹杞林と浸水」,號 6,800（1919 年 5 月 23 日）版 5。

9. 「新竹石燈籠獻納」,號 6,812（1919 年 6 月 4 日）,版 2。

10. 「竹東甘蔗組合栽培獎勵方法」,號 8,580（1924 年 1 月 25 日）,版 2。

11. 「庄民築堤」,號 8,968（1925 年 4 月 29 日）,版 4。

12. 「請設軌道」,號 8,932（1925 年 2 月 5 日）,版 4。

13. 「新竹特訊當仁不讓」,號 9,254（1926 年 2 月 9 日）,4 版

14. 「新埔兩慈善後聞」,號 9,643（1927 年 3 月 5 日）,版 4。

15. 「竹東郡獅善堂佛教講演」,號 9,844,（1927 年 8 月 23 日）,版 4。

16. 「興建佛教大本院」,號 12,750（1927 年 11 月 27 日）,版 4。

17. 「新竹義民廟祭典供物之犧牲豚二千餘頭以上其他合計價格十五萬圓」,號 10,093（1928 年 9 月 5 日）,2 版。

18. 「新竹管內表彰兩誌」,號 1,838（1930 年 6 月 8 日）,版 4。

19. 「赤十字社會潘氏有功章」,號 11,144（1931 年 4 月 23 日）,版 2。

20. 「新竹郡に模範村設置」,號 11,624（1932 年,8 月 18 日）,3 版。

21. 「稀有巨豚」,號 5,060（1914 年 8 月 31 日）,6 版。

22. 「竹東の乞雨」,號 8,221（1923 年 4 月 13 日）,版 4。

23. 「褒忠義民廟大祭犧牲豚五百頭最大六百四十六斤詣者五萬人以上」,號

8,718（1924 年 8 月 22 日），2 版。

24. 「建安宮の祭典犧牲豚を廢止し代りに養豚品評會を開催」，號 11,880（1933 年 2 月 20 日），3 版。

25. 「巧利的陋習冠婚喪祭時の犧牲豚の檢討宗教上自己迷想の打算主義產業上牧畜改良の大阻害／佛教思想より見たる犧牲の價值」，號 11,899（1933 年 5 月 23 日），5 版。

26. 「犧牲豚の改善實行に決す」，號 11,878（1933 年 2 月 18 日），3 版。

27. 「犧牲豚の代りに肉豚品評會開催東勢建安宮の祭典に部落民も漸く目覺む」，號 12,087（1934 年 3 月 9 日），3 版。

28. 「犧牲豚の改善實行に決す」，號 12,068（1933 年 2 月 18 日），版 3。

29. 「義民廟祭典に惡弊を一掃」，號 1,386（1938 年 8 月 26 日），版 5。

《漢文臺灣日日新報》

1. 「學校雜俎」，1905 年 8 月 31 日，第 3 版。

2. 「粵之男女據沿由」，號 4,817（1911 年，10 月 10 日），第 1 版。

3. 「粵族男女力耕」，號 4,817（1911 年 10 月 10 日），第 1 版。

4. 「新竹通信──擬興女工」，號 48,755（1911 年 8 月 7 日），第 1 版。

《臺灣民報》

1. 〈防疫警察是真了不得〉，號 95（1926 年 2 月 21 日），頁 10。

2. 〈保甲制度的正體〉，號 200（1929.3.18），第 2 版。

3. 〈『大清潔』日下雨人民就要受罰〉，號 105（1926 年 5 月 16 日），頁 6。

4. 〈利用清潔法，迫納神社建築費〉，號 333（1931 年 10 月 31 日），頁 8～9。

《臺灣教育雜誌》

1. 加藤元右衛門，〈臺灣教育之思考──國語傳習所時代（1）〉，期 366（1933.4），頁 75。

2. 伊澤修二，〈臺灣教育に對する今昔の之感〉，號 81（1907.6）。

3. 陳鏡波，〈臺灣の歌仔戲の實際的考察と地方青年男女に及ぼす影響〉，《臺灣教育會》，號 346（1931 年 5 月），頁 63。

4. 水越幸一，〈本島的現行地方制度經過決定書〉，《臺灣地方行政》，卷 3 號 7（1937.4），頁 18。

5. 於保昌，〈業佃會歌〉，《臺灣語學研究會會報》，期 50（1930.7），頁 33。

《臺灣時報》

1. 中島覺之，〈墓地綠化的急務〉，1931 年 2 月 30 日

2. 〈新竹衛生展覽會〉，1915 年 5 月 4 日。

3. 〈史料編纂會議〉，1922 年 6 月。

4. 今川淵，〈臺灣に於ける小作習慣行の改善と業佃會〉，1923 年 2 月 4 日。

《新竹州時報》

1. 「州內事情費典費を節約し國民獻會の榮譽」，號 12（1938.12），頁 78。

五、專書

（一）中文

1. 王詩琅，《臺灣社會運動史》，臺北：稻鄉，1988 年。

2. 王泰升，《臺灣日治時期的法律改革》，臺北：聯經，1999 年。

3. 李理，《日治臺灣時期警制度研究》，臺北：海峽，2007 年。

4. 李添春，《李添春教授回憶錄》，臺北：自刊，1984 年。

5. 李明賢，《咸菜甕鄉街的空間演變》，新竹：新竹文化局，1999 年。

6. 林柏燕，〈人物志〉，《新埔鎮誌》，新竹：新埔鎮公所 1999 年。

7. 竹中信子著，蔡龍保譯，《日治臺灣生活史——日本女人在臺灣（明治篇 1895～1911）》，臺北：時報，2007 年。

8. 寺奧德三郎著，日本文教基金會編譯，《臺灣特高警察物語》，臺北：文英堂，2000 年。

9. 紀登斯著、胡力澤等譯，《民族國家與暴力》，臺北：左岸出版，1998 年。

10. 洪惟仁編，《日臺大辭典》，臺北：武陵，1993 年。

11. 伊能嘉矩，《臺灣文化志》，臺北：南天，1994 年。

12. 阿圖塞著，杜章智譯，《列寧和哲學》，臺北市：遠流，1990 年。

13. 吳濁流，《亞細亞的孤兒》，臺北：遠行，1978 年。

14. 吳定葉等編譯，《日據初期警察及監獄制度檔案》，臺中：臺灣省文獻委員會，1979。

15. 吳學明，《金廣福墾隘研究（上、下）》，新竹縣：竹縣文化，2000 年。

16. 徐國章譯注，《臺灣總督府警察沿革誌（1-3）》，南投：臺灣文獻館，2007 年。

17. 莊金德，賀嗣章編譯，《羅福星抗革命案全檔》，南投：臺灣省文獻委員會，1965 年。

18. 范燕秋在，《疫病、醫學與殖民現代現性：日治臺灣醫學史》，臺北：稻

鄉，2005 年。

19. 洪惠冠，《竹塹百年發展口述歷史》，新竹：新竹市文化中心，1996 年。

20. 曹永和，《日治前期臺灣北部施政紀實：衛生篇》，臺北市：臺北市文獻委員會，1986 年。

21. 曹永和，《日治前期臺灣北部施政紀實（警治篇）》，臺北：臺北市文獻委員會，1985 年。

22. 陳文德，《決戰八卦山：乙未年抗日義軍浴血風雲錄》，臺北：遠流，1995 年。

23. 陳紹馨，《臺灣的人口變遷與社會變遷》，臺北：聯經，1997 年。

24. 陳正祥，《臺灣地名辭典》，臺北市：南天，1993 年。

25. 陳培豐，《同化同床異夢：日治時期臺灣的語言政策、近代化與認同》，臺北：麥田，2006 年。

26. 陳芳明，《殖民地摩登：現代性與臺灣史觀》，臺北：麥田，2004 年。

27. 陳芳明，《殖民地摩登：現代與臺灣史觀》，臺北：麥田，2004 年。

28. 許世楷，《日本統治下的臺灣》，臺北：玉山社，2006 年。

29. 許佩賢譯，《攻臺見聞——風俗畫報，臺灣征討圖繪》，臺北：遠流，1995 年。

30. 許雪姬編，《黃旺成日記》，臺北：中研院，2005 年。

31. 覃怡輝，《羅福星抗日革命事件研究》（三民主義研究所叢刊第 6 冊），臺北：中央研究院，1981 年。

32. 程大學編譯，《臺灣前期武裝抗日運動有關檔案》，臺中：臺灣省文獻委員會，1977 年。

33. 張麗俊，《水竹居主人日記（2）》，臺北：中研院近史所，1999 年。

34. 潘國正，《竹塹思想起-老照版說故事》，新竹：新竹市政府，2003 年。

35. 莊永明，《臺灣醫療史：以臺大醫院為主軸》，臺北：遠流，2005 年。

36. 黃昭堂著、黃英哲譯，《臺灣總督府》，臺北：自由時代，1989 年。

37. 黃宗智，文一智譯，《社會主義：後冷戰時代的思索》，香港：牛津，1995 年。

38. 黃洛榮，《北埔事件文集》，新竹：竹縣文化局，2006 年。

39. 黃榮洛，〈竹東彭屋與乙未之役〉，《新竹縣鄉土史料》，南投：臺灣省文獻委員會，1995 年。

40. 楊建成，《臺灣士紳皇民化個案研究：日治時期 450 位臺灣士紳改換日本姓氏個案統計分析》，臺北：龍文，1995。

41. 楊兆禎著，《客家民謠》，臺北：育英，1974 年。

42. 賴碧霞編著，《臺灣客家民謠薪傳》，臺北：樂韻，1991 年。

43. 翁佳音著，《臺灣漢人武裝抗日史研究》，臺北：稻鄉，2007 年。

44. 藍鼎元，《東征集》，南投：省文獻委員會，1997 年。

45. 柳書琴，〈帝國空間重塑、近衛新體制與臺灣「地方文化」〉，《帝國裡的「地方文化」皇民化時期臺灣文化狀況》，臺北：播種者，2008 年。

46. 蔡錦堂，《戰爭體制下的臺灣》，臺北：日創文化，2006 年。

47. Benedict Anderson 著，吳叡人譯，《想像的共同體》，上海：人民，2003 年。

48. Burke Peter 著，賈士蘅譯，《知識社會史：從古騰堡到狄德羅》，臺北：麥田，2003 年。

49. Foucault, Michel 著，劉北成、楊遠嬰譯，《規訓與懲罰——監獄的誕生》，臺北：桂冠，1992 年。

50. Clifford Geertz（克利夫‧格爾茨）著，韓莉譯，《文化的解釋》，南京：譚林出版社，1999 年。

51. Davidson W.James（戴維遜）著，蔡啟恒譯，《臺灣之過去與現在》，臺北：臺灣銀行經濟研究室，1972 年。

52. 伊恩‧布魯瑪著，張曉淩譯，《日本文化中的性角色》，北京：光明日報，1989 年。

53. 郝漢祥著，《日本人的色道》，武湖：湖北人民出版社，2009 年。

54. 洪惟仁編，小川尚義著，《日臺大辭典》，臺北：武陵，1993 年。

55. 橋本萬太郎《客家語基礎彙進》，東京都：東京外國語大學アジア.アフリカ言語文化研究所，1972 年。

56. 《三十年代南洋華僑領袖調查報告書》，臺北：中華學術院南洋研究所，1983 年。

（二）外文

1. Campbell,W., *Formosa under the Dutch, Described from Contemporary Records*. UK: Cornell University Library, 2009.

2. Pierre, Bourdieu., *Language and symbolic power*. Trans.Gino Raymond and Matthew Adamson. Harvard University Pree.1991.

3. Peattie Mark R., *japanese colonial empire 1895-1945*, New Jersey: Princeton University Press.1984.

4. 小川琢治，《臺灣諸嶋誌》，東京：東京地學協會，1896 年。

5. 小野西洲著，《警察官對民眾臺語訓話要範》，臺北：臺灣語通信研究會，1935 年。

6. 川路利良，《警察手眼》，東京：東京警視局，1879 年。

7. 大園市藏，《臺灣始政四十年史》，臺北：日本殖民地批判社，1935 年。

8. 井出季太和，《臺灣治績志》，臺北：南天，1997 年。

9. 文部省教育史編纂會，《明治以降教育制度發達史（第 11 卷）》，東京：龍吟社，1930 年。

10. 山根勇藏，《臺灣民族性百談》，臺北：杉田書店，1930 年。

11. 山崎繁樹，《臺灣略史》，臺北：成文，1985 年。

12. 中島利郎、吉原大司編，《鷲巢敦哉著作集》，東京都：綠蔭書房，2000年。

13. 中越榮二，《臺灣の社會教育》，臺北：臺灣社會教育刊行所，1936 年。

14. 石阪莊作編，《臺嶋踏查實記》，臺北基隆：編者，1904 年。

15. 江馬達三郎譯述，《臺灣史料（第上編）》，京都：村上勘兵衛，1895 年。

16. 江間常吉、白井朝吉合著，《皇民化運動》，臺北：野田書房，1939 年。

17. 吉國藤吉，《臺灣島志史》，東京：富山房，1898 年。

18. 吉波吉太郎，《廣東話會話篇》，臺北：臺灣日日新報社，1915 年。

19. 守宮崎直勝，《寺廟神昇天——臺灣寺廟整理覺書》，東京：東都書籍，1942 年。

20. 佐野直記，《臺灣土語》，臺北：大阪共同商會，1896 年。

21. 佐倉孫三，《臺風雜記》，臺北：臺灣銀行經濟研究室，1996 年。

22. 仲摩照久編，《日本地理風俗大系 15（臺灣篇）》，東京：新光社，1941年。

23. 金關丈夫等，《民俗臺灣》，臺北：武陵，1980～1981 年復刻 1943～1945年。

24. 伊藤英三，《臺灣行政警察法》，臺北：晃文館，1930 年。

25. 伊能嘉矩，《臺灣文化志》，東京：刀江書院，1928 年。

26. 村上玉吉，《臺灣紀要》，東京：警眼社，1899 年。

27. 茂野信一，《臺灣の小作問題》，臺北市：吉村商會，1933 年。

28. 持地六三郎，《臺灣殖民政策》，臺北：南天，1998 年。

29. 松井茂，《警察的根本問題》，東京：警察講習所學友會發行，1924 年。

30. 河野登喜壽，《廣東語の研究》，新竹：新竹州警察文庫，1934 年。

31. 姬田良造，《臺灣土語入門》，臺北市：臺灣憲兵隊，1897 年。

32. 菅野秀雄，《新竹州沿革史》，臺北：成文，1985 年。

33. 菅武雄，《新竹州の人物と情事》，臺北：成文，1985 年復刻昭和 13 年版。

34. 高木桂藏,《客家の鉄則：人生の成功を約束する「仲」「業」「血」「財」「生」奧義》,東京：ごま書房,1995 年。

35. 福澤諭吉,《福澤諭吉全集》,東京：岩波書店,1958 年。

36. 冨田哲,〈統治者が被統治者の言語を學ぶということ——日本統治初期臺灣臺灣語學習〉《植民地教育史研究年報》,東京：皓星社,2000 年。

37. 鹽見俊二著,周憲文譯,〈日治時代臺灣之警察與經濟〉,載於王曉波編,《臺灣的殖民地傷痕》,臺北：帕米爾,1985 年。

38. 御幡雅文,《警務必攜臺灣散語集》,臺北：民政局警保課,1896 年。

39. 臺灣日日新報社,《臺灣形勢一班》,臺北：成文,1985 年復刻 1897 年。

40. 篠原正巳,《日本人と臺灣人》,臺北：致良,1999 年。

41. 臺灣總督府警察官及司獄官練習所編著,《臺灣總督府警察官及司獄官練習所沿革誌》,臺北：編者,1909 年。

42. 羅濟立,《統治初期の日本人による臺灣客家語音韻、語の學習：「廣東語」『臺灣土語誌』、『廣東語會話篇』手がかりに》,臺北：致良,2008 年。

43. 鷲巢敦哉,《甲乙種巡查採用試驗の實際と受驗の要訣》,臺北：編者,1935 年。

44. 鷲巢敦哉,《臺灣警察四十年史話》,臺北：作者發行,1938 年。

45. 鷲巢敦哉,《鷲巢敦哉著作集》,東京：綠蔭書房,2000 年。

六、論文

（一）期刊論文

1. 王順隆,〈從近百年來的臺灣閩南語教育探討臺灣的語言社會〉,《臺灣文獻》,臺北：臺灣文獻,46：3（1995）,頁 173～208。

2. 李文良,〈清初臺灣方志的「客家」書寫與社會相〉,《臺大歷史學報》,臺北：臺大,期 31（2003.6）,頁 150～153。

3. 李文良,〈從「客仔」到「義民」：清初南臺灣的移民開發和社會動亂（1680～1740）〉,《歷史人類學學刊》,5：2（2007.8）,頁 1～38。

4. 姚人多,〈認識臺灣：知識權力與日本之殖民治理性〉,《臺灣社會研究季刊》,期 42（2001 年 6 月）,119～182。

5. 吳文星,〈日治時期統治政策與體制〉,《臺灣開發史》,臺北：國立空中大學,1996 年,頁 201～220。

6. 飯島典子,〈日本人看客家——第二次世界大戰之前〉,《2007 新竹義民節慶、文化與觀光國際研討會大會》,新竹：明新科技大學,2007 年,頁 6～12。

7. 施添福，〈日治時代臺灣地域社會的空間結構及其發展機制——以民雄地方為例〉，《臺灣史研究》，8：1（2001.10），頁1～39。

8. 羅濟立，〈由《警友》雜誌初探日治後期警察之臺灣客語詞彙學習〉，《人文社會學報》，3：1（2008.1），頁67～85。

9. 黃蘭翔，〈日據初期臺北市區改正〉，《臺灣社會研究季刊》，18 期（1995.2），頁189～213。

10. 蔡錦堂，〈教育勅語、御真影與修身科教育〉，《臺灣史學雜誌》，第 2 期（2006.2）。

11. 陳偉智〈「可以了解心裡矣！」：日本統治臺灣「民俗」知識形成的一個初步的討論〉，《2004 年度財團法人交流センタ——協會歷史研究者交流事業報告書》，臺北：財團法人交流協會，頁1～35。

12. 歐用生，〈日據時代臺灣公學校課程之研究〉《臺南師專學報》，第 12 期（1979.12）。

13. 劉惠璇，〈日治時期之「臺灣總督府警察官及司獄官練習所」（1898～1937）——臺灣警察專科學校校史探源（上）〉，《警專學報》，4：8（2011.3），頁63～94。

14. 劉惠璇，〈日治時期之「臺灣總督府警察官及司獄官練習所」（1898～1937）——臺灣警察專科學校校史探源（上）〉，《警專學報》，5：1（2011.4），頁1～34。

15. 顧雅文，〈日治時期臺灣瘧疾防遏政策——「對人法」與「對蚊法」〉，《臺灣史研究》，11：2（2004.12），頁185～222。

16. 周婉窈，〈臺灣公學制度、教科和教科書總說〉，《臺灣風物》，第 53 卷 4 期（2003.12），頁。

17. 蔡慧玉，〈保正、保甲書記、街庄役場——口述歷史〉（1），《史聯雜誌》，23 期（1993.11），頁23～40。

18. 蔡慧玉，〈保正、保甲書記、街庄役場——口述歷史〉（2），《臺灣風物》，44 卷 2 期（1994.6），頁69～111。

19. 蔡慧玉，〈保正、保甲書記、街庄役場——口述歷史〉（3），《臺灣風物》，45 卷 4 期（1995.12），頁83～106。

20. 蔡慧玉，〈保正、保甲書記、街庄役場——口述歷史〉（4），《臺灣史研究》，2 卷 2 期（1995.12），頁187～214。

21. 蔡慧玉〈日治臺灣街庄行政（1920～1945）的編制與運作—街庄行政相關名詞之探討〉，《臺灣史研究》，卷 3-2（1996.12），頁93～141。

（二）專書論文

1. 陳君愷，〈光復之役：臺灣光復初期衛生與文化問題的鉅視性觀察〉，《思

與言》，31：1（1993.3），頁 111～138。

2. 田上智宜，〈從「客人」到客家——臺灣客家族群認同論述之形成〉，《跨域青年學者臺灣史研究會論文集》，臺北：稻鄉，2008 年，頁 27～65。

3. 楊永彬，〈日本領臺初期日臺官紳詩文唱和〉，若林正丈、吳密察編《臺灣重層近代化論文集》，臺北：播種者，2000 年。

4. 陳恆嘉，〈以「國語學校」為場域，看日治時期的語言政策〉，《臺灣近百年史論文集》，臺北市：吳三連基金會，1996 年，頁 13～29。

5. 冨田哲，〈統治者が被統治者の言語を學ぶということ——日本統治初期臺灣臺灣語學習〉《植民地教育史研究年報》東京：皓星社，2000 年，頁 3～20。

6. 楊毓雯，〈北埔事件之原因探究〉《北埔事件一百週年學術研討會論文集》（新竹：客家臺灣文學會，2007 年），頁 112～128。

（三）學位論文

1. 何義麟，〈皇民化政之研究——日據時代末期日本對臺灣的教育政策與教化運動〉，臺北：中國文化大學日文研究所碩論文，1986 年。

2. 黃文弘《政經框架、典範碰撞與知識位移——臺灣醫學典範轉折的系譜溯源》臺北：陽明大學衛生福利研究所碩士論文，2001 年。

3. 黃敏原〈論教育與規訓——以日治時期臺灣的皇民化現象為列〉，國立臺灣大學社會學研究所碩士論文，1998 年。

4. 董惠文〈行政監控與醫療規訓：談日治初期傳染病的防治〉南華大學社會學研究所碩論，2004 年。

5. 李崇僖，〈日本時代臺灣警察制度之研究〉，臺北：國立臺灣大學法律學研究所碩論，1999 年。

6. 林幸真，〈日治初期臺灣警政的創建與警察的召訓〉，臺北：臺灣大學歷史研究所，2008 年。

7. 陳煒欣，〈日治時期臺灣「高等警察」之研究（1919～1945）〉，臺南：國立成功大學歷史研究所碩士論文，1998 年。

8. 何憶如，〈桃園縣新屋國小校史之研究〉，臺北：國立臺灣師範大學教育研究所碩士論文，2000 年。

9. 張素芬〈北埔姜家女性研究（1834～1945）〉，桃園：中央大學歷史研究所，2006 年，頁 128～131。

10. 張秀琪，〈日治時期新屋范姜家族社會領導階層之探究〉，桃園：國立中央大學學客家社會文化研究所碩士論文，2007 年。

11. 陳嘉齡，〈日治時期臺灣短篇小說中的警察描寫——含保正、御用紳士〉，臺北：政大國文教學碩士論文，2001 年。

12. 董惠文，〈行政監控與醫療規訓：談日治初期傳染病的防治〉，南投：南華大學社會研究所，2004 年。

13. 蔡易達，〈臺灣總督府基層統治組織之研究——保甲制度與警察〉，臺北：文化大學日本研究所碩士論文，1988 年。

14. 陳宗佑，〈臺灣地區鼠傷寒沙門氏菌之分子流行病學研究 1998～2002〉，臺北：中國醫藥學院環境研究所碩論，2002 年，

15. 蔡明志，〈殖民地警察之眼：臺灣日治時期的地方警察、社會控制與空間改正之論述〉，臺南：國立成功大學建築學博士論文，2008 年。

16. 羅烈師，〈臺灣客家之形成：以竹塹地區為核心的觀察〉，新竹：國立清華大學人類學研究所博論，2006 年。

17. 蔡素貞，〈日據時期臺灣人對日本文化之迎拒：殖民性、現代化與文化認同〉，臺北：文化大學史學研究所博士論文，2008 年。

七、網路

1. 日本國立國會圖書館近代數位圖書館，網址
http://kindai.ndl.go.jp/index.html

2. 後藤新平文書資料庫，http://tbmcdb.infolinker.com.tw/huotengapp/index。

3. 《日治時期與光復初期檔案》
http://db1n.sinica.edu.tw/textdb/twhist/index.php。

4. 「日本政治・国際関係データベース」（東京大学東洋文化研究所：田中明彦研究室）
http://www.ioc.u-tokyo.ac.jp/~worldjpn/documents/texts/pm/19440907.SWJ.html。

5. 「傷寒與副傷寒」疾病管制局全球資訊網，
http://www.cdc.gov.tw/ct.asp?xItem=6467&ctNode=1733&mp=。

6. 《臺灣總督府職員錄系統》http://who.ith.sinica.edu.tw/。

7. 陳玉蟾「沙坑沿革」，沙坑國小九十週年校慶籌備委員會。
http://163.19.53.2/90 週年校慶/index.htm。